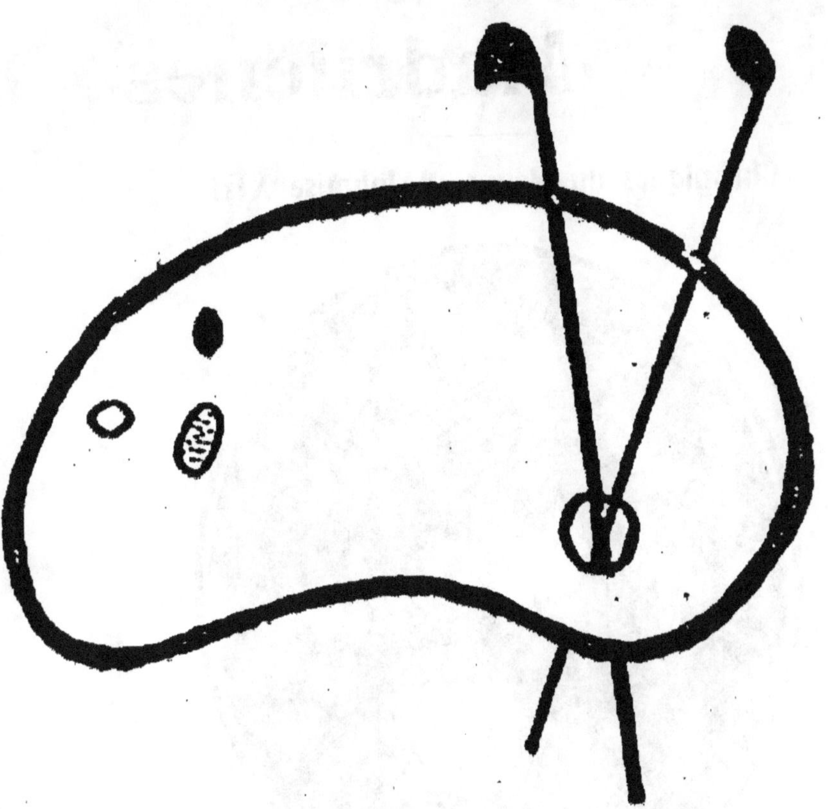

DÉBUT D'UNE SÉRIE DE DOCUMENTS
EN COULEUR

GASTON-ROUTIER

Souvenirs et Croquis Madrilènes

Chroniques du Règne d'Alphonse XIII

PARIS
ÉDITIONS DE "L'ÉPOQUE MODERNE"
9, rue Beudant, 9
—
1913
Trente-deuxième édition

Éditions de "L'ÉPOQUE MODERNE"

9, rue Beudant, 9, PARIS (17e arrond')

LE NAPOLÉON DE MES RÊVES, un vol. in-8 de 250 pages. Prix : 3 fr. 50 Envoi franco. Éditions de l'Époque Moderne, 9, rue Beudant, Paris, (XVIIe arr.)

Le Napoléon de mes Rêves, par Gaston-Routier, est un livre qui sort absolument du banal et qui ne peut manquer de soulever de nombreuses polémiques. Il n'est pas de sujet plus intéressant, plus passionnant même que tout ce qui touche de près ou de loin à la personne et à la vie de Napoléon-Bonaparte. Aucun empereur, aucun grand capitaine n'a fait couler autant de flots d'encre que cet homme prodigieux que Gaston-Routier appelle le *génie des temps modernes* Fils de la Révolution de 1789, Napoléon a mis fin au chaos et a façonné le moule d'où est sortie la société moderne : il domine tout le XIXe siècle par ses hauts faits, par sa gloire... et par ses idées. Or ce sont justement ses idées que Gaston-Routier nous révèle, sous la forme d'un songe d'une nuit d'hiver, dans le cadre du vieux palais des Tzars au Kremlin, et dans un style coloré et brillant qui en rend la lecture des plus captivantes. Tous ceux qui se préoccupent des grandes questions politiques, sociales et morales, voudront lire cet ouvrage qui contient, avec une part légère de fantaisie peut-être, mais avec une forte et sérieuse logique basée sur l'histoire même de Bonaparte, les idées que ce grand empereur des Français ne manquerait pas de proclamer, s'il revenait à la vie et s'il considérait le spectacle qu'offre aux regards la société contemporaine. Politique intérieure, politique extérieure, question sociale, tout est envisagé et résolu par Napoléon et, comme le dit l'auteur, son œuvre soulève les plus grands problèmes de l'avenir de l'humanité et ne craint pas d'appliquer le fer rouge sur les plaies de la société. Les idées de Napoléon sur la Russie, l'Angleterre, l'Allemagne, sa conception d'une grande et forte Allemagne, d'une entente entre la France et l'Allemagne pour refaire l'empire de Charlemagne et dominer le monde, sont de celles qui soulèveront les discussions les plus passionnées.

« Les idées, a écrit Chateaubriand, ne meurent plus une fois qu'elles ont vu le jour; celles que contient le *Napoléon de mes Rêves* sont appelées à faire le tour du monde, à être discutées ou approuvées par tous ceux qui tiennent une plume, et l'avenir saura certainement en démontrer la profondeur et la sagesse.

GASTON-ROUTIER. — *Le sabotage des Affaires Étrangères de la France.* Lettre ouverte à M. Alexandre Ribot, avant le vote du Sénat sur le traité franco-allemand du 4 novembre 1911. — Une brochure 50 centimes.

Envoi franco contre remboursement ou mandat-poste

Angers, imp. G. Grassin - 2548-13

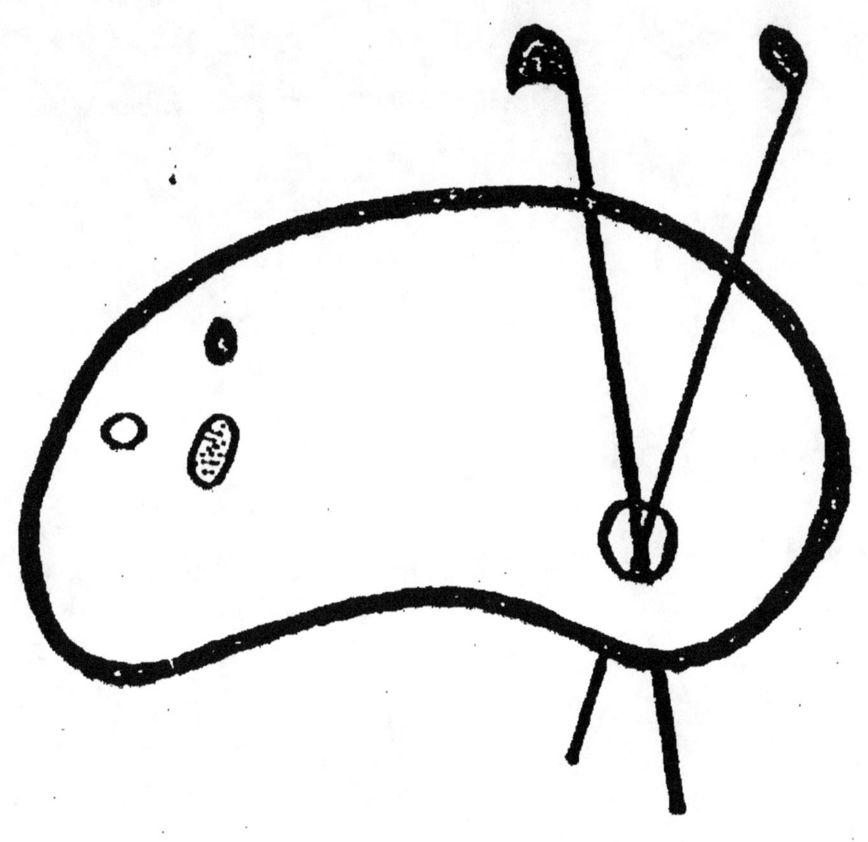

FIN D'UNE SERIE DE DOCUMENTS
EN COULEUR

Souvenirs et Croquis Madrilènes

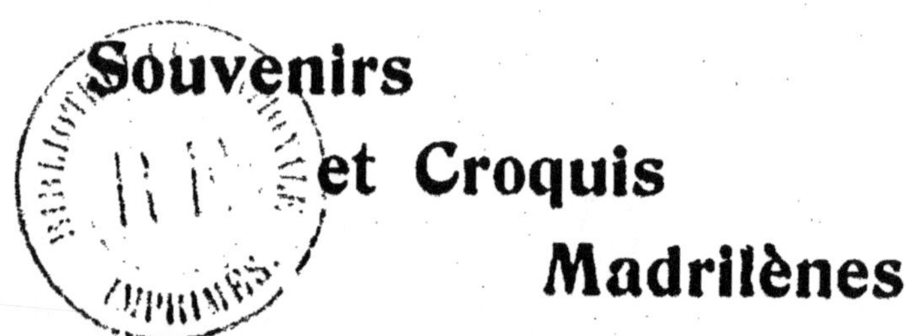

Chroniques du Règne d'Alphonse XIII

GASTON-ROUTIER

Souvenirs et Croquis Madrilènes

Chroniques du Règne d'Alphonse XIII

PARIS

ÉDITIONS DE " L'ÉPOQUE MODERNE "

9, rue Beudant, 9

1913

AVANT-PROPOS

Le 23 octobre 1905, *tout Madrid en fête acclamait
l'arrivée de M. Émile Loubet, président de la République
française, avec autant d'enthousiasme que les Parisiens
en avaient manifesté pour leur jeune roi Alphonse XIII,
lors de sa visite à Paris.*

*A huit ans de distance, nous allons assister à de nou-
velles explosions de joie populaire pour célébrer la venue
à Madrid, du chef de l'État français, M. Raymond
Poincaré, qui rendra, dans les premiers jours d'octobre,
sa visite de courtoisie au roi d'Espagne.*

*Puissent ces voyages officiels resserrer de plus en plus
les liens d'amitié qui unissent la France et l'Espagne !
Puissent-ils surtout effacer dans l'esprit de nos voisins,
les Espagnols, les tristes souvenirs et les rancœurs d'une
politique maladroite que M. Raymond Poincaré a toujours condamnée et répudiée !*

*L'amitié de la France et de l'Espagne est aujourd'hui
un fait incontestable ; la bonne entente des gouvernements
français et espagnol est complète, elle leur est imposée
d'ailleurs par le souci de la défense de leurs intérêts com-
muns au Maroc, par la nécessité de mettre à exécution le*

traité franco-espagnol de 1912, complément du traité franco-allemand du 4 novembre 1911.

« L'amitié d'abord, l'entente cordiale maintenant, nous disait le comte de Romanonès, président du Conseil des Ministres d'Espagne, au mois de janvier dernier; l'alliance... c'est une autre question, il faut l'étudier, la préparer, la mûrir, mais c'est évidemment l'avenir, un avenir que la bonne volonté des gouvernements et les aspirations des deux peuples rendront plus ou moins proche. »

Déjà on parle beaucoup d'un nouveau traité de commerce franco-espagnol qui serait le résultat de quelques concessions réciproques de la part de la France et de l'Espagne ; on envisage d'importants problèmes financiers, qui créeraient de nouveaux liens entre nos deux pays.

Il a paru utile aux éditeurs de ce livre d'un écrivain français, qui aime passionnément l'Espagne et qui a contribué plus que personne au rapprochement franco-espagnol auquel il travaille depuis vingt-cinq ans par ses voyages et ses écrits, de reproduire ici le bel article publié, le 22 octobre 1905, dans le Héraldo de Madrid.

Ce grand journal espagnol, en mettant l'article de Gaston-Routier en tête de ses colonnes, le fit précéder de quelques phrases élogieuses, dont nous ne traduirons que deux seulement :

« Gaston-Routier est un des nôtres, un écrivain qui connait l'Espagne comme bien peu d'étrangers, qui a pénétré dans son âme et dans sa vie, comme ne l'ont pas fait beaucoup de nos nationaux. A Gaston-Routier, sont familières toute notre politique, toute notre littérature, toutes nos coutumes, et nul n'est placé dans de meilleures conditions pour écrire de cette place d'honneur, en français, le salut enthousiaste à l'hôte illustre, au premier magistrat de la nation sœur. »

L'article de Gaston-Routier, lu et approuvé avant sa publication, par M. Jules Cambon, notre ambassadeur à Madrid, qui l'avait trouvé parfait « dans la forme et dans le fond », fut très remarqué et très commenté dans la presse de tous les pays ; on peut dire qu'il constituait, alors comme aujourd'hui, la mise au point la plus juste et la plus autorisée des relations franco-espagnoles.

LES ÉDITEURS.

I

1905-1913. — France et Espagne

Pour recevoir les Français, Madrid vient de terminer sa toilette... (1).

Grande dame et coquette, elle a revêtu ses plus beaux atours; elle a mis ses plus riches bijoux, ses perles et ses diamants; elle a piqué dans ses cheveux quelques œillets rouges, à demi-cachés sous la neige de sa mantille... et elle tient en réserve pour mieux nous accueillir les plus doux regards de ses yeux noirs et les plus gracieux sourires de ses lèvres roses.

Encore une mouche sur la joue, un peu de poudre sur le front... La voilà prête ! Nous allons pouvoir admirer son élégance et sa bonne grâce, nous allons goûter tout le charme de sa fastueuse hospitalité.

Madrid est fière de sa beauté, orgueilleuse de son histoire, jalouse de sa noblesse; c'est une grande cité qui se transforme et s'embellit chaque jour, qui peut prétendre à rivaliser avec les plus riches et les plus vantées de l'Europe; elle est digne d'être la capitale de l'Espagne dont elle est en même temps le cœur et la tête; fille de Philippe II, elle garde religieusement les admirables reliques d'un merveilleux passé, et son front rayonne depuis 1560 de la gloire de présider aux des-

(1) Cette chronique a paru le 22 octobre 1905 en tête du *Heraldo de Madrid*.

tinées de la nation espagnole qui a rempli le monde du bruit de ses hauts faits et a inscrit son nom en traits ineffaçables sur les tables d'airain de l'Histoire.

. . . .

Le 17 novembre 1700, Louis XIV présentait à sa Cour, dans la galerie des glaces de Versailles, le second fils du Dauphin, Philippe, Duc d'Anjou, par ces mots : « Messieurs, voilà le Roi d'Espagne. Sa naissance l'appelait à cette couronne, le feu roi l'a ainsi fait par son testament; c'était l'ordre du Ciel, je l'ai accordé avec plaisir. » Il ajouta en se tournant vers son petit-fils : « Soyez bon Espagnol, c'est présentement votre premier devoir, mais souvenez-vous que vous êtes né Français pour entretenir l'union entre les deux nations : c'est le meilleur moyen de les rendre heureuses et de conserver la paix de l'Europe. »

Dangeau nous raconte que l'ambassadeur d'Espagne qui venait d'apporter à Louis XIV les vœux de l'Espagne et le testament de Charles II, dit ces paroles : « Le voyage devient aisé et présentement les Pyrénées sont fondues. » C'est là l'origine de cette fameuse phrase : « Il n'y a plus de Pyrénées », qui fut attribuée à Louis XIV et que ce monarque ne prononça pas. Mais elle exprimait si nettement la situation et les aspirations de tous qu'elle fit fortune.

Unir deux grandes nations par la communauté des sentiments et des intérêts, quelle œuvre admirable, digne des éloges de la Postérité !... Mais quelle œuvre difficile et ingrate !

Il ne suffit pas que des Gouvernements signent des Traités qu'on peut déchirer, nouent des alliances dynastiques qui laissent les peuples indifférents, ou fassent des pactes qui passent par dessus la tête des nations; l'œuvre politique ne peut être que passagère et inféconde, si elle n'est pas le corrollaire des vœux et des pensées des masses populaires.

Pour que deux peuples fraternisent, il faut que les âmes de ces deux peuples soient arrivées à se connaître et à se comprendre : cela ne peut être que l'œuvre du temps, des relations fréquentes, des liaisons personnelles des individus de chaque nation. Le Commerce, l'Industrie, les Arts, les Lettres, la Science, voilà les grands véhicules des idées modernes et les meilleurs liens qui peuvent unir les hommes, en leur faisant aimer un même idéal de bonté, de justice, de liberté et de morale.

Cela pourra sembler étrange à cause de l'étroite parenté des deux dynasties des Bourbons de France et d'Espagne, mais aucun Roi de France n'est venu officiellement rendre visite à Madrid à un Roi d'Espagne.

Ne parlons pas d'un passé plus ancien : François Ier vint à Madrid comme prisonnier, *ayant tout perdu fors l'honneur*. Ce Roi chevaleresque donna plus tard en grande pompe l'hospitalité à Charles-Quint, mais il ne revint jamais lui rendre visite. Plus de deux siècles après, Napoléon Ier reprenait dans l'*Armeria Real* de Madrid l'épée de François Ier. Ces souvenirs sont effacés ; la brutale tentative de Napoléon Ier, de dompter par la force les Espagnols, a reçu la terrible punition qu'elle méritait et a rendu à jamais célèbre l'héroïque résistance d'un peuple dont nous avons toujours estimé le courage et la noblesse.

Malgré les nombreuses visites des Princes du sang de France en Espagne, malgré le fameux mariage du Duc de Montpensier, je ne vois pas dans l'Histoire qu'un souverain français soit venu à Madrid. La Reine Isabelle II reçut la visite de l'Empereur Napoléon III à Saint-Sébastien, mais l'Empereur des Français n'alla pas plus loin. Seule l'Impératrice Eugénie, ancienne Duchesse de Teba y Montijo, s'embarqua à Saint-Sébastien pour Valencia et vint passer ensuite quelques jours au Palais Royal de Madrid auprès de la Reine d'Espagne. Le peuple espagnol lui fit de chaleureuses ovations qui s'adressaient plus à la noble espagnole devenue Impératrice des Français qu'à la nation française.

Un courant de plus en plus grand de sympathies mutuelles s'établissait entre la France et l'Espagne, mais elles n'étaient pas, à cette époque, encore mûres pour un rapprochement définitif; les deux nations ne se connaissaient que fort peu et très superficiellement. Rien n'est plus différent que l'âme de deux peuples : ce n'est que par des concessions mutuelles et par une saine appréciation de leurs défauts et de leurs qualités, de leurs mobiles et de leurs diverses manières de sentir, que les âmes peuvent s'unir dans une affection réciproque.

Trente-huit ans ont passé, et ce que la Monarchie n'a pu accomplir, la République française va le faire.

Quand, le 23 octobre 1905, c'est-à-dire demain, le Président de la République, M. Émile Loubet, digne et respecté représentant de la France, entrera solennellement dans la capitale de l'Espagne à côté d'un jeune et brillant monarque, ce sera un grand événement, une date que nous ne devrons jamais oublier.

Pour la première fois un chef d'État français foulera le sol de Madrid, sera reçu dans la capitale de ce grand pays comme invité, comme hôte, comme ami. Les acclamations, qui salueront le Président de la République, iront droit au cœur du peuple français, car c'est lui tout entier qui sera acclamé dans la personne de son Président, elles seront la réponse la plus éloquente et la plus touchante aux ovations spontanées et sincères que notre peuple a prodiguées récemment au peuple espagnol dans la personne de son auguste souverain, du Roi Alphonse XIII, qui a su charmer les Parisiens par son allure martiale, sa bonne grâce, son sourire juvénil et son intrépidité devant le danger.

Aujourd'hui, on peut dire vraiment que les Pyrénées ne sont plus qu'une expression géographique.

Plus haut que les monts élevés aux pics couronnés de glaces éternelles, des montagnes de préjugés, d'erreurs, de rancunes et de rivalités se dressaient entre nos deux peuples, et c'était comme un nuage noir et épais qui maintenant se déchire et s'envole en fumée sous le souffle impétueux des acclamations populaires. Un poète pourrait dire que sur la cime des Pyrénées brillera désormais, dans l'azur clair et profond des cieux, le soleil de notre inaltérable amitié !

On pourrait aussi philosopher longuement sur cette grande leçon de choses, mais à quoi bon? Les faits sont plus éloquents que toutes les phrases. Deux peuples de même race, de même sang, deux enfants de la même mère latine, ont mis, bien que voisins, des siècles à se rapprocher, à se connaître, à s'apprécier et à s'aimer... n'est-ce pas le gage que cette union tant attendue sera de longue durée, que l'étreinte actuelle est de celles qui ne se desserrent plus? Et ce grand élan du cœur qui pousse deux nations l'une vers l'autre, dans les bras l'une de l'autre, n'est-ce pas un beau, un incomparable exemple à offrir à l'Humanité?

Le monde marche, les temps s'accomplissent; un jour viendra où le progrès ne sera plus un vain mot, où la civilisation règnera, où les peuples, respectueux de la Justice et amoureux de la Liberté, vivront tous en amis, en camarades, dans la paix universelle. Honteux des guerres passées, des massacres barbares et toujours injustes, ils auront érigé en dogme le principe du Congrès de La Haye, ils ne rechercheront la Gloire et la Fortune que dans les Arts et le Commerce, ils n'auront pour régler leurs différends que des juges équitables... et non des épées rouges de sang.

Certes, cela pourra paraître un' rêve à beaucoup d'esprits, mais c'est incontestablement un beau rêve et les hommes de bien ne doivent pas désespérer qu'il ne se réalise quelque jour.

Pour ma part, c'est avec une émotion profonde et intense que j'assiste aujourd'hui au spectacle que j'ai rêvé depuis quinze ans : je vois la France, ma patrie, embrasser comme une sœur chérie l'Espagne, que j'aime comme une seconde patrie.

Des deux côtés des Pyrénées, on entend battre à l'unisson les cœurs des deux grands peuples, et dans cet instant à jamais mémorable, il est inutile de mêler la politique où elle n'a que faire.

Il ne s'agit pas ici de Traités ni d'Alliances entre la France et l'Espagne, il n'est question que de fraternité !

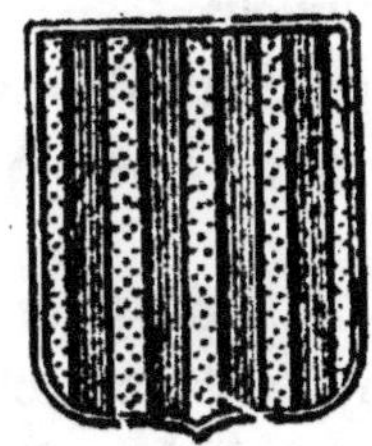

Armes royales d'Aragon

II

Les fêtes de la Majorité du Roi en 1902

Après une nuit en wagon. — La pluie a Madrid. — Vivent les arbres ! — L'affluence des touristes. — Les hôtels de Madrid. — Tramways et voitures. — L'exploitation du bon public. — La zarzuela espagnole.

Madrid, 30 avril 1902.

Six heures du matin; je m'éveille, si toutefois on peut appeler se réveiller le fait de se secouer et de sortir du pénible engourdissement que procure cet état de demi-sommeil et de cauchemar dont on jouit pendant une nuit en chemin de fer.

Nous approchons de Madrid. Encore une heure de supplice !

Il fait grand jour; mais, après m'être frotté les yeux et avoir tiré les rideaux, j'ai la surprise et le regret de voir un ciel gris et pluvieux... Nous nous arrêtons une minute à toutes les stations. C'est ce qu'on appelle un train rapide en Espagne ! Enfin, voici Pozuelo : nous arriverons bientôt.

Va-t-il pleuvoir à Madrid? Je comptais retrouver ce merveilleux ciel limpide et ce soleil aveuglant mais incomparable de *mon* Madrid, ce Madrid si gai, si rieur, si vivant, qui est pour moi si plein de charmes et de beautés ! De la pluie ! Fi ! de la pluie à Madrid ! Que c'est laid ! De grâce, mon Dieu, donnez-moi du beau temps.

Soleil, soleil de Castille, souris-nous du haut des cieux sans nuage !

Mais, en Espagne aussi, il y a un proverbe qui dit : « Il faut prendre les femmes comme on peut, les hommes comme ils sont, le temps comme Dieu le veut. » Un autre poète a écrit : « Le vent souffle malgré toi, tu ne le feras pas changer de route; rien ne sert de gronder contre les éléments, tu ne commanderas jamais ni aux nuages ni au soleil; sois philosophe : la pluie console de la sécheresse; l'une nous trempe, l'autre nous dessèche, mais il faut en rire; c'est la vie ! »

Je n'en ris pas, mais je m'en console facilement. Mes compagnons de voyage me font d'ailleurs remarquer que l'hiver et le début du printemps exceptionnellement pluvieux, dont l'Espagne a été affligée, lui ont valu une végétation inaccoutumée : les blés et les herbages de toutes parts se lèvent vigoureux et recouvrent le sol d'un tapis de nuances claires et riantes : tout cela promet des récoltes exceptionnelles. Les arbres, si malheureux, si chétifs aux environs de Madrid, prennent leur revanche cette année : ils ont des airs de matamore, des feuilles touffues et d'un beau vert; ils poussent des branches de tous côtés, et les teintes tendres de leurs cimes prouvent qu'ils veulent grandir et profiter de l'humidité.

J'adore les arbres; c'est une grande tristesse pour moi de voir des solitudes sans arbres. Les feuillages épais des bois; le vert jaune des peupliers se mêlant aux verts plus foncés des marronniers, des acacias, des platanes, aux verts sombres des pins, des sapins, des conifères; tout cet ensemble de couleurs et de formes des arbres me procure toujours une délicieuse impression, une sensation de repos pour les yeux et de quiétude pour l'âme. Les arbres sont les amis des hommes. Gardez-vous bien, Madrilènes, de détruire, d'abimer, de saccager les arbres; entourez-les de respect et d'amour, soignez-les et cultivez-les ! Ils vous donneront de la fraîcheur et de l'ombrage, de la joie et de la santé. Rien n'est plus sain que le voisinage des arbres, ils conservent dans le sol, par leurs racines, l'eau des pluies et vous évitent les sécheresses atroces; ils absorbent par leurs feuilles l'acide carbonique et le transforment en oxygène. Rien n'est plus gai que le voisinage des arbres; ils abritent dans leurs branches des familles d'oiseaux jaseurs et chanteurs, qui nous ravissent par leurs ramages et qui nous délivrent de l'obsession d'une foule de moucherons et d'insectes. Vivent donc les arbres ! Et ne maudissons pas trop la pluie !... Mais, maintenant qu'il est tombé assez d'eau, durant ces derniers mois, pour abreuver la terre et couvrir les arbres de feuilles, laissez-moi redevenir égoïste et réclamer du beau temps ! J'ai besoin de trouver à Madrid le soleil. Voir des fêtes à Madrid, avec la pluie ! ! ! Ce serait un contre-sens, une ironie du sort. Madrid n'est-il pas synonyme de soleil ! Peut-on prononcer ce mot de Madrid sans voir en imagination un ciel bleu, d'une clarté et d'une pureté sans égales?

Voici le pont des Français, la Bombilla, le paséo de la Florida : je boucle ma valise, je mets mon chapeau. Nous sommes arrivés; le train entre en gare : les *mozos* se précipitent.

Nous montons dans un méchant fiacre, dont le cheval est destiné à faire connaissance bientôt avec les cornes d'un taureau. Pauvre vieux cheval qui avance à peine ! Va-t-il pouvoir me conduire jusqu'à mon domicile ?

****

« Vous n'avez rien à déclarer, senor... ? »
Ce sont les préposés de l'octroi, de l'impôt de con-

sumos ; ils n'ont pas d'uniformes brillants, mais ils sont fort nombreux, ces agents du fermier de l'octroi de Madrid. Ils voient que je suis un voyageur qui vient de loin ; ils me sourient et me laissent passer, mais il faut les observer à l'arrivée d'un train de province ou d'un de ces trains de plaisir que les Espagnols appellent *tren-botijo.* Ils sont alors épiques... et terriblement ennuyeux pour les pauvres voyageurs. Ils leur ouvrent tous les paquets, tripotent les jambons, les saucissons, goûtent le vin des outres, et font payer tous ces malheureux qui avaient espéré faire des économies en apportant leurs *meriendas* (provisions de bouche) avec eux et qui s'aperçoivent qu'il est moins onéreux de déjeuner et dîner au restaurant dans la bonne ville de Madrid que de vouloir y manger ce qu'on apporte de son *pueblo* (village). Aussi les Espagnols crient-ils et protestent-ils contre les octrois : ils crient et protestent aussi fort que les Français ; mais l'octroi, impassible, continue à sévir en Espagne comme en France, tel un fléau divin.

Je suis arrivé sans encombre à mon hôtel. Le cheval de mon *Simon* (c'est le nom qu'on donne à Madrid à un fiacre ouvert) a eu plus de vigueur et d'endurance que je ne le supposais. J'ai revu avec plaisir des jardins du Palais royal à travers leur belle grille neuve aux lances dorées. La montée pénible du paséo de San Vicente s'étant effectuée au pas, j'ai pu contempler le beau spectacle du Palais royal vu d'en bas ; sa façade majestueuse, blanche et grave, se détachait sur le ciel qui semblait vouloir se dérider un peu.

Il faut convenir que ce palais, vu du Campo del Moro

ou de la Cuesta de San Vicente, est d'un effet aussi imposant que réellement beau (1).

Les jardins du Palais sont plus verdoyants que jamais et l'odeur des lilas en fleurs montait jusqu'à mes narines.

A sept heures du matin, Madrid est encore endormi ; dans cette bonne ville les balayeurs et les domestiques sont les seuls promeneurs des rues jusqu'à neuf heures ; les boutiques n'ouvrent qu'à huit heures, et se faire servir un café au lait avant neuf heures dans un café de la Puerta del Sol est un tour de force que personne n'a jamais pu accomplir.

J'ai trouvé Madrid aussi calme qu'à son ordinaire à cette heure matinale. Aucun préparatif de fête dans les rues ; pas d'affiches. L'aspect accoutumé… pardon ! je faux, il y a une particularité qui m'a frappé et qui est grosse de conséquences et d'indications : les rues de Madrid, la calle Arenal, la Puerta del Sol, la Carrera San Jeronimo, la rue d'Alcala, la rue de Sevilla elle-même, ne sont pas obstruées, en tout ou en partie, par des travaux de réfection de la chaussée : il n'y a ni réparation des pavés, ni bitumage nouveau ; l'asphalte est intact, les pavés sont alignés et à niveau. C'est une nouveauté, car depuis douze ans je ne venais jamais à Madrid sans trouver des équipes de travailleurs en train de paver ou d'asphalter une des rues ou un des coins de la Puerta del Sol ; ces braves gens posaient un pavé et fumaient plusieurs cigarettes, donnaient un coup de pioche ou un coup de maillet, et leur travail ne se terminait jamais. La réfection du pavage de la rue de

(1) Voir à ce sujet : *Deux mois en Andalousie et à Madrid*, 1 vol. in-8° avec gravures hors texte. LE SOUDIER, éditeur, 144, boulevard Saint-Germain, Paris.

Séville était une chose célèbre, une Institution muni-
cipale : on y travaillait du 1er janvier à la Saint-Sylvestre
et on recommençait ensuite. L'asphaltage de la *Puerta
del Sol* a duré deux ans ; il est vrai que la place est très
grande et que les ouvriers municipaux sont des privi-
légiés.

Aujourd'hui tout est en bon état ; il n'y a ni fondrières,
ni tas de pavés, ni monceaux de bitume en collines ; c'est
l'indice du grand événement qui se prépare et l'échafaudage qui se dresse en face du ministère de la Gobernacion et qui bouche la rue del Carmen annonce à tous
les passants de la Puerta del Sol qu'on va célébrer les
fêtes du sacre de Sa Majesté Catholique. A quoi peut
bien servir cet échafaudage ? Est-ce un gibet, une tribune, un échafaud, un pavillon de musique ? *Quien
sabe ?* Nous allons faire une enquête.

Je viens de déjeuner au Café de Paris, c'est-à-dire
correctement et confortablement : un déjeuner à la
française. C'est une grosse question que celle de la
nourriture à Madrid : elle mérite toute une étude, et
nous la ferons un jour.

Mais, en ce moment, il y a pour les étrangers une question capitale et qui prime toutes les autres, question
palpitante d'actualité, comme diraient les reporters
parisiens : celle du logement. « Où allons-nous coucher,
grands dieux ? Connaissez-vous une chambre, un cabinet
obscur, un recoin avec un lit propre, où l'on puisse
dormir ? Serons-nous obligés de passer la nuit sur la
Puerta del Sol ou de dormir sous les arbres du Retiro ? »

Ce n'est pas un, ce sont tous les voyageurs français

et étrangers qui se plaignent ainsi et nous accablent de questions. Il est difficile de leur répondre. Heureusement qu'un ami m'a gardé depuis longtemps une chambre, car je serais obligé de faire chorus avec eux, et cette perspective de vagabonder par les rues de Madrid ne m'enthousiasme pas du tout.

Il n'y a donc pas d'hôtels à Madrid? me direz-vous. Pardon, il y en a plusieurs, mais il n'y en a pas de vraiment bons. Deux hôtels se dénomment : hôtels de premier ordre; ce sont *l'Hôtel de Paris* et *l'Hôtel de la Paix* (1), sur la Puerta del Sol. Ils passeraient inaperçus à Paris ou à Londres et seraient considérés comme hôtels de troisième ordre dans une de nos stations hivernales ou balnéaires. Les autres ne méritent même pas une mention; ils sont médiocres ou franchement mauvais. Mais, si l'on ne peut admirer le luxe et le bon service de tous ces établissements destinés à l'exploitation des voyageurs, il faut reconnaître cependant qu'ils l'emportent incontestablement sur tous les hôtels du monde entier par leurs prétentions exorbitantes et leur outrecuidance.

Il est cher de vivre à Madrid en toutes saisons : les hôtels y font surpayer leurs chambres et leurs repas; mais en ce moment il faut être Rothschild ou Carnegie pour habiter *l'Hôtel de la Paix* ou *l'Hôtel de Paris*. On y exige des sommes invraisemblables. Les autres hôtels suivent avec zèle ce bon exemple : les *fondas* et les *casas de Viajeros* elles-mêmes tarifient à des prix plus élevés que ceux du *Grand-Hôtel* à Paris des chambres à punaises et des ratatouilles à l'huile rance. Chose inouïe ! quelles que soient leurs exigences, tout se loue; les plus obscurs cabinets se paient aussi cher que des

(1) Depuis 1910, *l'Hôtel de la Paix* n'existe plus.

chambres sur le boulevard des Italiens; on s'arrache le moindre gîte. Les hôteliers triomphent; les tenanciers de maisons meublées se gonflent d'importance, et tous les Madrilènes ne songent plus qu'à louer leurs appartements à d'illustres inconnus.

Un des écrivains les plus typiques de l'Espagne contemporaine, Luis Taboada, écrit à ce sujet des choses bien amusantes. Je vais essayer d'en traduire quelques lignes; je dis essayer, car le charme principal des écrits de Taboada réside dans la langue espagnole qu'il manie en maître et dont il emploie des expressions pittoresques qu'il est impossible de rendre en français, car l'équivalent nous manque. Certains mots espagnols veulent dire deux choses, selon la façon dont ils sont employés, et tout leur sel, tout leur piquant disparaissent dans la traduction. Essayez d'ailleurs de traduire en anglais ou en espagnol les livres d'Eugène Chavette, de Jules Moinaux, les comédies de Labiche ou les articles d'Alphonse Allais... ce sera le sens exact, oui, mais ce ne sera pas cela; il y manquera toujours un je ne sais quoi, qu'il est difficile de définir.

« Toujours pas de solutions au problème du logement : on craint que plusieurs touristes se voient dans la dure nécessité de dormir au grand air.

« Pour leur éviter cet ennui, grand nombre de familles se sont décidées à accepter des *huespedes* (hôtes), en partageant leur lit avec eux, comme on dit. Tous ceux qui ont un lit de trop le font annoncer en termes affectueux, soit dans les journaux, soit au moyen d'écriteaux en lettres gothiques, placés sur le portail : « Pour les fêtes. — On admet un voyageur propre. On s'expliquera chez le concierge. »

« Ou bien : « Lit décent pour un ou deux touristes, « dans le cas où ils voudraient coucher ensemble. »

« Il y en a qui sont disposés à abandonner leur maison en location et à aller vivre à la campagne pendant les fêtes. Tout d'abord, les dames de Cochifrito ont mis une annonce offrant leur domicile aux excursionnistes et, si elles parviennent à la louer, elles iront vivre avec leur blanchisseuse, qui demeure à Pozuelo de Alarcon.

« Beaucoup d'autres familles veulent tirer le meilleur parti possible des circonstances en se réfugiant dans les pièces intérieures de l'appartement et en offrant aux voyageurs les pièces donnant sur la rue. »

Je renonce à traduire le reste; on n'en comprendrait pas la saveur, quand on ne connait point les appartements à Madrid. Dans les maisons espagnoles, on a la mauvaise habitude de construire une quantité de pièces obscures et sans fenêtres qui s'ouvrent sur un couloir; il est peu d'appartements qui aient la moitié de leurs pièces avec fenêtres; la plupart ont le salon et la salle principale qui donnent sur une rue et toutes les autres sans autre ouverture qu'une porte sur un vestibule ou un couloir. On ne peut rien imaginer de moins hygiénique et de plus sale. Des familles entières vivent dans des pièces où l'air ne pénètre que difficilement, où le soleil ne se montre jamais (et pour cause !)... On couche dans des *alcôves* fermées par des portes vitrées et souvent dans des *cabinets noirs* où nos ménagères françaises ne voudraient pas mettre les habits ou le linge.

J'ai vu des maisons à Madrid où il y a trois fenêtres de façade et une profondeur de soixante-dix mètres : les appartements se composent là de deux pièces sur la rue et de vingt pièces obscures donnant sur un couloir intérieur. Je vous laisse à penser si c'est un nid à microbes et à bonnes odeurs : ce qui est extraordinaire, c'est qu'on puisse vivre dans de pareils milieux et que la saleté n'y soit pas plus grande.

Taboada est un écrivain humoristique, mais ce qui fait le charme de ses écrits, c'est qu'il ne dit pas de bêtises incommensurables, comme Alphonse Allais; il ne fait pas rire avec des pitreries de clowns ou par l'énormité de ses élucubrations. Il se contente de tourner en caricature légère les travers de ses concitoyens : il les voit, il les observe, il souligne leurs ridicules, mais il dit la vérité. Ce que raconte Taboada est toujours pris sur le vif : à peine se contente-t-il d'ajouter un mot drôle de temps en temps. C'est un Henri Monnier !

« Louons tout ce que nous pouvons, dit la maîtresse de maison à son mari, le cabinet de travail, le salon, la salle à manger et les deux alcôves du passage.

— Et nous, où nous mettrons-nous? demande le chef de la famille?

— Les trois enfants peuvent dormir avec la bonne dans la cuisine, et toi et moi nous nous arrangerons dans la dépense.

— Mais, nous allons être à l'étroit, Isidorita?

— En dernier ressort, nous pourrons entr'ouvrir la porte et laisser nos pieds à l'extérieur. »

Le projet de cette brave dame se réduit à appuyer la tête du matelas sur le bazar de la dépense et à introduire les pieds dans la cuisine.

Voilà l'agréable perspective qu'envisagent les bons ménages madrilènes qui veulent tirer parti de leurs appartements et qui remplissent la quatrième page de l'*Imparcial* et des autres journaux d'annonces dans ce genre : je traduis textuellement celles de l'*Imparcial* du 26 avril : « Fêtes de Mai. Agences de logements. *T... M...,* 7, 9, carrera San Jeronimo. — Les habitants qui veulent céder leurs logements, avec ou sans service, doivent s'adresser à cet office. Égal avis à ceux qui veulent louer des chambres. Honoraires, une *peseta*. — Guides, interprètes. » C'est l'annonce d'un entrepreneur improvisé d'exploitation des voyageurs. Ces industriels ont à Madrid un toupet extraordinaire : il y en a un qui, dans la même carrera San Jeronimo, a mis sur son balcon : Agence officielle de l'Excelentissimo Ayuntamiento (de la Municipalité) de Madrid pour logements des visiteurs de cette capitale !

Mais n'insistons pas et continuons :

« *Particulière* cède spacieux cabinet avec alcôve, lumière électrique, centre Madrid. S'adresser : Tudescos, 38, charcuterie. »

« *Particulière* cède chambre intérieure avec ou sans (le mot service est sous-entendu). S'adresser... »

« *Balcons* se louent pour les fêtes de mai. Calle Mayor, 23, concierge. »

Il serait fastidieux de reproduire une série d'annonces qui sont semblables. Mais il l'est moins d'aller voir un peu ce qu'on nous offre. Généralement ce sont des chambres plus ou moins propres; en temps ordinaire, on en demande 2 ou 3 pesetas par jour; en ce moment 15, 28, 30 pesetas dans les quartiers populaires, 50 et 60 pesetas dans les rues principales. Là où doit passer le cortège royal, calle Mayor, calle Alcala, carrera San Jeronimo, ce sont des prix fantaisistes, de haute fantaisie, mais pas pour le voyageur qui a besoin d'un lit propre pour se reposer.

Dans une de ces *casas de huespedes* improvisées, la maîtresse de maison, veuve assez jeune et jolie, me montre une pièce obscure; je lui demande si elle n'a pas d'autres chambres à me donner. Tout le reste est déjà loué, me dit-elle; mais vous ne serez pas à plaindre. Ce cabinet noir est ma propre chambre.

Je n'ai pas insisté ; j'ai pensé que d'autres voyageurs seraient plus ravis que moi de l'aventure, et j'ai cédé la place.

D'ailleurs, grâce au ciel, je n'ai pas besoin de courir tout Madrid à la recherche d'un gîte ; j'ai une bonne chambre depuis longtemps ! Mais mes amis moins prévoyants seront fort à plaindre.

Il est scandaleux (1) — disons le mot — qu'une capitale comme Madrid n'ait pas un grand hôtel, un de ces grands et beaux hôtels comme nous en avons à Paris, à Nice, à Monte-Carlo, comme il y en a à Londres, en Allemagne, en Suisse, partout enfin ! On ne comprend pas que des capitalistes espagnols ne se soient pas décidés depuis longtemps à doter Madrid, leur Madrid, d'un grand hôtel. Ils auraient rendu un grand service à leurs concitoyens et fait une excellente affaire. Madrid, même en temps ordinaire, regorge de voyageurs : les hôtels y sont toujours bondés et gagnent de l'argent. Quand on veut y donner un grand dîner, un banquet officiel, on ne sait où le faire : il faut renoncer à donner un banquet de plus de deux cents couverts, faute de salle ! Celles qui existent sont trop petites et d'ailleurs basses de plafond, laides, mal décorées, indignes de Madrid.

On pourrait croire que toutes ces raisons auraient dû décider depuis longtemps les Madrilènes riches — et il y en a des quantités — à faire une Société puissante et à créer un immense hôtel avec cinq cents chambres,

(1) Depuis 1912, Madrid possède enfin un *Hôtel Ritz* et un *Palace-Hôtel* qui sont de superbes édifices dignes de leurs titres et d'une grande capitale. Il a fallu dix ans pour réaliser ce progrès !

grande salle de fête, grande salle de banquets, jardins d'hiver et d'été, salles de bains, et tout le confort moderne. Il n'en est rien ! Quand cela se fera-t-il? Certainement ce sera bientôt, on peut en être sûr, car, avec le nouveau règne, Madrid va être un centre de fêtes et de cérémonies, et la création d'un hôtel digne des riches étrangers et provinciaux s'impose. Mais il faudra que ce soit des Anglais, des Suisses ou des Français qui fassent cette bonne affaire ! Les Espagnols se plaindront ensuite de l'exploitation de leur pays par les étrangers ! En vérité, à qui la faute? (1)

Les journaux espagnols ne laissent pas passer un jour sans faire des articles contre les Compagnies de tramways qui sillonnent Madrid. Pourquoi? Pour des futilités, ou des accidents dus à la sottise des promeneurs. Et ne croyez pas que les accidents soient nombreux. Lors de mon séjour en 1901, en deux mois et demi, il y en a eu *un*. Ce n'est pas beaucoup, étant donnée la multiplicité des lignes desservies par des quantités de grandes et belles voitures à traction électrique.

Mais les Espagnols crient contre les tramways, parce que ce sont des Compagnies belges : l'*Imparcial* reçoit une lettre d'un Madrilène disant qu'il a dû attendre un quart d'heure un tramway, car toutes les voitures qui passaient devant lui étaient pleines.

Vous croyez que cela signifie aux yeux des journalistes espagnols que la traction électrique a du succès et qu'il faut encourager la Compagnie à mettre de nouvelles voitures en service? Que non ! Cela, d'après le *Liberal*, c'est une nouvelle contrariété imposée au public madri-

(1) Ces lignes ont été écrites en 1902. Les capitalistes espagnols semblent depuis lors un peu mois timorés et nous espérons qu'ils prendront part aux développement des affaires de leurs pays.

lène par les Compagnies étrangères qui exploitent Madrid comme *une ville conquise*. C'est amusant, n'est-ce pas?

D'ailleurs tout le monde en rit, voilà ce qui prouve le bon sens des Espagnols. Les journaux crient, mais les habitants sont ravis de prendre les tramways : pour deux sous on traverse tout Madrid , pour quatre sous on va de la Puerta del Sol dans les faubourgs. Ce ne sont pas de petits trajets, croyez-le, car Madrid est une très grande ville, qui se développe énormément à l'est et au nord-est. Jadis on était obligé de prendre de méchants fiacres : il y a donc là un grand progrès.

Les jours de *toros*, les Madrilènes sont ravis d'avoir les trams électriques qui les transportent en quelques minutes. D'ailleurs la cause de ces véhicules est gagnée depuis longtemps devant le public : les tramways sont toujours complets, et les Compagnies doivent gagner de l'argent, beaucoup d'argent !

Grâce à ces Compagnies belges on pourra circuler à Madrid pendant les fêtes sans être obligé de payer un tribut onéreux aux cochers de fiacres. Déjà ces automédons font des manières pour vous prendre dans leur *Simon* (voitures fermées) ou *Manuela* (voitures découvertes) ; l'alcade (1) leur impose un uniforme neuf à partir du 1er mai, mais ils vont imposer beaucoup de désagréments à leurs clients.

Quant aux voitures de louage, elles seront introuvables, même au poids de l'or. Dès maintenant elles sont toutes louées, et des industriels se sont déjà mis à spéculer sur ces véhicules : ils les ont loués pour les sous-louer, comme des fauteuils d'orchestre un jour de première.

(1) Alcade (écriture espagnole) ou alcado (écriture française) : c'est le *maire* de la ville.

Cette annonce que je traduis à la quatrième page de l'*Imparcial* du 26 avril en dira plus long que tout :

« On loue pour le mois de mai un beau landeau avec bons chevaux et cocher. Calle Genova, 10, pour traiter. *Inutile de se présenter* si on n'est pas disposé à payer *quatre mille pesetas*. »

Un de mes amis vient à l'instant de me prévenir qu'une agence de location lui refuse un milord à un cheval pour le mois de mai, parce qu'il ne veut pas payer 3.500 pesetas d'avance.

Ceci se passe de commentaires !

Décidément, le plus simple est de se résigner à prendre le tramway ou à aller à pied... et pour terminer ma journée, je vais après le dîner assister à deux actes à la *Zarzuela*.

Ces pièces espagnoles ont pour moi un grand charme ; je les vois toujours avec plaisir et j'écoute volontiers leur musique pleine de gaieté et d'entrain.

La zarzuela, petite pièce courte et réellement typique, ne saurait en effet être classée dans la catégorie des opérettes à proprement parler ; elle constitue, au contraire, un genre bien spécial, qui a tous ses caractères propres et qui tient le milieu à la fois entre le vaudeville français et l'opéra-bouffe italien.

Et la zarzuela espagnole se divise elle-même en deux catégories bien distinctes : la grande zarzuela, qui vise au titre d'opéra-comique et qui comprend trois actes avec de nombreux décors ; et la petite zarzuela, en un acte et plusieurs tableaux, que les écrivains espagnols appellent le *genero chico* (petit genre) et qui représente à mes yeux la plus pure et la plus sincère expression de cette sorte de spectacles éminemment espagnols.

L'Espagne est un des rares pays d'Europe où le

théâtre ait conservé une allure, un cachet bien particuliers; aujourd'hui on joue en Angleterre, en Allemagne, en Autriche, en Italie, des adaptations ou des traductions de nos vaudevilles et de nos opérettes. En Espagne, on joue bien, de temps en temps, des traductions de nos pièces à succès, mais c'est l'exception; le Théâtre-Espagnol, à Madrid, et la *Comedia* jouent des imitations ou des traductions de pièces françaises du Théâtre-Français, de l'Odéon, du Gymnase, mais on les compte !

Consultez, en revanche, les affiches des théâtres de Madrid et vous verrez qu'en dehors de l'opéra de genre international (qui est chanté au Théâtre-Royal), en dehors du théâtre classique espagnol (dont le temple est au *Théâtre-Espagnol*), toutes les autres salles de spectacle de Madrid sont consacrées à la zarzuela. On joue ces petites pièces à l'*Apolo*, à la *Zarzuela* (le théâtre classique du genre), au théâtre *Moderno*, à *Roméa*; le théâtre de *Lara* joue des petites pièces en un acte, qui sont des zarzuelas sans musique, plus littéraires peut-être, extrêmement amusantes, mais qu'il faut mettre à part, car elles peuvent, dans le théâtre espagnol, prétendre plutôt représenter le genre vaudeville que le genre opérette.

Pourquoi la zarzuela, surtout celle en un acte, a-t-elle obtenu en Espagne une si grande popularité? Sans doute, tout simplement parce qu'en Espagne le *Music-hall* n'existe pas encore, tel qu'il fleurit — beaucoup trop, hélas ! — en France et dans les autres pays du monde. Il fallait donc aux Espagnols un genre de spectacle démocratique, facile à comprendre, n'exigeant ni les efforts d'intelligence du théâtre classique, ni de grandes dépenses d'argent pour les spectateurs. On en est arrivé ainsi à créer ce genre de pièces qui, en une heure et quelques minutes, font défiler sous les yeux du public trois ou quatre tableaux qui sont de réelles scènes de mœurs de toutes les provinces d'Espagne, photographiées pour ainsi dire sur le vif et transportées telles quelles au théâtre.

Beaucoup de situations comiques, de mots drôles à toutes les minutes, un peu de sentiment, une intrigue d'amour où la vertu est toujours récompensée et le vice toujours puni; des duos, des chants, des chœurs, une musique endiablée, un peu sauvage, d'inspiration vive et prime-sautière, qui ne sent pas l'effort et qui a gardé une saveur exotique, mi-arabe, mi-européenne, qui produit une impression puissante; où les accords les plus tendres et les mélodies les plus suaves alternent avec des mélopées criardes et des accents déchirants de passion véritable; un ensemble pour tout dire, de qualités et de défauts, de mièvreries raffinées et de brutalités apparentes, qui nous donne la sensation très nette d'une civilisation spéciale, le tableau ressemblant et nullement truqué des mœurs si pittoresques de nos voisins : voilà la zarzuela !

**

Le théâtre-type de ce genre dramatique, celui qui en conserve les traditions classiques, c'est évidemment le *théâtre de la Zarzuela*. Il a été construit en 1855, par Francisco de Rivas et inauguré en 1856. (1). Il est situé au milieu de la calle de *Jovellanos* dont il a porté le nom à un certain moment, dans un renfoncement qui forme comme une place. Cette rue est derrière le palais du

(1) *Note de l'auteur.* — Complètement brûlé en 1910, ce théâtre a été reconstruit sur le même emplacement et a retrouvé sa vogue d'antan.

Congrès; elle est étroite et aboutit à une autre rue étroite, la calle de los Madrazos. Celui qui cherche pour la première fois, le soir, le théâtre de la Zarzuela, risque fort de passer à côté sans s'en douter, et il est nécessaire de se faire montrer le chemin. Mais le fait de se cacher dans cet endroit écarté et hors de la vue du public, qui circule dans les grandes artères de la carrera San Jeronimo ou de la rue d'Alcala, ne cause aucun tort à ce théâtre, car il est toujours plein et on peut dire que c'est un des plus courus de la capitale.

Il faut reconnaître qu'il mérite la vogue dont il jouit; les pièces qu'il joue sont toujours intéressantes et son orchestre est bon; les acteurs sont de premier ordre et, comme comiques, j'en connais peu qui les valent.

La salle est très vaste, aérée; les fauteuils sont bons; les peintures sont vieilles, mais l'éclairage électrique, bien installé, corrige ce petit défaut, et, en somme, la salle de la *Zarzuela* est une belle salle de spectacle.

Jadis on jouait de préférence sur cette scène la grande zarzuela espagnole en trois actes; mais, depuis plusieurs années, on n'y joue plus que des pièces en un acte et plusieurs tableaux, petites zarzuelas courtes et amusantes qui ont la faveur du public.

Hier soir, on donnait quatre représentations et une pièce différente à chaque représentation : la première *funcion* (c'est le mot espagnol) commence à huit heures et demie : elle dure une heure environ; les autres suivent, toutes d'une durée d'une heure environ. La quatrième et dernière représentation commence généralement à minuit et finit à une heure du matin, car il faut compter un quart d'heure d'entr'acte entre chaque pièce pour l'entrée et la sortie des spectateurs. Sur les quatre pièces que l'on a jouées, je n'ai assisté qu'à deux, car j'étais fatigué et j'avais besoin de me coucher tôt,

El Baléo et la *Manta Zamorana* m'ont procuré de très agréables moments. *El Baléo* est une piécette sans prétention, l'histoire d'un baptême dans les quartiers populeux de Madrid; ce sont gens du commun qui s'agitent et se disputent, qui sont le jouet et les victimes de leurs passions, et c'est si naturel, si bien photographié sur le vif, que le rire des spectateurs éclate en fusées à chaque minute et qu'on trouve du piquant et du cachet à des mots d'un comique un peu vulgaire, mais approprié à la situation.

La *Manta Zamorana* a une autre allure : c'est une étude de mœurs des gens de Zamora, bien présentée, et qui touche et émeut tout en amusant. Le pittoresque de la localité, des costumes, des caractères, tout est bien rendu; l'action est conduite avec talent; l'intrigue est plus sérieuse que dans la plupart des zarzuelas en un acte. Je ne raconte pas ces petites pièces : c'est bien difficile, et ce serait surtout trop long et trop oiseux. Mais il y a une musiquette exquise dans cet acte et un *duo* à la fin qui m'a littéralement enchanté. C'est mieux que de la musique badine, c'est de la musique d'opérette avec une pointe de sentiment et une inspiration franche et vraiment artistique. Je félicite le maëstro.

Le prince Eugène de Suède vient d'arriver : il doit représenter son père, le roi Oscar II, aux fêtes du Couronnement, mais il voyage en ce moment *incognito* et va entreprendre une excursion dans le sud de l'Espagne avant de revenir, vers le 10 mai, à titre officiel. C'est un prince érudit et artiste; sa première visite a été pour le *Musée de peinture* du Prado, musée digne de l'admiration de tous les amateurs et dont j'aurai l'occasion de parler longuement. Le prince Eugène a été si enthousiasmé par sa visite d'aujourd'hui qu'il a déclaré qu'il voulait revoir le Musée demain, avant de partir pour Cordoue et Séville.

Ce soir, il assiste à la représentation du Théâtre-Espagnol, théâtre qui correspond à notre *Théâtre-Français :* c'est le temple du théâtre national de l'Espagne, des œuvres de Calderon et Lope de Vega et tant d'autres auteurs célèbres, du drame et de la comédie classiques.

L'antique édifice a été restauré en 1849, et amélioré en 1869; il est bien situé devant la place del Principe, dont le square aux gazons verdoyants et les grands arbres flattent agréablement les yeux des promeneurs aveuglés par la réverbération du soleil sur les façades blanches des maisons.

Armes royales de Grenade

III

LE 1er MAI A MADRID. — LA FOI SOCIALISTE
LES OUVRIERS S'AMUSENT

Madrid, 1er mai 1905.

Premier mai ! Fête des ouvriers ! On finit par la
délaisser et la négliger en France, depuis qu'on a voulu
la transformer en manifestation socialiste. En outre,
chez nous, les ouvriers sérieux préfèrent travailler que
perdre leur temps ; ils trouvent qu'il y a bien assez de
fêtes comme cela dans l'année et que le dimanche,
suivi du lundi, c'est déjà beaucoup ! En Espagne, le
1er mai n'est pas encore tombé en désuétude : ici on
aime bien ne rien faire et tous les prétextes de fêtes sont
bons. On a compté que les jours fériés en Espagne, y
compris les dimanches, fêtes religieuses et civiles, sont
aussi nombreux que les jours non fériés, même dans
les années bissextiles. Ici la fête du 1er mai est également une manifestation des socialistes, manifestation
qu'ils s'empressent de faire avec un grand luxe de discours. Le gouvernement espagnol, ayant eu le bon
esprit d'autoriser les réunions socialistes dans les locaux
spéciaux et de déclarer qu'il n'empêcherait que les démonstrations dans la rue, les socialistes madrilènes
ont voulu prouver qu'ils étaient sages et sérieux, et tout
s'est passé le mieux du monde, sans tapage et sans
violence..., sauf les violences de langage des orateurs.

À Madrid, la fête du 1er mai comprenait le programme suivant : le matin, à neuf heures, grand meeting dans la salle très vaste du *Fronton central* (on appelle *Fronton* une salle couverte, très haute et très longue, où se joue le fameux jeu de paume ou de balle des provinces basques). Inutile de dire que la salle était bondée et que les orateurs socialistes ont trouvé des auditeurs enthousiastes : on les a acclamés et un orphéon a chanté l'hymne *Prolétaires unis* (en espagnol naturellement) et la *Marseillaise* (idem.) !

Je ne veux pas rapporter les discours de tous les orateurs qui se sont succédé à la tribune : ce serait répéter toujours la même chose avec des variantes. L'analyse très succincte du discours du plus connu des socialistes espagnols, le citoyen Iglesias, donnera une idée des aspirations de ce parti en Espagne et de ses desseins avoués :

« Nous venons avec plus de confiance que jamais affirmer notre solidarité avec tous les exploités et jurer que nous serons tenaces et persévérants jusqu'à la chute du régime actuel : nous jetterons aussi un regard sur le terrain parcouru.

« En 1890, la condition matérielle et morale des ouvriers était bien différente. On venait à nos réunions par amour de la nouveauté ; mais, depuis lors, la volonté a créé une masse énorme, capable de grandes entreprises et qui bientôt les accomplira.

« Le socialisme est un élément de progrès. Grâce à lui, la Biscaye n'est plus carliste ; Alava est en train de faire de même ; la Navarre célèbre le 1er mai, et le Maëstrago aussi ; les socialistes sont ceux qui combattent le mieux le carlisme ; car, sans désirer l'incendie des couvents ni l'extermination des curés et des moines, il attaque le cœur même de l'Église qui constitue son bien le plus précieux.

« Les socialistes combattent les républicains, parce qu'ils se trompent dans le domaine économique et parce qu'ils n'ont pas fait l'éducation des masses. Ils n'attaquent pas les hommes de ce parti, mais leurs erreurs.

« Les Asturies et la Biscaye sont socialistes, l'Andalousie et la Castille vont le devenir et toute l'Espagne le sera, et elle le sera parce que le socialisme vit de la vie de la réalité.

« Les socialistes n'ont éveillé aucune illusion chez l'ouvrier. Ils lui ont dit la vérité : qu'ils auraient à travailler beaucoup avec peu de profit; c'est pour cela qu'ils ont obtenu des résultats positifs, sûrs et fermes.

« Aveugles ceux qui croient, du haut du pouvoir, que les avantages endormiront le socialisme; les avantages *seront des acides, seront des apéritifs* (sic) !

« Les socialistes seront les vainqueurs, parce qu'ils ont l'appui des conditions sociales.

« Le 1er mai, c'est le réveil des ouvriers. Aujourd'hui plus de trois cents meetings se célèbrent en Espagne; dans le monde entier il y en a des millions, non pour renverser les régimes qui existent, mais pour les ébranler et les jeter à terre un jour plus facilement.

« Nos efforts n'ont pas été vains. (Iglesias énumère ici les lois obtenues des Cortès, qu'il considère comme favorables matériellement pour les ouvriers. Il fait allusion ensuite à la question des subsistances, question grave à Madrid, en ce moment, à cause du renchérissement des aliments.)

« Il faut répondre aux convocations du parti en grand nombre et avec ensemble. La force fait peur aux Aguilera (c'est le nom de l'Alcade de Madrid) et c'est l'unique moyen de les faire marcher.

« Il demande aux ouvriers de suivre toujours, sans

cesse, le même chemin, en travaillant, en faisant de la propagande et en instruisant le peuple; c'est l'unique moyen d'améliorer le sort des ouvriers et d'arriver à être assez puissants pour mettre en miettes les privilèges des capitalistes. »

Ces paroles sont assez claires pour n'avoir pas besoin d'explications : les desseins du parti socialiste y sont nettement démontrés. Ils ne tendent à rien moins qu'à détruire le gouvernement et la Constitution, sans dire par quel régime ils le remplaceront. Dans ces phrases sonores, on ne distingue bien que les idées de destruction et de ruine; pour le reste, ce sont des promesses de félicités futures qu'on serait bien en peine de définir. L'arrivée du Socialisme au pouvoir sera l'Eden, la terre promise, le paradis : mais pourquoi? mais comment? Il est évident que dans tous les pays du monde les socialistes pensent de même, à savoir que de pareilles demandes sont excessivement indiscrètes.

Avez-vous la foi socialiste, oui ou non? Si vous avez la foi, vous devez vous en contenter. Si vous ne l'avez pas, tant pis pour vous !

Je ne sais si beaucoup d'ouvriers espagnols ont la foi socialiste, mais il faut reconnaître que, pour des simples d'esprit, les belles promesses et la perspective d'un Eden futur sont bien suffisantes. Que leur importe de savoir si l'on peut réaliser ce que les socialistes font espérer?

Le seul fait de faire fête un jour de plus, voilà ce qui captive les Madrilènes; et la preuve, je veux la trouver dans l'ensemble parfait avec lequel les familles ouvrières de Madrid se sont rendues sous les frais ombrages de la Bombilla et de la Fuente de la Teja, où, aux accords des orgues de Barbarie, des pianos mécaniques, des violons des aveugles, elles ont dansé, bu et mangé les *meriendas* (provisions) apportées de leurs domiciles. C'était là la seconde partie du programme du 1er mai, et je vous assure que c'est elle qui a eu le plus vif succès. Boire du vin, manger des *chorizos* (1), crier et rire, acheter aux pâtisseries en plein vent des beignets cuits à l'huile rance et des sucreries, voilà le socialisme du 1er mai, tel qu'il sourit le plus aux ouvriers de Madrid !

« Vive le 1er mai, disent les braves travailleurs ; on s'y amuse autant qu'à la San Isidro ou à la San Anton ! »

***

Il faut croire que ce sentiment est général en Espagne, car, en parcourant les dépêches de *El Héraldo* et de la *Correspondencia de Espana*, ce soir, à neuf heures, je me rends compte du calme parfait avec lequel s'est passé le 1er mai dans la Péninsule. Partout, comme à Madrid, il y a eu des meetings et des discours incendiaires ; partout aussi la *merienda* a eu le plus grand succès et les *organillos* (2) ont fait fureur.

« Buvez et dansez, mes amis », devaient penser les farouches meneurs ; peut-être se répétaient-ils le mot de Joseph Prud'homme : « Ils dansent sur un volcan ! »

Faut-il en rire ? Faut-il en pleurer ?

***

Vers trois heures du soir, toutes les cloches se mettent en branle.

(1) Saucisson au piment rouge fabriqué dans plusieurs provinces d'Espagne.
(2) *Organillo*, petit orgue de Barbarie.

Je me demandais pourquoi, lorsque ma voiture passant sur le Prado, un coup de canon fit faire un écart au cheval. Près du Retiro une batterie d'artillerie était installée. « Elle tirera un coup de canon toutes les demi-heures, me dit le cocher en se retournant sur le siège ; c'est demain le 2 mai ! » Ces simples mots expliquaient tout.

Le 2 mai ! C'est une grande date historique pour toute l'Espagne et surtout pour Madrid. Depuis 1808, on fête religieusement cet anniversaire. C'est la fête nationale, la fête de l'Indépendance. Le 2 mai fut, en effet, le signal de cette explosion de patriotisme farouche qui brisa la puissance de Napoléon Ier. Tant de souvenirs et de pensées m'assaillent, en évoquant cette date inoubliable, que je suis forcé d'abandonner la plume pour y rêver un moment. Je tâcherai de coordonner quelques idées sur ce sujet.

Je vois en passant, sur la place de *la Léaltad*, le monument du *Dos de Mayo*, obélisque en granit jaunâtre provenant du fameux « Hoyo de Manzanarès ». Cet obélisque, entouré de quatre statues allégoriques, se dresse sur un socle de granit en forme de sarcophage ou plutôt de très grand tombeau, sur les parois duquel sont sculptés les médaillons des héros Daoïz et Velarde, et deux inscriptions commémoratives.

Ce monument qui devait faire grand effet lorsqu'il était isolé de toute construction et entouré simplement de quelques cyprès au feuillage lugubre, comme nous le montrent les gravures qui furent publiées en 1840, est aujourd'hui à demi-caché par les arbres et la verdure du petit square au milieu duquel il est situé. Une grille circulaire entoure ce jardinet bien entretenu et les branches des arbres le dissimulent un peu. Du *Salon du Prado* on l'aperçoit vaguement : on le voit mieux en venant de la rue de la Léaltad.

De près, il ne produit pas une mauvaise impression : il y a là deux saules pleureurs d'un effet mélancolique et touchant. Ce monument funèbre au milieu des fleurs a une poésie qui n'est point brutale : il met comme une note d'héroïsme et de vertu en face de ce palais tout battant neuf et tout bruyant qu'on a élevé à ses côtés, temple du veau d'or, où tout se vend et s'achète et qui s'appelle *la Bourse.*

A cinq heures, dans l'église de San Isidro el Real, cathédrale provisoire, on chante les *vigilias* (vigiles) en l'honneur des marytrs du *Dos de Mayo.* A neuf heures du soir, les cloches recommencent à sonner pendant quelques minutes.

Autour du monument de la place de la Léaltad, presque sur les gradins de la Bourse et sur le *Salon du Prado,* se dressent des tentes de campagne, et, du soir au matin, des artilleurs et des *miliciens* vont monter une garde d'honneur autour de l'obélisque.

On appelle *miliciens* les soldats de la *garde nationale* : ce corps composé de volontaires de toutes les classes de la société, a joué un rôle important dans beaucoup d'événements historiques du xixe siècle. Il compte dans ses rangs des sommités politiques de tous les partis. M. Sagasta a été un des commandants de ce corps, et on le voyait encore, dans ces dernières années, revêtir l'uniforme et se montrer avec son régiment à la fameuse procession du 2 mai.

C'est que la cérémonie de la procession de demain est une des plus imposantes qu'il y ait en Espagne, et, en dehors des vétérans de la garde nationale, ne figurent dans le cortège que ceux qui ont quelque droit d'y figurer, à titre de parents des victimes de Murat ou comme hauts fonctionnaires de l'État.

Blason des Ducs de Bourgogne

IV

Le Dos de Mayo et l'Alcade de Mostolès

Madrid, 2 mai 1902.

Décidément cette date du 2 mai me trouble et m'émeut. Cette nuit, j'ai mal dormi; ce matin à six heures j'étais levé. Mon premier acte a été d'aller voir le monument du *Dos de Mayo*.

Devant l'obélisque, on a élevé un autel portatif. A sept heures et demie, on va célébrer une messe pour les âmes des glorieux martyrs espagnols; ensuite, toutes les demi-heures, on dira une nouvelle messe, jusqu'à midi. A dix heures, une messe chantée est célébrée à la même intention dans toutes les paroisses.

Quand j'arrive devant le monument, on est en train d'y installer une belle couronne : c'est un riche Madrilène, D. Lucas Aguirre, qui, par testament, a légué une rente à la ville de Madrid pour, tous les ans, placer une couronne sur le monument du 2 mai.

Je recueille d'intéressants renseignements sur les deux principaux héros de cette journée sanglante.

Don Luis Daoïz était né à Séville; il avait été nommé, en 1082, premier capitaine du 3e d'artillerie, il était chargé du commandement des forces d'artillerie de la place de Madrid. Laissé pour mort par les Français au pied de son canon, il fut porté à sa maison par quelques hommes du peuple qui crurent que les secours de l'art pourraient le sauver; mais il expira quatre heures

après, et, à la tombée de la nuit, il fut conduit silen-
cieusement et tristement au cimetière par cinq ou six
amis.

Don Pedro Velarde naquit, le 25 octobre 1779, à
Múriedas, village de la vallée de Camargo, dans la province de Santander. En 1804, il avait été promu, à l'an-
cienneté, second capitaine du 5e d'artillerie et, peu de
temps après, il fut nommé professeur de l'académie
de Ségovie. Lorsqu'il s'élança, le 2 mai, à la tête du
peuple pour le soulever, il remplissait depuis 1806 les
fonctions de secrétaire du Conseil supérieur de l'écono-
mat de l'artillerie. On retrouva son corps, complètement
nu, parmi les cadavres, et on le transporta l'après-midi
au lieu où l'on enterrait les martyrs. Il était alors enve-
loppé dans un morceau de tente de campagne, mais, au
moment où on allait l'ensevelir, survint un inconnu qui
le revêtit d'un froc de franciscain mendiant.

Au nom de ces deux officiers, les Espagnols ajoutent
un troisième, celui du lieutenant des volontaires ou miliciens, Don Jacinto Ruiz, né à Ceuta. Après la mort de
Daoïz et de Velarde, les Français remplissaient le patio
du parc d'artillerie et allaient en être les maîtres, lorsque
le lieutenant Ruiz organisa la défense des appartements
et, quoique estropié, lutta jusqu'à ce qu'il fût gravement blessé. Conduit à son domicile, il parvint à s'enfuir de Madrid, mais sa blessure s'était ouverte, et il ne
tarda pas à mourir en Extrémadure. On associe son
nom à celui de ses compagnons dans les prières funèbres
de l'anniversaire.

Voici les inscriptions qu'on lit sur les côtés du sarcophage :

LES CENDRES
DES VICTIMES DU 2 DE MAI 1808
REPOSENT DANS CE CHAMP DE LOYAUTÉ
ARROSÉ DE LEUR SANG.
HONNEUR ÉTERNEL AU PATRIOTISME !

AUX MARTYRS
DE L'INDÉPENDANCE ESPAGNOLE
LA NATION RECONNAISSANTE !
TERMINÉ PAR LA M. H. VILLA DE MADRID
EN L'ANNÉE 1840

***

On croit rêver quand on songe que des événements d'une importance exceptionnelle, capitale même, ont parfois pour cause des motifs d'une futilité ridicule, des stupidités, des niaiseries, des choses qui seraient insignifiantes en toutes autres occasions !

Quelques femmes du peuple qui pleurent devant les portes du Palais royal et qui s'écrient : *On nous les enlève !* Et voilà un peuple qui se met à rugir et à s'insurger.

Il avait vu partir Charles IV, la reine Marie-Louise, Ferdinand VII ; il avait vu les troupes françaises s'installer à Madrid..., et il n'avait rien dit. Mais, le 2 mai, il apprend que l'infant Don Francisco, âgé de treize ans, va rejoindre sa famille à Bayonne, avec la reine d'Étrurie et ses enfants, et cette nouvelle, qui aurait passé inaperçue six semaines plus tôt, suffit à faire éclater une tempête, à allumer une révolution.

Il faut ajouter aussi que le caractère arrogant de Murat, son manque de tact et ses actes de despotisme brutal avaient certainement exaspéré ce noble peuple espagnol ; il est avéré que l'accueil, curieux mais correct,

qui avait été fait à nos soldats, lors de leur arrivée
en Espagne et surtout à Madrid, n'avait pas tardé
à se modifier par la faute même de nos troupes qui se
comportaient un peu trop comme des vainqueurs en
pays conquis. Le peuple espagnol avait surtout de terribles ressentiments contre les lanciers polonais et les
mameluks de Murat, qui se conduisaient comme des
brutes et des soudards. Pour qui connaît le caractère
espagnol, il n'est pas douteux que rien ne pouvait lui
être plus insupportable que les manques d'égards des
étrangers vis-à-vis des femmes et leur insolence vis-à-vis
des hommes ! L'Espagnol était trop fier pour ne pas se
révolter.

Il est évident que c'est là la vraie cause, la véritable
raison de l'explosion populaire du 2 mai ! Le départ
d'un enfant de treize ans ne pouvait être qu'un prétexte.

Murat qui manquait en tout de mesure, qui était outré
de courage, de vanité et de cruauté, fit réprimer à coups
de fusils une manifestation qui n'était que bruyante et
tumultueuse.

On connaît le reste ! Attaqué par les troupes, le peuple
espagnol crie : *Aux armes !* Une foule de patriotes se
précipite dans le parc d'artillerie de Montéléon, dans le
quartier des Maravillas, demandant des fusils. Un officier, le capitaine Velarde, emporté par la fougue de ses
vingt-huit ans, se met à la tête de quelques soldats,
parlemente avec le capitaine Daoïz, qui commandait
le parc d'artillerie, et le décide à se joindre à l'insurrection. Ils font prisonniers les quatre-vingts soldats
français qui gardaient le parc et arment quelques
hommes du peuple.

Mais rien ne les seconde : ils n'ont presque pas de munitions, le parc d'artillerie est un vieux palais impossible à défendre. Les autres troupes espagnoles restent dans leurs casernes : la partie du peuple qui bouge se fait sabrer et mitrailler sur le Prado et la Puerta del Sol. C'est un mouvement insurrectionnel raté, une grande émeute, et pas plus.

Au lieu de parlementer avec les insurgés du parc d'artillerie, de les convaincre et de les amener à se rendre, à rentrer dans le devoir, Murat veut user de la force, il veut les écraser et les anéantir.

Contre eux, il lance des colonnes : on les canonne pendant trois heures, on les attaque à la baïonnette, on prend d'assaut, on extermine ces braves. Velarde, Daoïz meurent ; Ruiz suit mortellement blessé ! Le parc d'artillerie est repris. Mais la rébellion est plus vive que jamais. L'émeute est devenue la guerre !

Velarde, Daoïz, Ruiz, ont donné un exemple immortel, la fureur de Murat a déchaîné le patriotisme espagnol. Les coups de canon tirés contre les défenseurs du parc d'artillerie vont retentir dans toute la Péninsule. Et c'est avec raison que les Espagnols datent du *Deux mai* 1808 la guerre de l'Indépendance.

Il est une anecdote historique — et pourtant peu connue — que cette date évoque dans ma mémoire ; la voici telle qu'elle m'a été contée.

Mostolès est un petit village des environs de Madrid qui n'aurait rien que de banal sans la prouesse de son alcade en 1808. Pour être plus exact, on devrait dire de ses alcades, car cette bourgade avait, non pas un, mais deux alcades, ce qui peut passer pour du luxe.

C'étaient deux paysans très simples et très illettrés. L'un s'appelait Don Andrès Torrejon et l'autre Don Simon Hernandez. Esprits naïfs et exaltés, cœurs pleins de fierté et de patriotisme, nos alcades étaient de la trempe de ces modestes fils de la glèbe dont les périls font des héros.

En la circonstance d'ailleurs, leur héroïsme se borna à « un beau geste » et à une déclaration de guerre à l'Empire français, déclaration que Napoléon Ier ignora sans doute toujours.

Mais allons aux faits ! A Mostolès, habitait un haut fonctionnaire espagnol en retraite, Don Juan Pérez Villamil, *fiscal* du Conseil suprême de Guerre et ancien secrétaire à l'Amirauté, homme d'un esprit cultivé et d'un noble caractère, qui avait su inspirer la plus grande vénération à tous les habitants du village. On le considérait comme un grand homme, on l'écoutait comme un oracle.

Plus clairvoyant que les humbles laboureurs qui l'entouraient dans ce village, où il prenait plaisir à venir se reposer dans une belle maison de campagne et les jardins qu'il possédait, D. Juan Pérez Villamil était fort préoccupé par les événements politiques qui se succédaient en Espagne.

Il sentait instinctivement que des dangers imminents menaçaient son pays; le départ de la famille royale, les mouvements des troupes françaises, la prise de possession des principales places fortes de la Péninsule, tout cela l'attristait et l'inquiétait. En relations avec Madrid, il se tenait au courant des incidents de chaque jour et avait coutume d'en recevoir des lettres.

Le 2 mai, il se promenait vers les 5 heures du soir, avec quelques amis, lorsqu'il vit venir à grande allure sur la route de Madrid, un cavalier étranger; il se rapprocha de lui et lui demanda des nouvelles. Invoquant ses titres et imposant respect à l'émissaire, il parvint à obtenir communication de quelques notes où étaient relatés les troubles de la capitale.

Bouleversé par ces nouvelles, il se rendit avec ses compagnons à la maison de l'alcade; mais à peine commençaient-ils à commenter les faits révélés par l'émissaire français, que se précipita dans la salle, tout tremblant et exténué, la soutane couverte de poussière, un jeune prêtre, D. Fausto Fraile, né à Mostolés. Il avait pu s'échapper de Madrid grâce à ses vêtements sacerdotaux et, d'une voix vibrante d'indignation et entrecoupée de sanglots, il raconta tout ce qu'il avait vu le matin même à Madrid, les fureurs de l'insurrection du peuple et de la répression sanglante des troupes, les massacres du Prado et de la Puerta del Sol ! Il dut probablement se livrer à des exagérations bien naturelles de la part d'un patriote et excusables chez un prêtre voué à l'amour du prochain et effrayé par les excès qu'il venait d'apercevoir.

L'effet fut grand sur ces paysans; au récit du jeune prêtre répondirent des cris de colère et de mort. On tue, on massacre les patriotes espagnols à Madrid : Vengeance ! vengeance ! Mort aux Français ! Mort aux étrangers ! Ce fut une explosion de fureur et de haine.

A l'église on sonne le toscin; les conseillers municipaux se réunissent en hâte à la maison de ville; les habitants du village accourent et se pressent autour de la mairie. Les lugubres nouvelles sont proclamées et de tous les côtés s'élèvent des clameurs indignées.

Une pareille situation exige des résolutions. Que faire ? Les deux alcades sont prêts à tout, mais n'ont aucune idée. D. Juan Pérez Villamil prend la parole; on se tait, on l'approuve d'avance. Il recommande le calme et le

sang-froid. « Le meilleur moyen de lutter contre l'ennemi, dit-il, c'est de répandre à travers la Péninsule la
nouvelle des massacres qu'il commet à Madrid; c'est
d'appeler tous les Espagnols à s'unir dans une guerre
sainte contre les envahisseurs, contre les oppresseurs de
l'Espagne. »

Une acclamation unanime lui répond.

Mais qui va prendre l'initiative de signer une proclamation? C'est jouer sa vie, si les Français vous saisissent. Appeler aux armes les Espagnols! C'était le
devoir des corps constitués, des Cortès... Hélas! les
autorités sont muettes et effarées. D'ailleurs, les autorités de Madrid sont sous la main des troupes françaises.
Qui donc va déclarer la guerre?

C'est l'alcade de Mostolès, Andrès Torrejon, l'humble
laboureur. Il n'hésite pas, il se lève, il est transfiguré.
« Allons, s'écrie-t-il, qu'on rédige la proclamation, je la
signe. Je n'ai pas peur de Napoléon. Je lui déclare la
guerre à mort ! »

Séance tenante, D. Juan Pérez Villamil rédige la
proclamation suivante : *La patrie est en danger. Madrid
se meurt « victime de la perfidie française ». Espagnols,
accourez tous pour la sauver! 2 mai 1808. — L'alcade
de Mostolès.* Torréjon signe le papier; on le confie au fils
du second alcade, Antonio Hernandez, qui, postillon
de son métier, monte à cheval et court répandre la
proclamation de l'alcade de Mostolès à travers l'Espagne.

Il put, grâce au concours des maîtres de poste, ses
collègues, parcourir en un jour la distance très grande
de Mostolès à Trujillo; en peu de jours, il put répandre
le cri de guerre de l'alcade de Mostolès dans l'Extrémadure et l'Andalousie.

Dans la salle des séances de l'*Ayuntamiento* de Mostolès, une belle plaque commémorative a été placée, dont voici l'inscription : « A la mémoire de D. Juan Pérez Villamil, *initiateur* de la guerre de l'Indépendance, et aux alcades de cette ville, D. Andrès Torrejon, et D. Simon Hernandez, qui l'aidèrent dans ce dessein si patriotique. — L'assemblée révolutionnaire de 1868. »

Il est évident que la proclamation de l'alcade de Mostolès peut prêter à sourire : un pauvre maire d'un village de quatre cents âmes déclarant la guerre à Napoléon Ier, au vainqueur de l'Europe, c'était de la folie. On me permettra de ne pas me moquer d'une folie de ce genre; ce cri de guerre, poussé dans un moment de délire patriotique, c'est tout simplement un acte de devoir, de ce devoir sacré qui s'impose à tous les citoyens : la défense de la patrie en danger !

Quand les grands de la terre se taisent et tremblent, quand les ministres trahissent, quand les assemblées se prostituent, il est bon qu'une humble voix s'élève du peuple et ramène les nations à l'honneur et au devoir. C'est d'un grand et bel exemple, on ne saurait trop l'admirer.

Moi, Français, je ne ris pas de l'alcade de Mostolès : je ne puis que rendre à sa mémoire l'hommage de mon salut !

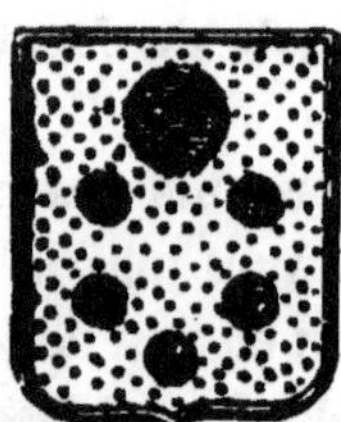

Blason des Médicis

V

DESCENDANT DES VICTIMES ! — SOUVENIR PATRIO-
TIQUE ET PLUS DE HAINE. — LA PROCESSION. — LA
MANTILLE ESPAGNOLE.

Madrid, 3 mai 1902.

La journée d'hier a été bien remplie : j'ai déjà parlé
des messes célébrées toutes les demi-heures sur la place
de la *Leallad* devant le monument du *Dos de Mayo*.
Mais il faut décrire la fameuse procession tradition-
nelle.

A 9 heures et demie, toutes les personnes invitées
par la municipalité à figurer dans le cortège se réunissent
à l'Hôtel-de-Ville. Il faut, en effet, pour figurer dans le
cortège du 2 mai, avoir un titre officiel ou être l'un des
descendants des victimes de cette journée historique.
C'est donc un titre de gloire pour bien des gens, et pouvoir dire qu'ils ont fait partie de la procession du 2 mai,
comme descendants des héros de l'Indépendance, est
très flatteur pour la vanité de beaucoup.

Aussi parait-il que les compétitions sont grandes
pour obtenir des cartes d'invitation. Luis Taboada, dans
une de ses amusantes « chroniques joyeuses » du *Nuevo
Mundo*, nous raconte à sa manière les tribulations des
parents des victimes. On me pardonnera de chercher à
traduire sa chronique.

« Cette année, la fête civique du 2 de Mayo a revêtu
plus grande importance que de coutume, car y ont pris

part les touristes qui, en nombre effarant, viennent voir les fêtes du couronnement royal.

« Les trains arrivent, tous ces jours-ci, comblés de provinciaux impatients, qui n'ont pas voulu attendre les tarifs réduits des trains spéciaux, et qui s'élancent, dès maintenant, vers les plaisirs auxquels les convie la capitale.

« Une fois ici, il est tout naturel qu'ils aient voulu connaître dans tous ses détails notre glorieuse fête, et, pleins de curiosité, ils accoururent dès le matin au Retiro, ensuite à la procession, ensuite au défilé, et enfin à la *Carrera San Jeronimo*, où viennent faire étinceler leur beauté, toutes les après-midi, les demoiselles de Palomino, et où leur maman réalise des efforts d'Hercule pour arriver à les marier.

« Que les éternelles mauvaises langues disent ce qu'elles voudront, la fête du 2 mai est la plus belle que nous ayons !

« Dès les premières heures de la matinée commence la canonnade... Pum ! Puumm ! Puuuummmm ! Vers les onze heures passent les régiments chin... chin... tachin... chin... chin...

« Immédiatement la foule envahit les trottoirs de la rue d'Alcala, la Puerta del Sol et le Prado. Vous voulez traverser une rue et on ne vous le permet plus; vous cherchez à vous glisser parmi la cohue et vous ne le pouvez pas. — La procession, la procession ! entendez-vous crier par les masses.

« Et apparaissent les sapeurs de la Garde civile et, derrière eux, les autorités, le clergé, et des messieurs très tristes, aux yeux baissés et à la bouche tordue par la douleur. Ce sont les parents des victimes, parmi lesquels il y en a toujours un qui dit à haute voix, comme s'il se parlait à lui-même : « Il y a *deux cents ans*, à cette date, un illustre ancêtre de ma femme a payé de sa vie son amour de l'Indépendance. Je viens ici représenter la famille, car mon beau-père n'a pas pu venir à cause d'un furoncle. »

« J'ai eu un ami — il est déjà mort le pauvre ! — qui, tous les ans, prétendait figurer parmi les parents des susdites victimes et qui allait trouver l'alcade et lui disait :

« Je viens solliciter la permission de Votre Excellence pour assister à la procession.

— A quel titre?

— A titre de gendre de dona Atilana Gomez.

— Quelle est cette dame?

— Vous allez voir. Ma belle-mère, qui repose en paix dans sa tombe, était mariée en secondes noces avec un nommé Camacho, descendant d'un pharmacien à qui l'on brisa toutes les vitres de sa boutique le 2 mai 1808. En outre, les Français pénétrèrent dans la pharmacie et burent tous les rafraîchissements, lui causant ainsi des dommages de considération. Rien qu'en farine de lin il perdit près de soixante-dix douros (1).

— Bien, vous êtes autorisé à figurer dans le cortège. »

« Mon pauvre ami, ivre de félicité, courait à sa maison et, après avoir embrassé sa femme et lui avoir fait part de l'heureuse nouvelle, il prenait son papier et sa plume et rédigeait la circulaire suivante pour ses connaissances :

EUDOSIO MERMELADA Y PEREZ, B. L. M.

A Monsieur...
et a le plaisir de lui faire part que cette année il aura l'hon-

____

(1) On appelle *douro* la pièce espagnole de 5 francs en argent.

*neur de figurer dans la procession du 2 mai dans la caté-
gorie des parents du côté de sa belle-mère.*

*A cette occasion il donnera une soirée littéraire à son
domicile, Cajo, 93, 4°, pour rendre un hommage de souvenir à son malheureux parent et lire diverses poésies dédiées
à ses honorables restes.*

« En effet, la nuit du deux mai mon ami et sa femme
recevaient dans leur maison toutes les personnes qui voulaient les honorer de leur visite, et cela faisait compassion de voir ce ménage, vêtu de noir, qui se tamponnait
les yeux de temps en temps et soupirait, comme s'il était
la proie de la plus grande douleur.

« Avant de commencer la lecture des poésies, Don
Eudosio et son épouse rendaient un tribut d'éloges à
l'héroïque pharmacien et recevaient les condoléances,
profondément émus, comme s'ils avaient vécu toute leur
vie sous le même toit que le défunt.

« Nous partageons tous votre peine — disaient les
amis.

— « Merci » — répondait le ménage, en montrant le
blanc de ses yeux.

« Ensuite, on procédait à la lecture de vers lar-
moyants; ensuite on distribuait aux invités quelques
brioches à l'huile... et jusqu'à l'année prochaine ! »

Cette chronique amusante de Tabaoda, bien qu'elle
ne soit qu'une charge spirituelle des travers de ses contemporains, dénote toutefois un état d'esprit qu'un écrivain sérieux décrit dans les termes suivants :

« D'année en année la fête qu'on célèbre aujourd'hui

va perdant tout son aspect patriotique. On cueille des lilas au Retiro, on joue et on folâtre sous les arbres verdoyants, on jouit du spectacle militaire de la journée; mais, patriotisme, souvenir de la date mémorable, prières pour les héros qui succombèrent, tout cela disparait à pas alarmants. Presque personne ne sait l'histoire, et la légende a perdu presque tout son charme et toute sa force. Il a plu tant de sang, tant de larmes sur ces lauriers, et ils sont, pour cela, si flétris que personne ne les reconnait plus. »

Je cite ces opinions d'écrivains espagnols, parce qu'elles confirment bien mon impression. La fête du 2 mai à Madrid n'est plus qu'une fête populaire, ce n'est plus la commémoration farouche d'une date sanglante. Elle réveille des souvenirs patriotiques, mais plus de haines ni de colères. Jadis les Français couraient des dangers à se promener dans les rues de Madrid le 2 mai; mais il y a bien longtemps de cela. Depuis douze ans que je fréquente Madrid, je n'ai jamais vu le moindre mauvais regard adressé à un étranger pendant cette fête.

Hélas ! il y a eu trop de malentendus entre les Espagnols et nous jusqu'à ces derniers temps ! Mais nous sommes arrivés à des distances assez éloignées des querelles et des guerres fratricides pour pouvoir les contempler avec calme et les juger avec sérénité. Dieu soit loué qui permet à deux nations sœurs de ne plus penser aux épreuves passées, aux heures lugubres, que pour les regretter de tout cœur et puiser dans leur mutuelle estime la ferme résolution de ne plus laisser troubler par rien leur solide et franche amitié !

La note juste a été d'ailleurs parfaitement donnée par l'alcade de Madrid, M. Alberto Aguilera, dans la proclamation qu'il a adressée au peuple et fait afficher sur les murs hier matin :

Madrilènes,

Rappeler la date du Deux Mai, page ineffaçable d'un passé glorieux, ce n'est pas renouveler des haines, par bonheur déjà éteintes. Ceux qui luttèrent jadis vivent aujourd'hui unis dans une constante et réciproque cordialité d'affections et d'intérêts ; et même quand arrive jusqu'à nous l'écho de la valeur de nos pères, nous devons prendre surtout pour guide dans l'avenir l'exemple de leur constance, de leur abnégation et de leurs vertus.

Si en elles, et à l'aurore d'un nouveau règne, nous savons inspirer notre conduite à l'avenir ; et si, nous tous qui commémorons le deux mai, peuple et armée, nous fondons nos desseins dans la généreuse aspiration du bien de la patrie, en lui procurant des éléments de paix et de progrès, nous rendrons ainsi le plus précieux tribut d'admiration à ceux qui ont su si héroïquement la défendre.

Alberto AGUILERA

Madrid, 2 mai 1902.

** **

Le cortège officiel sort à dix heures de l'Hôtel de Ville et, par les rues Mayor et de Ciudad-Rodrigo, la place de la Constitution et la rue de Tolède, se rend à l'église-cathédrale de San Isidro, où se célèbre une messe solennelle de *Requiem*. L'archevêque-évêque de Madrid-Alcala officie lui-même.

Les obsèques terminées, le cortège se remet en marche dans le même ordre, suit les rues qui mènent à la Puerta del Sol et, par la rue d'Alcala, descend au Salon du Prado, où il rencontre le Chapitre des curés de toutes les paroisses de Madrid qui, en grande pompe, prend place dans le cortège, devant les Massiers de la Municipalité. Sur tout le parcours du cortège les troupes de la garnison font la haie et présentent les armes aux autorités.

Le cortège arrive enfin, au milieu de la foule de plus en plus compacte et maintenue par les soldats, devant le monument du *Dos de Mayo*, où les détachements des troupes de la garnison, désignés pour cet honneur, sont rangés en bataille; toute la procession se range respectueusement autour du monument et on chante solennellement les prières des morts.

La colonne d'honneur fait, immédiatement après, les décharges d'artillerie d'ordonnance, qui sont les mêmes qu'aux funérailles d'un capitaine-général mort au champ de bataille dans l'exercice du commandement en chef.

La cérémonie se termine par le défilé devant le monument de toutes les troupes qui ont pris part, de près ou de loin, à la fête funèbre. Et, au milieu des citadins enthousiastes, c'est une véritable parade militaire qui passe dans les rues de Madrid.

La veille au soir, au café de la Bourse, les vétérans de la Milice avaient célébré la date historique par un banquet, qui fut, paraît-il, très réussi, et où de patriotiques discours furent prononcés au dessert, mais dans une note aussi noble et élevée qu'éloignée de toute allusion fâcheuse à des haines qui, comme l'a bien dit l'alcade de Madrid, sont éteintes depuis longtemps... et pour toujours !

*_**

A cinq heures de l'après-midi, on m'emmène voir une autre procession dans le quartier des *Maravillas* : c'est l'Ordre humanitaire de la Santa-Cruz et les victimes du *Dos de Mayo* qui célèbrent la fête. Ils ont fait chanter le matin une grand'messe dans l'église des Saints-Juste et Pastor; l'après-midi, ils font une procession dans les rues décorées et pavoisées. Je revois dans le cortège presque toutes les figures que j'ai vues le matin : on me signale le Comité de la Croix-Rouge. Cette procession, moins solennelle que celle du matin, est très curieuse, surtout à cause du public. Le quartier est très populacier et les notes typiques et pittoresques abondent. Je remarque que beaucoup de femmes ont la mantille et même des élégantes viennent se faire remarquer avec cette coiffure si jolie et si coquette. Quand on voit une mantille bien portée par une belle Espagnole, une mantille posée sur les cheveux avec ce chic ou plutôt cet air des femmes de Séville et de Valence, on reste absolument ravi. Comme c'est gracieux, ce voile de dentelles noires ou blanches, qui semble auréoler et caresser les cheveux et où l'œillet ou les roses mettent une note vive et gaie ! Que le plus élégant chapeau de nos mondaines paraît lourd et laid à côté d'une mantille !

Mais il faut savoir placer une mantille sur sa coiffure, et il n'est pas donné à toutes les femmes de porter avec grâce une mantille ! Il suffit de regarder autour de soi; même en Espagne, même à Madrid, la moitié des jolies femmes portent maladroitement leur mantille !

En vérité, je vous le dis, c'est plus que du chic, c'est un art !

Blason Comtal du Tyrol

VI

LA COUR EN DEUIL. — LE ROI FRANÇOIS D'ASSISE. —
UN MONARQUE SANS COURONNE. — LA VIE D'UN
PHILOSOPHE ET D'UN HOMME DE BIEN. — SON
MARIAGE AVEC LA REINE ISABELLE II. — SIMPLICITÉ
ET GRANDEUR. — LA MORT D'UN JUSTE.

Madrid, 8 mai 1902.

La Cour est en deuil.

Le 17 avril dernier, vers une heure du matin, le roi Don François d'Assise a rendu le dernier soupir, en son château d'Épinay, près de Paris.

Depuis plusieurs jours son état de santé avait empiré à tel point qu'on désespérait de le sauver ; on avait prévenu les membres de la famille royale, et ce doux et triste monarque sans couronne a expiré au milieu des siens, entouré de la reine Isabelle, qui le veillait depuis deux nuits, et de ses augustes filles, l'infante Isabelle, arrivée d'Espagne la veille, et les infantes Eulalie et Paz. Le nonce apostolique était venu lui apporter la bénédiction du Saint-Père.

Le corps a été embaumé et transporté en Espagne : à la frontière d'Irun il a été reçu solennellement par le prince des Asturies et une délégation de S. M. le Roi d'Espagne. Une escorte de hallebardiers du Palais-Royal, venus de Madrid, a accompagné le train funèbre, en montant une garde d'honneur près du cercueil.

Ce n'est pas à Madrid, mais dans le fameux Palais-Monastère de l'Escurial, que Don François d'Assise est allé dormir son dernier sommeil.

Chaque fois qu'un cadavre royal est amené à l'Escurial, le cérémonial est le même.

Le train arrive en gare le matin : des troupes de toutes armes et un bataillon de carabiniers rendent les honneurs d'ordonnance au cercueil sur les quais de la station et une batterie d'artillerie tire les salves réglementaires. Toutes les autorités, toute l'administration locale sont présentes, et le clergé du village de l'*Escurial de Abajo* chante les prières des morts.

Puis on place la bière sur le carrosse traditionnel et le cortège se met en route à travers le parc jusqu'au Palais de Philippe II. On remarque toujours dans le cortège le ministre de Gracia y Justicia, dont la présence est obligatoire, car c'est lui qui, en qualité de *premier notaire du royaume*, doit signer l'Acte authentique qui certifie l'inhumation du royal défunt.

A l'arrivée devant la façade du Monastère-Palais, les moines Augustins viennent recevoir le cercueil, qui est remis au Prieur de l'Ordre et porté, au milieu des prières, dans la cathédrale, où une messe solennelle dite *de cuerpo presente* est célébrée. Le cercueil est ensuite descendu, par un grand escalier de 25 marches de granit, dans une vaste antichambre souterraine qui s'appelle le « Putridero ». C'est là qu'il restera pendant cinq ans, avant d'être placé définitivement dans le Panthéon des Rois ou le Panthéon des Infants, selon son rang dans le monde des mortels.

Don François d'Assise ira dans le *Panthéon des Infants*, ainsi qu'il l'a demandé lui-même et ainsi que l'exige l'étiquette espagnole, car il ne fut que *prince consort* et non prince régnant.

Sa mort a plongé la Cour d'Espagne dans un deuil officiel de six mois, dont trois mois de grand deuil et trois mois de demi-deuil. Il faudra que la reine régente décrète que le deuil est suspendu du 12 mai au 17 mai, jour du couronnement, et que le roi prolonge cette suspension de deuil jusqu'au 26 ou 28 mai, afin que les fêtes puissent avoir lieu officiellement au Palais-Royal.

****

Cette ombre de roi qui vient de disparaître comme un fantôme, sans faire plus de bruit à sa mort que de son vivant, mérite qu'on s'arrête un instant et qu'on salue les grandes et belles vertus dont sa vie donna toujours l'exemple. Don François d'Assise a été, dans la force du terme, un *homme de bien*.

Il naquit le 13 mai 1822, à Aranjuez; son père était l'infant Don François de Paule, duc de Cadix, frère du prétendant Carlos V.

Il fut l'aîné d'une nombreuse famille, car, en outre de son frère cadet, l'infant Henri, duc de Séville (qui aurait pu prendre à juste raison le surnom de « Desdichado » et qui finit ses jours par son malencontreux duel avec le duc de Montpensier), il eut quatre sœurs du premier mariage de son père avec la princesse Louise de Bourbon-Sicile. J'ignore si le second mariage du père, qui fut considéré comme une mésalliance, fut stérile ou fécond.

Les premières années de la vie de Don François d'Assise sont obscures... plus obscures encore que son existence de roi qui cependant le fut étrangement ! Tout ce que j'en sais, c'est qu'il reçut une excellente instruction et une éducation des plus soignées, mais qu'il subit aussi d'une façon extrême l'influence religieuse.

A vingt-quatre ans, quand on le maria à la reine Isabelle II, il était un jeune homme pâle et doux, presque imberbe et timide. Dédaigneux de tout ce qui était pompe et faste, acclamations populaires ou rumeurs de fêtes, de tout ce qu'il considérait comme incompatible avec sa dignité recueillie et calme, il voulut toujours vivre en philosophe et en sage, éloigné du pouvoir et soucieux seulement de remplir ses devoirs d'homme et de bon catholique.

Ce prince, qu'on a accusé d'être un soliveau, un inutile, un mannequin — et je ne veux pas citer toutes les épithètes dont l'ont qualifié ses ennemis — fut tout simplement et tout bonnement doué d'un esprit très solide et très juste, d'un cœur bon et sincère, d'une âme pure et pieuse, et tous les actes de sa vie furent inspirés par le culte du *Devoir*. François d'Assise fut, avant tout, l'*homme de devoir*, et il sut mieux que personne apprécier quelle était la grandeur de ses devoirs envers la société, envers l'Espagne sa patrie, envers sa famille et le bonheur des siens, envers Dieu... et on peut dire qu'il a toujours sacrifié toute sa vie à l'accomplissement de ses devoirs.

Lorsqu'il fut question de son mariage avec la reine Isabelle II, il n'écouta que la voix de sa conscience et n'accepta cette union avec une jeune et belle souveraine de seize ans que par des raisons dictées par son patriotisme et non par son cœur.

En 1846, la guerre carliste semblait finie : Don Carlos V, son oncle, venait de renoncer publiquement au trône en faveur de son fils aîné, Carlos-Luis, auquel il conférait le titre de comte de Montemolin. La *Gazette de France* plaidait l'apaisement et l'union : les causes de guerre sont disparues, disait-elle; la reine Christine de Bourbon rentre dans l'ombre par l'avènement de sa fille, le prétendant Carlos disparait par sa renonciation ; il ne reste plus en présence qu'un jeune homme et une jeune fille qui sont trop jeunes pour avoir pris aucune part dans les luttes sanglantes passées. Mariez-les, unissez l'héritier et l'héritière et réconciliez ainsi solennellement toute la famille de Bourbon. Plus de question de *loi salique* ou de testament de Ferdinand VII, plus de contestations dynastiques !

Et le plus chaleureux et le plus sincère partisan de cette solution, qui aurait pu, — il faut le reconnaître — éviter bien des torrents de sang et de larmes à l'Espagne, ce fut... Don François d'Assise ! Il savait qu'on avait jeté les yeux sur lui, comme l'aîné des enfants de Bourbon d'Espagne ; mais il était peu enclin au mariage et n'écoutait que la voix du devoir. Avant d'accepter la flatteuse proposition qui lui fut faite de devenir l'époux de la reine Isabelle, il obéit à sa conscience et écrivit à son cousin, Don Carlos, comte de Montemolin, la belle lettre que voici :

« Je crois qu'en levant les yeux sur toi on a fait faire un grand pas à la réconciliation que tu dois désirer ardemment, soit comme chrétien, soit comme prince. Je sais aussi que, pour obtenir un si heureux résultat on exigera de ta personne de coûteux sacrifices, et jamais, ni comme homme ni comme prince, je ne te conseillerais de consentir à des choses qui puissent tacher ton nom ; mais je ne puis néanmoins que te faire observer que tu ne dois, en aucune manière, laisser échapper des occasions qui, une fois perdues, ne reviennent plus jamais... Aujourd'hui les circonstances te favorisent. Tu comptes avec un pouvoir qu'aucun être humain ne peut t'ôter ; et jamais on ne considérera comme une humiliation le fait de céder à la force. Si tu résistes, si tu t'acharnes à tout avoir, tu perds tout; et il n'y aurait rien d'étonnant que ceux qui te soutiennent en voyant ton obstination, se retournent vers moi, en me considérant comme le premier après toi. Que ferais-je dans ce cas? Perdrais-je cette occasion et laisserais-je la place libre à un étranger? Jamais je ne me déciderai à cette conduite. Tant que mon cher cousin en qui je reconnais des droits supérieurs aux miens, sera en avant de moi, je resterai tranquille comme jusqu'à présent. Maisi si ton mariage devenait impossible par les raisons que j'indique, je crois que ma CONSCIENCE (*je ne parle pas de mon intérêt, car le trône n'a rien de séduisant pour moi*) m'ordonne, m'oblige à ne pas exposer l'Espagne à un nouveau conflit. Résigne-toi donc à faire un sacrifice coûteux à la vérité, mais absolument nécessaire. Sinon, ne m'accuse jamais de t'avoir enlevé, si les circonstances me l'offrent, un poste que tu aurais abandonné toi-même et que je ne voudrais voir occupé par aucun autre que par toi, que j'aime de tout cœur. »

Ne voilà-t-il pas un noble langage? Combien loin de ressembler à celui d'un ambitieux! Quelle force de caractère, quelle grandeur d'âme ne fallait-il pas à un prince de vingt-quatre ans pour plaider ainsi la cause de son rival auprès de son rival lui-même! Et quelle simplicité charmante, quelles phrases sincèrement dévouées et affectueuses!

Le comte de Montemolin, mal inspiré, ne voulut pas suivre les sages conseils de son cousin : et pourtant l'histoire dit qu'une proposition formelle fut *officieusement* faite par le gouvernement espagnol au fils de Don Carlos, à l'instigation de François d'Assise qui, appelé à Madrid par son père, refusait de s'y rendre et désirait rester à Pampelune jusqu'à la fin des négociations. On offrait à Montemolin les mêmes conditions qu'à François d'Assise : « la concession de la main de l'infante Louise au duc de Montpensier et pour lui le titre de *mari de la reine* ». Le comte de Montemolin répondit qu'il voulait être roi et non prince consort. Ce fut la rupture.

Cette fois, François d'Assise n'avait plus qu'à obéir à sa conscience; lui, le résigné, le tendre et bénin prince, il n'écouta que son devoir et il consentit à être le mari de la reine !

On me permettra de ne pas insister; je n'écris pas l'histoire de l'Espagne, et c'est une œuvre qui sera bien difficile et bien délicate, même quand la mort, le silence, l'apaisement des passions, l'éloignement donneront aux historiens futurs la sérénité nécessaire pour étudier tous les documents, apprécier tous les faits et juger avec équité.

Je ne crains pas pour la mémoire de François d'Assise le jugement de l'Histoire. Il fut un faible, un doux, et on ne peut que lui reprocher l'exagération de ces qualités. Mais il a donné trop de preuves éclatantes d'abnégation et de sacrifice de tous ses sentiments et de toutes ses opinions personnelles devant l'intérêt supérieur de sa patrie et de la dynastie pour qu'on ne lui pardonne tout le reste... ou mieux encore pour qu'on ne lui en fasse pas un titre de gloire !

Dans sa vie privée, François d'Assise fut aussi peu bruyant, aussi effacé que dans sa vie publique : il vécut simplement et plutôt comme un religieux que comme un prince. Très instruit, il aimait la lecture et les études; il était pratiquant fervent de l'Église catholique, vivant dans la société des prêtres et des moines.

La reine lui avait conféré le grade de capitaine-général des armées, mais il avait pour les choses militaires une antipathie absolue. Il était très religieux et vivait le plus souvent au cloître de Calatrava. D'ailleurs il s'occupait peu de la reine, à laquelle il était fort opposé de caractère et de sentiments. Leur union passait pour assez malheureuse.

En septembre 1868, le roi occompagna à Saint-Sébastien la souveraine, qui se proposait d'y rencontrer Napoléon. Mais l'insurrection éclata, de Cadix gagna toute l'Espagne, et la reine passa la frontière, s'installa d'abord à Pau, d'où elle adressa sa protestation à Madrid, puis à Paris, où elle abdiqua en faveur d'Alphonse XII, son fils. A cette époque, le frère de Don François d'Assise, l'infant Henri, duc de Séville, fut tué en duel par le duc de Montpensier.

A Paris, l'existence devint plus difficile encore entre l'ancienne reine et son mari. Ils se séparèrent, et Isabelle consentit à verser à Don François d'Assise une pension annuelle. L'ancien roi acheta une résidence à Épinay, près de Saint-Denis, et s'y installa, tandis que la reine Isabelle acquérait le vaste hôtel de l'avenue Kléber qu'elle habita toujours. Don François d'Assise vécut à Épinay dans une retraite absolue.

La nouvelle de sa mort surprit grandement la plupart des boulevardiers de Paris : ils croyaient le roi Don François d'Assise mort depuis longtemps. En Espagne, on ne parlait plus de lui, et bien peu de gens y pensaient encore. On ne connaissait son existence que par la célébration toute discrète de sa fête annuelle par le Palais-Royal. Il avait si bien fait le silence autour de lui ; il s'était entouré de tant d'obscurité et de calme ; il s'était, pour ainsi dire, si strictement cloîtré, loin du monde et de tout, dans son château d'Épinay, que l'oubli était venu.

Mais cette retraite austère était digne d'un grand seigneur, d'un noble prince. Le château d'Épinay est d'un goût sobre, d'une architecture sévère, mais le parc est splendide; les serviteurs étaient aussi discrets et bien stylés que respectueux et pleins d'affection pour leur vieux roi.

Don François d'Assise vivait sans luxe, mais entouré de la chaude amitié de la famille de son secrétaire particulier Palomino. Autour de ce vieillard si bon, si charitable, doué de toutes les vertus d'un pieux serviteur de l'Église, on rivalisait de dévouement et de soins.

A part quelques intimes, le roi ne recevait personne; seules les Infantes ses filles venaient de temps en temps passer quelques jours auprès de lui, ce qui lui causait une grande joie. Il aimait surtout S. A. l'Infante Eulalie, si jolie et si gracieuse.

Tous ceux qui ont approché le roi François d'Assise en ont conservé un souvenir ému et sympathique. Il savait se faire aimer de tous, il était très affable, très bienveillant et sans aucune morgue. Mais, même dans ses moments de plus grande familiarité, il gardait cette allure si difficile à préciser et si particulière qui révèle le sentiment du rang et de la naissance. Don François d'Assise avait, en effet, au plus haut degré, l'orgueil, bien légitime d'ailleurs, de sa race, de sa haute situation, et il se conduisit toute sa vie comme un roi doit le faire. Un petit détail à ce propos fera bien voir la préoccupation de François d'Assise d'être toujours le protecteur et non le protégé de qui que ce soit. Il voulait absolument payer toutes les faveurs et ne jamais recevoir un cadeau sans le rendre. Tous les Espagnols dans la misère à Paris savaient qu'il n'y avait qu'à aller à Épinay pour recevoir une charité. Mais les plus malins ne demandaient pas l'aumône : ils se recommandaient auprès du roi de tous leurs titres, réels ou imaginaires, et lui apportaient un cadeau quelconque, un livre ou une estampe, ou des fruits d'Espagne. Le bon roi leur faisait immédiatement un cadeau plus ou ou moins important : ils apportaient un œuf et recevaient un bœuf.

Vers la fin de ses jours, François d'Assise avait beaucoup maigri ; sa belle figure pâle, émaciée et fine, d'un blanc d'ivoire, semblait comme éclairée par un reflet de l'autre monde. Il aimait, ne pouvant presque plus marcher, à se faire promener dans un fauteuil roulant et, sur la terrasse du château d'Épinay, il s'amusait à partager les miettes de son pain aux petits oiseaux de ses volières.

Il conversait bonnement avec ses domestiques et surtout avec la femme du concierge, une nommée Juliana, dont la franchise et la naïveté lui plaisaient. Une de ses distractions était de faire tous les après-midi une partie d'échecs avec son médecin. C'était une coutume établie.

Le Dr Monribot avait la plus grande vénération pour son auguste client et avait été séduit par la bonhomie de grand seigneur de ce roi d'Espagne « pour lequel accepter un trône avait été un devoir ».

On conte qu'appelé pour la première fois pour soigner le roi, le Dr Monribot accourut auprès de l'auguste malade, le salua, tâta le pouls, puis voulut poser quelques questions pour baser son diagnostic. Peu familiarisé avec l'étiquette des cours, le brave docteur se trouva subitement fort embarrassé. Comment devait-il appeler le roi ? Devait-il le traiter de : Sire, de Majesté ? Et son trouble se devina à chaque phrase. Ce fut un déluge de « Monseigneur », « Votre Altesse », « Sire », « Votre Éminence », « Votre Grandeur ». Chaque question qu'il posait amenait un nouveau qualificatif. Don François d'Assise vit le désarroi de son médecin et se mit à sourire, en lui disant avec grâce : « Docteur, appelez-moi *citoyen !* »

N'est-ce pas à la fois plein d'esprit et d'une haute philosophie? François d'Assise n'attachait aucune importance à ces petitesses des qualificatifs, à cette vanité des mots; il savait que la véritable grandeur réside dans le cœur, dans la noblesse de l'âme. Il était plein d'indulgence et de sérénité. Il n'était pas seulement un philosophe, il était un fidèle disciple de Jésus-Christ, un serviteur de Dieu.

Sur le lit de parade du grand salon de son château d'Épinay transformé en chapelle ardente, on l'avait revêtu d'un froc de bure; et ce prince qui ne fut jamais qu'un roi de conviction, mais qui sut jusqu'au bout se sacrifier à son devoir, fatigué des vanités de ce monde, s'est endormi de son dernier sommeil dans la paix des consciences tranquilles et des âmes bienheureuses, comme un de ces moines dont il avait toujours envié la vie de pénitence et la retraite.

Armes royales de Castille

VII

LE PALIAS-ROYAL DE MADRID. — L'ANTIQUE ALCAZAR DES MAURES DEVIENT LE PALAIS DE PHILIPPE III. — SON INCENDIE ET SA RECONSTRUCTION PAR PHILIPPE V. — L'ŒUVRE DES BOURBONS. — ADMIRABLE DÉCORATION DES SALONS.

Madrid, 6 mai 1902.

Le Palais-Royal est évidemment le plus magnifique monument de Madrid, qui compte si peu de souvenirs antiques.

Il est admirablement situé, à l'occident de Madrid, et, vu de la promenade de la Florida, ou de la gare du chemin de fer du Nord, son aspect est des plus imposants et, réellement, produit un effet grandiose. Sa haute façade blanche de granit domine tous les environs et se dresse, nettement découpée, sur le ciel bleu avec à ses pieds les verdures et les fleurs du jardin du Campo del Moro.

Il a fallu de grands et très solides travaux pour asseoir sur des bases solides cet énorme édifice. Du côté du Campo del Moro, on a dû l'étager sur des terrasses, des voûtes et de colossales murailles de pierres et de briques. Des rampes permettent de monter et de descendre en voiture du Palais-Royal aux jardins réservés du *Campo del Moro*. Au-desssus de la dernière terrasse, s'élève le palais proprement dit et sa façade a près de 60 mètres de hauteur. Par suite de la disposition même du terrain, les façades qui donnent sur la place de *Oriente* et sur la *place d'Armes* sont moins hautes et ont environ 28 mètres seulement.

En somme, ce palais de proportions considérables est construit sur l'emplacement d'un antique Alcazar, qui devait avoir été placé au haut de la colline de Madrid dans cette situation naturellement forte et escarpée, qui ressemble à la proue d'un vaisseau de guerre. Pour transformer peu à peu le terrain et arriver à l'état actuel, d'immenses travaux ont été nécessaires pour consolider et aplanir tout le versant occidental de la colline.

Le palais actuel est l'œuvre de l'architecte de Turin, Jean-Baptiste Sachetti : il mesure 132 mètres de côté, sans compter l'immense place d'Armes qui se trouve sur sa façade sud et que S. M. la Reine régente a fait entourer de deux ailes et fermer par une immenes grille de fer aux lances dorées.

L'esplanade dont les murs de soutènement du côté des jardins du *Campo del Moro* sont presque achevés, ira jusqu'à la nouvelle cathédrale de Nuestra Senora de la Almudeña, qui va se dresser en face de la façade sud, qui est la façade principale du Palais-Royal.

Cette esplanade, bordée d'une grille de fer du côté des jardins royaux, les domine environ de 50 mètres. La grande cour grillée, qui s'étend devant le palais et qu'on nomme *place d'armes*, forme un carré oblong de 160 mètres de long sur 140 de large. L'esplanade, une fois terminée, aura une superficie de quatre hectares environ.

En 1808, le Palais-Royal avait déjà coûté 75.000.000 de pesetas; avec les travaux qui y ont été entrepris depuis et, en y joignant les grandes dépenses faites par la Reine régente pour terminer la place d'Armes et l'esplanade, enclore les jardins réservés du *Campo del Moro* de murailles et d'une grille dorée, etc., on atteint le chiffre de plus de *cent millions* qui ont été payés pour ce superbe palais.

***

L'origine de l'Alcazar de Madrid se perd dans la nuit des temps; on commence à en entendre parler vers le IXe siècle. Ce fut probablement au début quelque forteresse isolée, servant surtout de rendez-vous de chasse aux Mores, car il paraît que Madrid était alors entouré de forêts où l'on chassait cerfs et chevreuils et même les ours.

Alphonse VI le restaura peu ou prou et Pierre le Cruel l'agrandit. Détruit par un incendie ou un tremblement de terre, il fut réédifié par Henri II, habité quelque temps par Léon V, roi d'Arménie, et commença à devenir en faveur du temps d'Henri III, qui trouvait dans ce séjour un apaisement à ses souffrances et qui fit construire des tours épaisses et hautes pour y cacher les trésors qu'il obligea les nobles à lui restituer. Un nouveau tremblement de terre en 1466 renverse une partie de l'Alcazar, mais Henri IV le reconstruit et en rend les fortifications plus fortes que jamais.

Charles-Quint, souffrant de fièvres quartes, vint habiter Madrid et se guérit, grâce à la salubrité du lieu et à la pureté de son air; il en garda reconnaissance à l'Alcazar de Madrid et le reconstruisit et l'agrandit dans le style Renaissance en 1537; Philippe II, dès son avènement au trône, fit modifier les travaux et la partie qu'il construisit fut sombre et sévère, comme l'exigeait son goût. Mais il abandonna l'Alcazar de Madrid pour se consacrer à l'Escurial et laissa Philippe III terminer la façade du palais.

Les contemporains de ce dernier prince vantent fort l'aspect grandiose et imposant du palais de Madrid, bien qu'il réunit tous les styles et tous les genres d'architecture les plus disparates ; c'était un ensemble de tours, de toits pointus, de terrasses Renaissance, de façades nues et de façades ornées de chapiteaux, de colonnes et de statues. Dans cette enceinte ou cette réunion de palais tout différents, il y avait, dit la chronique, cinq cents salons et chambres. Dans le premier corridor, on remarquait la chapelle royale aux murs de marbre et couverts de tapisseries des Flandres ; trois immenses salles précédaient le grand salon où l'on recevait les Ambassades et où s'assemblaient les dix conseillers de la Couronne. Il y avait un salon de cinquante mètres de long où l'on jouait la Comédie et célébrait les tournois. J'en passe... Citons seulement les deux galeries secrètes qui conduisaient dans le *Campo del Moro* : des souterrains qui, dit-on, s'étendaient sur plusieurs kilomètres de longueur. Un auteur espagnol, Gil Gonzalez Davila, nous donne une fort curieuse description du Palais-Royal tel qu'il était du temps de Philippe IV dans son livre : *Teatro de las grandezas de Madrid.*

Il y avait naturellement des mobiliers somptueux et de grandes richesses artistiques, des tableaux du Titien et des meilleurs peintres d'Italie, d'Espagne et des Flandres, des tables d'onyx et de jaspe, ornées de pierreries, des mosaïques, des tapisseries des Flandres, et enfin plusieurs salles étaient réservées à la garde du Trésor des rois et contenaient d'innombrables richesses, en métaux d'or, d'argent, en pierreries, en bijoux ; entre autres, Davila cite également un diamant évalué à 200.000 ducats, une perle grosse comme une noisette estimée à 30.000 ducats, et un Lys d'or d'environ 0ᵐ45 de large et autant de hauteur, qui avait appartenu jadis aux ducs de Bourgogne, puis fut prêté à l'Angleterre et enfin pris par les Français, et recouvré par Charles-Quint qui en fit une des conditions de la délivrance de François Ier. Entre nous, cette histoire du *Lys d'or* me paraît apocryphe et surtout quand l'écrivain espagnol affirme que ce bijou historique fut pris par les Français à Calais : la prise de Calais par le duc de Guise eut lieu en 1558, et le traité de Madrid fut signé en 1526.

Ce Lys d'or fut sans doute détruit par les flammes — à moins qu'il n'ait existé que dans les *fumées* de l'écrivain — qui dévorèrent complètement le fameux Alcazar dans la nuit de Noël de 1734.

Au lieu de chercher à en relever les ruines, Philippe V voulut en effacer complètement le souvenir par la construction d'un édifice entièrement neuf et bien plus somptueux. C'est pourquoi le palais actuel est uniquement l'œuvre de la dynastie des Bourbons et a son histoire liée à celle des successeurs du petit-fils de Louis XIV.

Le premier plan fut fait par un célèbre architecte de Turin, l'abbé Jubarra ; celui-ci, appelé à Madrid, conçut un projet tellement grandiose qu'il remplit d'étonnement tous ceux qui le virent. Il ne s'agissait de rien moins que de réunir les hauteurs de San Bernardino, où s'élève actuellement l'asile de ce nom, avec celles où se trouve l'école d'agriculture, et d'édifier un colossal palais, formant un carré de 1.700 pieds de côté (environ 420 mètres), avec 32 entrées, 2.000 colonnes, 23 *patios* intérieurs, dont le principal devait avoir 700 pieds de long et 400 de large ; en somme, un de ces palais tels que les rois de Babylone, de Ninive et d'Égypte en élevèrent jadis.

Le coût en eût été si élevé que Philippe V regarda à la dépense, et, comme l'abbé Jubarra mourut sur ces entrefaites en désignant pour successeur Jean-Baptiste Sachetti, ce fut ce dernier qui fut chargé de dessiner les plans du futur palais que le roi voulut élever sur l'emplacement même de l'antique Alcazar.

Commencés immédiatement après que les dessins furent approuvés, le 7 avril 1737, les travaux ne furent achevés que sous le règne de Charles III qui fit venir d'Italie des artistes peintres et décorateurs.

***

L'entrée la plus fréquentée du palais se trouve sur la façade orientale; sous la voûte à main droite, est un escalier par où passent toutes les personnes, ministres, ambassadeurs, nobles ou autres, qui sont appelées aux audiences royales.

La façade principale, sur la place d'Armes, compte cinq portes, généralement fermées et donnant sur des vestibules, voûtés et aux larges baies vitrées, dont celui du centre est de forme elliptique et très vaste. C'est sur ce vestibule que s'ouvre le grand escalier du Palais-Royal, qui est un des plus beaux et des plus vastes du monde, mais qui, en dehors des grandes réceptions et galas, est exclusivement réservé au roi et à la famille royale. En face de cet escalier, on avait primitivement eu l'intention d'en faire un second semblable, mais ce projet fut abandonné et la cage de l'escalier projeté fut transformée en la vaste et sévère Salle des Colonnes.

Le grand escalier du palais mérite l'admiration de tous ceux qui y pénètrent, non seulement par ses dimensions, mais par son grand style; les larges marches de beau marbre blanc et noir qui s'élèvent d'abord tout droit entre deux parois de marbre luisant et qui, au premier palier, se divisent majestueusement en deux branches parallèles bordées de deux rampes ornées à leur début de deux grands lions de marbre blanc à demi dressés sur leurs piédestaux; la hauteur extraordinaire de la voûte où une superbe fresque de Conrado Giaquinto nous montre la monarchie espagnole rendant hommage à la religion; la largeur et l'amplitude de la cage, tout contribue à frapper l'esprit du visiteur.

Il existe encore d'autres escaliers privés dans les ailes droite et gauche du palais, ainsi que des escaliers de dégagement pour le service, un peu partout; il serait trop long de les mentionner. On m'a affirmé, en outre, que l'épaisseur des murs du palais — (qui est construit avec des murailles énormes et où toutes les pièces sont voûtées, car il n'y a pas une seule poutre en bois ou en fer dans cet immense édifice) — cache une grande quantité d'escaliers absolument invisibles pour ceux qui ne les connaissent pas et que plusieurs de ces escaliers donnent dans des souterrains aboutissant aux jardins du *Campo del Moro* et même plus loin. Je ne veux pas en dire plus sur ce sujet.

L'escalier *royal* (pour le désigner par son nom) donne sur la *Salle des Gardes*, au toit peint par J.-B. Tiepolo et représentant « le pieux Énée chez les dieux » : cette salle est divisée par des cloisons de bois et il s'y trouve toujours des faisceaux de hallebardes et quelques hallebardiers en train de causer ou de se reposer.

L'étiquette de la Cour exige qu'on se découvre dès les premières marches de l'escalier royal, lorsqu'on est reçu à quelque réception : les hallebardiers, qui sont toujours de service au palais, montent ces jours-là une garde d'honneur à toutes les quatre marches de l'escalier et saluent les visiteurs au passage d'un coup sec de la hampe de leur hallebarde sur les dalles.

La Salle des Gardes conduit au *Salon des Colonnes*, immense salle, la plus vaste, je crois, de tout le palais, qui remplace le second escalier; on a utilisé pour cette salle le toit de l'escalier, ce qui donne une grande hauteur. Les colonnes qui soutiennent les médaillons des angles sont semblables à celles du grand escalier et la voûte a été peinte aussi par Conrado Giaquinto. Le pavé de cette salle est de marbre choisi et fort beau. Cette salle, qui n'est décorée que par ses médaillons, sa corniche de trophées et de feuillages et les quatres grandes figures allégoriques qui la couronnent, est très belle et fait un vif contraste avec les autres salons qui n'ont, eux, aucun mérite architectural et doivent tout leur attrait à la richesse des décorations, des peintures, des tapisseries, des glaces et de leur mobilier de soie et de velours.

Mais il faut ajouter que nul palais au monde n'est plus somptueusement meublé ni plus merveilleusement décoré que celui-ci : depuis Charles III, tous les rois d'Espagne se sont plu à entasser des chefs-d'œuvre d'art et les plus beaux spécimens de tous les styles et de tous les genres d'ameublement. Les révolutions ont respecté ce palais et nous y trouvons des salons qui sont restés tels qu'ils furent meublés par leurs fondateurs; et nous admirons les salons de Gasparini, de Charles III, de porcelaine, japonais, chinois, etc. Le plus grand de tous est le fameux *Salon des Ambassadeurs*, où se dresse le trône sous un dais de velours cramoisi brodé d'or, sur une estrade aux gradins de velours gardés par deux g ands lions de bronze doré.

Ce qu'il y a de plus beau au Palais-Royal, c'est, sans contredit, la salle à manger d'apparat, qui est la plus grande et la plus riche du monde entier. J'en ai donné une description dans un autre ouvrage (1).

Il serait oiseux d'énumérer toutes les fresques qui ornent les voûtes des salles et qui sont dues à Maëlla, Gonzalez Velasco, Valleu, Tiepolo, Mengs, Lopez et Rivera. Ces salons contiennent aussi un grand nombre de toiles de grands maîtres, des tableaux signés par Mengs, Guercino, Murillo, Rubens, Jordan, Conrado, Goya et plusieurs bons peintres modernes.

Le défaut de ces salons est d'être mal distribués et de se commander tous les uns les autres; ils sont trop étroits dans les grandes réceptions et on s'y étouffe. Il n'y a de vraiment grands que la Salle des Colonnes et le Salon des Ambassadeurs et la *salle à manger* : les autres salons ont des portes un peu étroites.

Néanmoins, tel qu'il est, le Palais-Royal est une demeure absolument royale sous tous les rapports, digne de ses hôtes illustres, et qui peut soutenir la comparaison avec la plupart des palais du monde.

Durant la maladie de Ferdinand VII, on fit vitrer toutes les galeries supérieures du *patio del Principe*, ainsi que les vestibules et la galerie d'entrée du rez-de-chaussée. Depuis lors, on a conservé ces vitrages qui préservent des coups d'air très vifs de Madrid et ne nuisent pas à l'aspect de ce grand patio qui est vraiment imposant. Le sol en est dallé de grandes plaques de granit de Colmenar semblables aux murs : les pilastres sont très larges et très sobres d'ornements. Cette grande cour

(1) *Le Congrès hispano-américain de Madrid, ses travaux et ses résultats*, 1 vol. in-8, LE SOUDIER, éditeur, 174, boulevard Saint-Germain, Paris.

blanche, où le soleil nous aveugle de ses rayons, est décorée de quatre grandes statues de pierre se présentant
les empereurs nés en Espagne : Trajan, Adrien, Hono-
rius et Théodosius. On m'a dit que le roi avait l'intention de créer au milieu de ce patio une pelouse avec des
corbeilles de fleurs et quelques petits palmiers. Ce ne
serait peut-être pas une mauvaise idée, car un peu de
verdure et surtout un bassin avec un jet d'eau ne pourraient que donner de la gaieté et du charme à cette cour
trop vaste et trop nue.

Blason des Comtes de Flandre

VIII

La Société coopérative de la Presse madrilène. — Un exemple a méditer par les Associations françaises. — La « Féria » du Retiro. — Les corridas de toros du mois de mai 1902. — Cent vingt toros et trois cent soixante chevaux massacrés. — Les Bourbons en Espagne. — Du petit-fils de Louis XIV au père d'Alphonse XIII. — Notes historiques sommaires.

Madrid, le 9 mai 1902.

Un bon point à la presse espagnole : elle vient d'organiser et d'inaugurer hier une *société coopérative* des plus intéressantes. Au numéro 15 de la rue de *Recoletos*, l'association de la presse a ouvert un superbe magasin où ses membres trouvent à bon marché tous les articles d'épicerie et de comestibles : les produits sont excellents, le service admirablement fait, les livraisons en ville bien assurées, et il n'est prélevé sur les prix de gros obtenus par la société coopérative que les frais nécessités par les employés et les locaux.

J'ai admiré beaucoup cette installation, dont tout l'honneur revient à nos confrères madrilènes, à la tête desquels se trouve le très actif et très sympathique directeur de *la Epoca*, M. le marquis de Valdeiglesias.

En lui adressant mes félicitations, je dois joindre à son nom ceux de MM. Novo, Estéban-Collantès, Garrido,

Mesa, Gonzalez, Diaz, Artunedo, Romero, Castellanos, Vallejo et Bravo, qui l'ont si bien secondé et qui ont contribué puissamemnt au succès de cette entreprise... que les *Associations de la presse française devraient bien imiter...*

*_**

Les préparatifs des fêtes continuent : dans le parc du *Retiro* on a installé une *féria* (foire ou petite exposition), qui ne laisse pas d'avoir beaucoup de cachet et d'offrir un bien curieux spectacle aux promeneurs.

Les allées sont envahies par des constructions légères, châlets, kiosques, restaurants, boutiques, qui vendent et présentent une foule de produits exotiques. On se plaint de tous côtés de ne pas trouver de la main-d'œuvre pour terminer les installations : les charpentiers de Madrid sont les héros du jour : *on se les arrache*. Il y a tant de tribunes officielles à construire, d'arcs de triomphe, de décorations de tous genres, que la municipalité leur donne dix pesetas par jour et n'en trouve pas assez. Quant aux industriels et exposants du *Retiro*, ils paient cent et deux cents pour cent des tarifs habituels des ouvriers, et... malgré cela, sont obligés de faire travailler leurs employés et de mettre la main à l'ouvrage.

Il y a au Retiro 386 exposants, et le prix d'installation de leurs baraques et pavillons est évalué à 400.000 pesetas. La municipalité gagne sur la location des emplacements 70.000 pesetas. Ce sont des chiffres qui témoignent de l'activité industrielle et des ressources de ce beau pays.

*_**

Notez bien qu'il ne s'agit pas d'une exposition, mais seulement d'une *féria*, fête très répandue en Espagne.

N'allez pas d'ailleurs la comparer avec la *foire de Neuilly*, qui n'est qu'un ramassis de spectacles forains : ici c'est une fête discrète et de bon goût, et les kiosques et pavillons sont tous coquets et artistiques. Le *Casino* et les grands cercles de Madrid se sont fait élever, dans la grande allée des voitures du parc, des pavillons qui leur coûtent des sommes énormes. Celui du Casino lui revient à 150.000 pesetas : il est fort joli et fait honneur à ce club.

Les amis des arbres se plaignent qu'on ne les ait pas respectés autant qu'on aurait dû ; ceux de la solitude et de la rêverie gémissent de voir le parc du *Retiro* envahi par des foules de promeneurs. En vérité, je crois qu'ils exagèrent tous et que la *Féria du Retiro* n'a pas fait de grands dégâts ; toute une partie du jardin est d'ailleurs laissée à ceux qui veulent s'isoler et penser. Je suis un des admirateurs et des grands amis du parc du *Retiro* : je l'ai toujours trouvé trop négligé par les Madrilènes. Si la *Féria* leur en révèle le charme et la poésie, cette fête populaire aura un heureux résultat.

Il est malheureux que le temps soit incertain et pluvieux. Quelles belles soirées nous aurions passées dans ce *Retiro*, au milieu d'une foule joyeuse, parmi ces souples, fines et ravissantes Madrilènes, avec leurs mantilles et leurs fleurs dans les cheveux, leur évantail toujours en mouvement et leurs mignons petits pieds qui ne demandent qu'à danser !

Aimez-vous les taureaux ? Je devrais écrire les toros. Il s'agit en effet des fameuses *corridas*. Dans l'affirmative, vous serez servis à souhait ce mois-ci. Depuis quelques jours la *plaza des toros* ne désemplit pas et des affiches nous convient à un vrai massacre de bêtes à cornes par les *picadorès* et les *maladorès* les plus en renom de l'Espagne.

Voulez-vous la liste sommaire de ces représentations? Du 1er au 4 mai, trois *corridas* d'abonnement où l'on tue six taureaux par *corrida* et une moyenne de dix-huit à vingt malheureux chevaux;

Le 8 mai, fête de l'Ascension, grande *corrida* de huit taureaux tués par Conejito, Bombita *chico* et le grand Bombita, et Quinito;

Le 11 mai, course d'abonnement : six toros.

Le 15 mai, course extraordinaire : huit toros;

Le 16 mai, course extraordinaire : huit toros;

Le 17 mai, course extraordinaire : huit toros;

Le 18 mai, *deux* courses de six toros chaque, l'une le matin et l'autre l'après-midi.

Le 19 mai, course extraordinaire de huit toros;

Le 20 mai, course extraordinaire de huit toros;

Le 21 mai, grande corrida de gala sur invitation officielle du gouvernement : les plus célèbres et les plus habiles *caballeros en plaza* se feront applaudir ce jour-là. On parle de *dix toros;* mais, dans le style officiel, les *toros* sont à la disposition de Sa Majesté, c'est-à-dire qu'il doit y en avoir autant que le Roi voudra. Cette course est le *great event* du mois de mai; on ne parle que d'elle dès maintenant dans les cercles et les salons. On en parle autant que de la cérémonie de la *Jura* (serment) et bien plus que des représentations de gala au Théâtre Royal. Il n'y a pas de démarches qu'on ne tente pour obtenir des invitations : il y a environ 20.000 places dans la plaza, mais on peut être sûr que le Ministre de l'Instruction publique, qui est chargé des invitations, aura beaucoup de mal à ne pas faire 100.000 mécontents. Chaque jour lui apporte des milliers de demandes : il a dû consigner les portes de son cabinet au ministère et de sa villa de la *Castellana*;

Le 22 mai, course extraordinaire de *huit* toros;

Le 23 mai et le 24 mai, *probablement* courses supplémentaires de six toros;

Le 25 mai, course d'abonnement de six toros;

Le 27 mai, course extraordinaire de huit toros.

Cela fait dix-sept *corridas* avec un total de *cent vingt toros* et, avec une moyenne de trois chevaux par *toro, trois cent soixante chevaux !!!*

Quelle boucherie ! Si les *aficionados* ne sont pas satisfaits, ils seront difficiles. Quant aux visiteurs étrangers, s'ils viennent à Madrid pour voir le spectacle *national*, ils en auront certainement une indigestion !

Pour ma part, je n'assisterai qu'à la *corrida real*, dont le spectacle sera des plus curieux et qui sortira de la banalité.

Madrid, 9 mai 1902.

Le 17 novembre 1700, Louis XIV présentait à sa Cour le second fils du Dauphin, Philippe, duc d'Anjou : « Messieurs, voilà le roi d'Espagne. Sa naissance l'appelait à cette couronne, le feu roi l'a ainsi fait par son testament; les grands l'ont souhaité et me l'ont demandé instamment; c'était l'ordre du ciel, je l'ai accordé avec plaisir. » Il ajouta en se tournant vers son petit-fils : « Soyez bon Espagnol, c'est présentement votre premier devoir, mais souvenez-vous que vous êtes né Français pour entretenir l'union entre les deux nations; c'est le moyen de les rendre heureuses et de conserver la paix de l'Europe. »

Dangeau nous raconte que l'ambassadeur d'Espagne,

qui venait d'apporter à Louis XIV les vœux de l'Espagne et le testament de Charles II, dit ces paroles : « Le voyage devient aisé et présentement les Pyrénées sont fondues. » Le *Mercure* du lendemain (nov. 1700, page 237) les rapporta en ces termes : « Quelle joie ! il n'y a plus de Pyrénées, elles sont abîmées et nous ne sommes plus qu'un. » C'est là l'origine de la fameuse phrase : « *Il n'y a plus de Pyrénées* », qui fut attribuée à Louis XIV et que ce monarque ne prononça pas. Mais elle exprimait si nettement la situation et les aspirations de tous qu'elle fit fortune.

****

L'année 1700 reste une des plus grandes dates de l'histoire d'Espagne : elle voit mourir de langueur, de consomption et de mauvaise constitution, le dernier des descendants de Charles-Quint. Avant de mourir, Charles II, sans énergie et fâlot, se ressaisit, devient clairvoyant et par son testament appelle au trône d'Espagne le petit-fils de Louis XIV, dont les droits étaient supérieurs à ceux de la maison d'Autriche, car Anne d'Autriche et Marie-Thérèse, entrées dans la maison de France, étaient les aînées de Marie-Anne et de Marguerite-Thérèse, entrées dans la maison d'Autriche. Quant à la renonciation de Marie-Thérèse au trône d'Espagne, elle était nulle, car la dot de l'Infante n'avait pas été payée et les Cortès d'Espagne n'avaient jamais sanctionné son acte.

L'Espagne appelait d'ailleurs de toutes ses forces un prince de Bourbon au trône d'Espagne : la domination de la dynastie autrichienne avait été si dure, si mortellement étouffante pour les libertés publiques, si ruineuse pour la nation, que le peuple haïssait tout ce qui était autrichien. La noblesse, humiliée souvent par les faveurs dont jouissaient les nobles venus jadis avec Charles-Quint, était lasse d'un régime où la gloire avait été payée de tant de sacrifices et qui avait épuisé la Péninsule en hommes et en argent pour soutenir des combats lointains, sans jamais se préoccuper du développement du bien-être et de la prospérité de leur patrie.

La réception que les Castillans firent à Philippe V à sa première entrée à Madrid, l'affection que le peuple espagnol ne cessa de lui témoigner, l'ardeur avec laquelle les Espagnols soutinrent sa cause contre les armées étrangères, sont la meilleure preuve de ce sentiment de sympathie qui poussait la nation espagnole entière vers les Bourbons.

Philippe V, vainqueur à Villaviciosa et couché par le duc de Vendôme sur un lit de drapeaux pris à l'ennemi, rentra de nouveau et définitivement à Madrid au milieu du plus grand enthousiasme; et la dynastie des Bourbons d'Espagne a depuis lors donné à cette nation des rois qui se sont acclimatés et sont devenus de véritables Espagnols, dévoués au progrès et à la grandeur de leur peuple.

**

Je ne veux pas écrire l'histoire des deux siècles pendant lesquels la dynastie des Bourbons a régné à Madrid : c'est une œuvre qui mériterait d'être entreprise et faite à loisir; il faudrait plusieurs années de travail pour élever en dix ou douze volumes ce monument impartial et juste.

En quelques mots seulement, je mentionnerai les règnes de ces souverains qui ont tous attaché leurs noms à quelques palais, à quelques monuments, à des routes, à des canaux, à des œuvres utiles à leur pays.

PHILIPPE V régna de 1700 à 1746, ayant cédé le pouvoir pendant quelques mois à son fils Louis Ier, qui mourut on ne sait trop comment.

Son second fils, FERDINAND VI, qui lui succéda, s'efforça de donner encore plus que son père sa sollicitude aux arts de la paix, et fit beaucoup pour le développement et la richesse de l'Espagne qui, sous ces deux règnes, commença à jouir d'une véritable prospérité.

Il mourut tôt, après treize ans de règne et sans enfant.

.

Son frère Charles, roi de Naples et de Sicile, monta sur le trône d'Espagne le 19 juillet 1760 sous le nom de CHARLES III.

Ce souverain a laissé dans l'histoire une trace des plus brillantes et mérité presque le nom de Grand. On peut dire que l'Espagne atteignit sous son règne à un apogée de grandeur et de prospérité matérielle. Ayant signé le *Pacte de famille*, il unit les destinées de l'Espagne à celles de la France, et cela lui valut plus de gloire que de profit; mais, en définitive, il contribua beaucoup aux progrès de tous genres que fit la Péninsule, ainsi que l'attestent les annales de l'époque et les monuments d'utilité publique qui, sur tous les points du royaume, portent son nom.

Il mourut en 1788, après avoit aidé l'Amérique du Nord a conquérir sa liberté sur l'Angleterre et avoir vu les vaisseaux et les troupes de l'Espagne et de la France se couvrir de gloire.

.

CHARLES IV (1788 à 1808) était un prince faible et fut un roi malheureux. On connait trop les événements qui entraînèrent ce prince et son ministre Godoy et auxquels ils ne surent même pas se soumettre.

FERDINAND VII, adoré de son peuple quand il était en exil, trouva le moyen de s'en faire détester quand il rentra en Espagne et reprit le trône de ses ancêtres, grâce à l'héroïsme de ses sujets. Il commença par abolir la Constitution de 1812 et par établir un régime despotique, « l'absolutisme », qui ensanglanta la Péninsule et l'obligea à appeler une intervention française en 1823. Il perdit les colonies américaines qui s'érigèrent en Républiques indépendantes.

Son dernier acte fut de rétablir, le 31 décembre 1832, la *pragmatique sanction* de Charles IV, qu'il avait abolie le 17 septembre 1832 sous l'influence des intrigues et des manigances du parti absolutiste et *obscurantiste* qui voulait pour roi son frère Don Carlos. Ferdinand VII, inspiré sans doute par cette clairvoyance qu'ont les moribonds, institua comme héritière de la couronne sa fille, Marie-Isabelle-Louise, née en 1830.

Il mourut le 29 septembre 1833, et la reine ISABELLE II commença, sous la régence de sa mère, la reine Christine de Bourbon, un règne qui fut agité par les guerres carlistes.

Don Carlos réclamait la couronne d'Espagne en vertu de la *loi salique*, que Charles IV avait déjà abolie en 1789 par sa *pragmatique sanction ;* mais Ferdinand VII avait très clairement manifesté sa volonté en rétablissant la *pragmatique sanction*, et en faisant reconnaître solennellement sa fille comme *princesse des Asturies*, malgré la protestation de Don Carlos et du roi de Naples, le 20 juin 1833 dans l'église de San Jeronymo de Madrid.

La reine Christine de Bourbon, chargée de la régence,

avait donné des preuves de libéralisme, dès que son influence avait commencé à prévaloir dans les conseils du
défunt : elle eut pour elle toute la nation espagnole dans
cette lutte contre les Carlistes. Avec la reine Isabelle II
la monarchie espagnole devint de plus en plus libérale,
et, sous son auguste fils, Alphonse XII, elle fut populaire et absolument conforme aux nécessités modernes.

Les vicissitudes du règne d'Isabelle II, son exil, le
retour triomphal d'Alphonse XII sur le trône de ses
ancêtres, tout cela touche à l'histoire contemporaine :
nous nous contenterons de consacrer quelques pages
au roi si bien doué sous tous les rapports qui ramena
la paix et la prospérité en Espagne et dont la mort, beaucoup trop vite survenue, causa un deuil général dans la
Péninsule.

Le cœur de ses sujets n'a pas encore oublié et n'ou-
bliera jamais le noble et aimable monarque qui fut le
père d'Alphonse XIII

Armes modernes du duché de Bourgogne

IX

LA RESTAURATION ET MARTINEZ CAMPOS. — L'ŒUVRE
DU GRAND CANOVAS. — LE RÈGNE D'ALPHONSE XII.
— UN ROI LIBÉRAL ET MODERNE. — SON MARIAGE
AVEC MARIE-CHRISTINE D'AUTRICHE. — SA MORT
PLONGE L'ESPAGNE DANS LA DOULEUR ET LES
ANGOISSES DE L'AVENIR.

Madrid, 9 mai 1902.

Le 29 décembre 1874 compte parmi les dates les plus
mémorables de l'histoire d'Espagne : ce jour-là un
général fameux, rentrant dans la vie politique, se présentait devant les troupes de la brigade du général
Daban, rangées en bataille à Sagonte, dans la province
de Valencia, et proclamait Alphonse XII roi d'Espagne,
aux acclamations des chefs et des soldats. La Restauration, préparée de longue main par Antonio Canovas
del Castillo, allait triompher grâce au capitaine-général
Martinez Campos.

Le 30 décembre, le Cabinet de Madrid, incapable de
résister à la force de l'opinion populaire qui réclamait
la fin de la guerre civile, abandonnait le pouvoir; son
président, le duc de La Torre, qui commandait l'armée
du Nord, faisait accepter le nouveau roi par ses troupes;
l'armée du Centre, commandée par le général Jovellar,
acclamait Alphonse XII; un nouveau Cabinet, constitué
par Canovas del Castillo, qui avait reçu les pouvoirs du

Roi, depuis plus d'un an, proclamait officiellement la restauration de la monarchie des Bourbons.

Alphonse XII était tout jeune : de taille moyenne, mais bien constitué, élégant, svelte, tout indiquait chez lui la vigueur, l'énergie et l'intelligence. Né en 1857, le 28 novembre, au Palais-Royal de Madrid, il avait été emmené en exil par son auguste mère la reine Isabelle, quand elle dut quitter l'Espagne, après la révolution de septembre : il resta sous la garde de sa mère et de sa grand'mère jusqu'à sa majorité, ainsi que la reine Isabelle II l'avait stipulé formellement dans l'acte d'abdication qu'elle signa en sa faveur, en 1870.

Admirablement élevé, il obtint d'aller terminer ses études au Collège Thérésien de Vienne, accompagné de son professeur le comte de Morphy, qui fut plus tard son secrétaire particulier, et confié à la garde du duc de Sexto. De Vienne il alla pour se perfectionner dans l'anglais à York-Town, et c'est de là qu'en 1874 il lança un manifeste admirablement rédigé par Canovas, qui fut son premier acte politique et qui lui concilia tous les bons esprits, tous les amis de l'ordre public, qui lui rallia la grande majorité des Espagnols fatigués des guerres civiles, las de l'anarchie gouvernementale, désireux à tout prix d'en finir aver les Carlistes et avec toutes les causes des malheurs et des souffrances qui épuisaient la Péninsule.

Dès que les nouvelles des événements d'Espagne parvinrent au Palais Basilewski (depuis lors Palais de Castille) qu'habitaient la reine Isabelle II et son auguste fils, Alphonse XII fit ses préparatifs de départ.

Le 6 janvier 1875, il quittait Paris avec sa sœur aînée l'infante Isabelle, alors princesse des Asturies, salué par le général de Geslin, commandant de la place de Paris, au nom du maréchal de Mac-Mahon, Président de la République; à Marseille, il fut reçu avec les honneurs militaires par le général, le préfet et le maire, il s'embarqua, au bruit des salves d'artillerie, sur la frégate de guerre espagnole *Navas de Tolosa*.

A Barcelone, un accueil enthousiaste l'attendait : ses premiers mots et ses premiers actes sur la terre espagnole furent heureux; il serra la main d'un délégué ouvrier, il porta un toast à la Catalogne et à la prospérité du pays; il fut simple, avenant, et gagna toutes les sympathies.

A Valence, où il arrive, le 10 janvier, dans le port de *El Grao*, il est reçu par les acclamations du peuple, et il va déposer aux pieds de la Vierge de los Desamparados (Abandonnés), son bâton de maréchal en disant : « L'offrande est de peu de prix, parce qu'elle est d'un pauvre émigré; mais que l'excuse la foi avec laquelle le roi l'offre à la Vierge. »

Enfin, le 14 janvier, c'est Madrid tout entier qui lui fait des ovations et lui jette des fleurs : son allure altière mais sans raideur, sa jeunesse souriante, son abord séduisant et affable, lui ont conquis tout de suite les cœurs des Madrilènes.

« Je veux que mon fils soit appelé par la nation entière, avait dit la reine Isabelle, qu'il soit un roi espagnol et le roi de tous les Espagnols. » Alphonse XII allait réaliser son désir.

Son premier ministère fut composé par le grand homme d'État qui fut son conseiller toujours écouté, par Antonio del Castillo (1) : il est bon de donner les noms des premiers ministres de la Restauration. Don Alexandre de Castro eut le ministère de Estado

(1) Voir au sujet de Canovas le livre : *L'Espagne en 1897*, un beau volume de 300 pages avec sept gravures hors texte. H. LE SOUDIER, éditeur, 174, boulevard Saint-Germain, Paris.

(Affaires étrangères); Don Francisco de Cardenas, celui
de Gracia y Justicia; le général Don Joaquin Jovellar,
la Guerre; Don Pedro Salaverria, les Finances; Don
Mariano Roca de Togores, marquis de Molins, la Marine;
Don Manuel de Oravio, le Fomento (Travaux Publics);
Don Adelardo Lopez de Ayala, les Colonies; et enfin,
Don Francis Romero Robledo, la Gobernacion (Inté-
rieur). Tous sont morts.

Mais Alphonse XII, à peine eut-il régularisé la situation à Madrid, n'eut plus qu'un désir : terminer au plus
tôt la guerre carliste et la guerre de Cuba.

Il se rend à l'armée du Nord et la passe en revue, il
réunit un conseil de généraux à Péralta et y fait adopter
des mesures énergiques, étant partisan de l'action rapide;
il se met sans cesse à la tête des troupes, malgré les prières
des officiers qui craignent pour sa vie, et il prend part
brillamment à plusieurs escarmouches, entre autres
celle de Monte Esquinza.

Sa conduite, si pleine de courage et d'ardeur, le rend
populaire dans son armée, et les soldats commencent à
l'aimer.

Je ne veux pas entrer dans les détails, mais peut-on
passer sous silence la visite émouvante qu'il fit, en mars
1875, au vieux et malade général Espartero, retiré à
Logrono? Il voulut à toutes forces aller le voir chez lui,
il le prit dans ses bras et l'embrassa, le forçant à rester
assis devant lui debout; et, si touché fut le brave soldat
de ces marques de vénération, qu'il voulut en pleurant
placer lui-même sur la poitrine d'Alphonse XII le grand

cordon et la plaque de l'Ordre de Saint-Ferdinand, le plus rare des ordres militaires. La voix de toute l'armée avait déjà déclaré le roi digne de cette haute distinction gagnée sur le champ de bataille et ce fut avec acclamations qu'on reçut la nouvelle de l'entrevue du roi avec Espartero

Combattus avec vigueur, les Carlistes durent se retirer de plus en plus vers la frontière française; des élections générales envoyèrent à Madrid de nouveaux députés et, le 15 février 1876, les Cortès furent ouvertes avec la solennité d'usage. La guerre carliste touchait à sa fin. Le général Primo de Rivera enlevait le 30 janvier la redoute de Santa Barbara d'Osteiza et, le 18 février, la redoute de Montejurra; le 19 février, il entrait dans Estella, qu'on croyait le boulevard imprenable des Carlistes.

Martinez Campos, le même jour, prenait le camp retranché de Pena-Plata et la ville de Véra; le général Quesada, après le vif combat d'Elgueta, entrait à Durango et Vergara.

Tolosa voyait les troupes espagnoles faire leur jonction dans ses murs; Alphonse XII passait l'armée en revue sur la route de Saint-Sébastien, tandis que Don Carlos, vaincu et traqué de tous côtés, était obligé de se rendre en France par le pont d'Améguy, suivi de ses soldats qui brisaient leurs armes plutôt que de les livrer à la gendarmerie française. Treize mille Carlistes vinrent se réfugier en France.

Le 13 mars, le manifeste de Somorrostro détruisait les *fueros* des provinces basques : la guerre civile était éteinte.

L'armée du Nord revenait à Madrid et, le 20 mars 1876, Alphonse XII faisait une entrée triomphale dans sa capitale, à la tête des braves soldats qui venaient de se couvrir de gloire. Dire les ovations, l'enthousiasme de ce peuple madrilène si heureux de recouvrer la paix, serait impossible ; les survivants de ces fêtes n'en parlent pas sans émotion.

[*]

Le 30 juin 1876, Alphonse XII sanctionna la Constitution.

On peut dire qu'ensuite il ne cessa de s'occuper d'œuvres utiles et fit tous ses efforts pour réveiller en Espagne les arts et l'industrie, augmenter le commerce et développer l'agriculture.

Il inaugure des chemins de fer, des Expositions, des écoles, il construit la Prison-Modèle, il parcourt son royaume, visite les côtes sur sa flotte et se fait aimer de plus en plus de ses sujets.

En 1878, le 22 janvier, toute l'Espagne fut en fête : on célébra dans la Basilique de N. S. de Atocha, à Madrid, le mariage du Roi avec sa cousine Dona Maria de Las Mercédès, fille du duc et de la duchesse de Montpensier. La jeune épouse était ravissante de beauté ; son union avec Alphonse XII consacrait la réconciliation du duc de Montpensier avec la reine Isabelle II ; l'allégresse était universelle, et tout semblait prédire le plus parfait bonheur à Maria de Las Mercédès. Gloire, fortune, tous les biens de la terre, toutes les douceurs de l'amour, toutes les délices de la vie, elle semblait posséder tout ce qu'on peut rêver et toucher au comble de la félicité terrestre... Cette félicité devait durer cinq mois !

Le 12 juin, elle inaugurait le pavillon de la *Féria* de Madrid ; le 26 juin, elle était morte. Une fièvre ataxique l'enlevait à l'amour de son époux et de sa famille. On conçoit la désolation que jeta une aussi triste nouvelle dans toute l'Espagne : la douleur fut grande partout, même à l'étranger, en France surtout, où tout ce qui touche à l'Espagne est si vivement ressenti. Ce fut un coup terrible pour Alphonse XII...

***

Mais il était jeune, il se devait au gouvernement de son peuple; les mille soucis de son trône l'absorbèrent et le distrairent : il passa des revues, il visita des provinces. Il vit se terminer la guerre de Cuba, qui lui causait tant de chagrin; il essuya, en rentrant de la revue d'Alava à Madrid, le 25 octobre 1878, un coup de revolver d'un misérable nommé Oliva Moncasi, qui ne l'atteignit pas... Il courut au secours des inondés de Murcie et leur apporta des dons généreux et toutes les consolations et les encouragements qu'il put personnellement leur donner.

On voulait le remarier; on lui proposait de tous côtés des filles de rois et d'empereurs; sa dignité suprême et le bonheur de son peuple exigeaient qu'il se remariât. Alors il pensa à une toute jeune, toute simple, toute exquise princesse qu'il avait connue autrefois et qui ne lui était pas indifférente; un souvenir bien doux du temps où il étudiait à Vienne chanta dans sa mémoire.

Il prit le train, avec son ministre de Estado du moment, le duc de Tétuan, et il se rendit à Arcachon, vers le milieu de 1877, pour y rendre visite à l'archiduchesse Isabelle d'Autriche et à sa fille Marie-Christine de Halsbourg.

Elle avait un an de moins que lui, elle était charmante et... tous les tendres sentiments qu'il avait jadis conçus pour elle assaillirent son cœur avec plus de

7

force que jamais. Il aima de nouveau, il se sentit aimé...
et il demanda la main de la princesse Marie-Christine.

Dès son retour à La Granja, il réunit le Conseil des
ministres, fit accepter son projet et annoncer officiellement les fiançailles. On obtint du Pape les dispenses
nécessaires à cause des liens de parenté qui l'unissaient
déjà à sa fiancée qui, de son côté, dut faire renonciation
de ses droits à la couronne d'Autriche. Les Cortès ap-
prouvèrent le mariage et la cérémonie nuptiale eut lieu
en grande pompe le 29 novembre 1879, à la Basilique
de N. S. de Atocha; la reine Isabelle assista au mariage
de son fils avec cette princesse qu'elle aimait tout particulièrement. Le cardinal Benavidès, patriarche des
Indes, officia et bénit cette union. L'archiduc Rénier et
l'archiduchesse Marie-Caroline servirent de parrains à la
reine Marie-Christine.

Le peuple de Madrid fit l'accueil le plus flatteur à la
nouvelle reine et ce fut au milieu des acclamations que
les époux royaux retournèrent au Palais-Royal.

Quelques jours après, un autre misérable du nom
d'Otéro tira deux coups de feu sur leurs Majestés au
retour d'une promenade, heureusement sans les toucher : il n'en fallait pas plus pour rendre les souverains
encore plus chers à leurs sujets !

Le 11 septembre 1880, naquit la princesse des Asturies, Maria de Las Mercédès. Deux ans après, le 11 novembre 1882, la reine Marie-Christine mit au monde une
seconde fille, l'infante Marie-Thérèse. Mais l'enfant
tant désiré, le fils héritier de la couronne ne venait
pas...

Entre temps, Alphonse XII faisait face à beaucoup d'événements; après l'insurrection militaire de Badajoz, il fit un voyage à Valence, à Barcelone et en Aragon. Puis il se rendit en Allemagne, ce qui lui valut une réception plutôt hostile à son passage à Paris... Il sut aplanir lui-même des difficultés extrêmes par son tact et son esprit, et, s'il y eut des fautes commises, elles ne le furent pas par lui personnellement, mais par des conseillers maladroits.

Les tremblements de terre d'Andalousie mirent de nouveau sa charité à contribution et il paya de sa personne en allant assister les populations éprouvées.

En 1885, une épidémie de choléra des plus violentes ravagea l'Espagne... le mal sévissait avec force à Aranjuez et les ministres et les personnages de la Cour cherchaient à détourner les idées du Roi, qui considérait comme son devoir d'aller visiter et consoler les victimes de l'épidémie. On ne pourrait blâmer les ministres de cette sollicitude, car Alphonse XII était déjà malade depuis quelques mois d'une maladie qui le minait et qui devait, hélas ! l'emporter dans la tombe.

Mais, un beau jour, sans prévenir personne, sans avoir manifesté son désir à son Conseil des ministres, le Roi fait seller son cheval et, accompagné d'un seul aide de camp, court à Aranjuez.

Il arrive, se rend à l'hôpital et passe plusieurs heures à consoler les cholériques, à leur donner des secours; il va visiter les maisons particulières, apportant à tous un mot ému, une phrase de compassion et tout l'argent qu'il avait pu prendre sur lui.

Lorsqu'il revint à Madrid, le peuple l'attendait aux

abords de la ville et du Palais Royal, et il fut l'objet
d'une des plus chaleureuses et plus spontanées ovations
qu'un roi puisse rêver !

Ce n'était pas cependant sans raison que ses ministres
firent grise mine à cette prouesse. Le roi était bien
malade...

Dès le mois de septembre, il apparut aux yeux de
ceux qui l'approchaient qu'il ne pourrait vivre longtemps. Trop d'inclination aux plaisirs et pas assez de
modération ni de règle dans sa vie l'avaient prédisposé
au mal qui l'épuisait.

Il s'était retiré dans son palais du *Pardo*, ancien
rendez-vous de chasse, situé à quelques kilomètres de
Madrid, au milieu de forêts très épaisses et très fraîches
qui s'étendent sur plus de vingt kilomètres.

C'est là, dans ce palais écarté, qu'il s'éteignit, après
de terribles souffrances, entre les bras de la reine Marie-
Christine qui, avec un dévouement admirable, ne quitta
pas une minute le chevet du lit de son mari.

Le 25 novembre 1885, Alphonse XII rendit son âme
à Dieu : il n'avait que vingt-huit ans et la vie semblait
s'ouvrir si belle devant lui !

Tout un peuple, anxieux, frémissait dans l'attente
des nouvelles : sa mort fit l'effet d'un coup de foudre...
et, le premier moment de stupeur passé, l'Espagne
pleura, pleura longtemps. La masse du vulgaire
regrettait l'homme, le prince si bien doué, le cavalier
charmant et hardi, toujours prêt à donner l'exemple,
aux qualités si nobles, à l'âme si bellement espagnole !...

Mais les politiques, les ministres, tous ceux qui pensaient, qui jugeaient et qui savaient... ceux-là déplo-

raient la mort du roi qui avait tant fait pour l'Espagne, du restaurateur de la paix et de la prospérité, et ils tremblaient aussi en face de l'avenir.

Les nuages, que l'avènement d'Alphonse XII avait chassés de l'horizon de l'Espagne, semblaient s'amonceler plus gros et plus noirs, plus chargés de tempêtes et d'orages que jamais !

Alphonse XII ne laissait que deux filles en bas âge et pas d'héritier; la Reine si bonne et si sérieuse, mais si jeune, était enceinte...

Elle allait être régente ! Serait-ce une nouvelle régence de Dona Cristina? Angoissant problème ...

Heureusement pour l'Espagne et pour la monarchie que le grand Canovas del Castillo était là : il alla trouver la reine et lui demanda d'appeler au pouvoir le parti libéral et Don Praxédès Sagasta, indiquant nettement ainsi que le nouveau régime devait s'ouvrir sous les auspices des idées de liberté et de ustice !

Armes royales de Bourbon-Anjou

X

Les préparatifs des fêtes. — Les trains de plaisirs. — Arrivée de S. A. I. l'archiduc Charles-Étienne. — La naissance d'Alphonse XIII. — Un mot de Canovas. — Le récit d'un témoin. — Le gage de la paix publique. — Un roi de seize ans. — Mésaventure d'un paysan naïf. — Police et mœurs espagnoles. — Une régence modèle. — Dangers et embuches. — La guerre avec les États-Unis. — Admirable attitude de la Reine-régente. — La force prime le droit. — Sacrifices héroïques de l'Espagne. — L'Honneur est sauf !

Madrid, 11 mai 1902.

Les préparatifs des illuminations et des décorations des rues augmentent et deviennent chaque jour plus considérables. L'arc de triomphe de la rue *del Carmen*, celui de la *calle Mayor*, se revêtent de leurs toiles peintes ; les rues *del Principe, Carrera San Jeronimo* et *Arenal* vont avoir des poteaux décoratifs reliés par des guirlandes de feuillages et de fleurs. Dans la partie de la *Carrera* située entre la rue de *Séville* et la *Puerta del Sol*, ces poteaux ont la prétention de figurer des palmiers... c'est beaucoup de prétention !

La *Gazette* publie l'avis officiel suivant : « Le 15 courant devant commencer les fêtes de la majorité de S. M. le Roi (Q. D. G.) en son nom royal S. M. la Reine-régente du royaume a daigné disposer que le deuil porté en ce moment par la Cour à cause de la mort de S. M. le Roi Don François d'Assise (Q. S. G. H.) reste suspendu du 15 au 17 mai, où S. M. le Roi décidera par lui-même ce qu'il jugera opportun. »

Les invitations aux fêtes du Palais-Royal lancées avant le 17 mai sont rédigées au nom de S. M. le Roi par S. M. la Reine-régente et signées par le Mayordomo-Mayor de S. M. la Reine-régente; celles qui seront lancées après le 17 mai, par exemple pour la Garden-Party du *Campo del Moro*, sont rédigées au nom de S. M. le Roi et signées par le Mayordomo-Mayor de S. M. le Roi.

Ce sont des détails d'étiquette curieux à enregistrer. Le Roi ne devient *effectivement* le roi qu'après le serment solennel du 17 mai; jusqu'à la minute du serment, il est sous la tutelle de sa mère la Reine, qui est régente.

Le 17 mai, après le serment, la reine Marie-Christine perd le titre de régente pour prendre celui de reine-mère.

**

Aujourd'hui les trains de plaisir commencent à nous débarquer des provinciaux en masse : par la gare du Nord il en arrive 4.126, et par celle du Midi 3.500. Pour demain on en annonce plus de 12.000 et les jours suivants ce sera encore pire ! Plaignons les pauvres Madrilènes qui vont héberger leurs parents ou amis de province. Plaignons aussi les malheureux touristes qu'on va exploiter de toutes les manières !

Par le Sud-Express de cette après-midi est arrivé à Madrid S. A. I. et R. l'archiduc Charles-Étienne d'Autriche, frère de S. M. la reine Marie-Christine, et chargé de représenter l'empereur François-Joseph à la cérémonie du couronnement d'Alphonse XIII.

*_**

Le prince, que tous les journaux d'ici (sauf la *Epoca*) appellent le prince Eugène (?), a été reçu à la gare du Nord en grande pompe, par le prince des Asturies, le duc d'Almodovar del Rio, ministre des Affaires étrangères, le général Weyler, ministre de la Guerre, le comte Dubsky, ambassadeur d'Autriche, avec tout le haut personnel du Palais-Royal et de l'ambassade.

L'archiduc et sa suite ont été conduits au Palais-Royal où, dans le grand escalier, le Roi et la Reine-régente l'attendaient et lui ont fait un accueil chaleureux, tandis que la musique des hallebardiers jouait l'hymne autrichien. L'archiduc et sa suite sont logés au Palais-Royal, et, dès ce soir, le royal *Alcazar*, comme disent les Espagnols, va prendre un air de fête.

Des troupes étaient placées sur tout le parcours, et les Madrilènes sont ravis de tout l'appareil militaire et royal qu'on leur fait admirer chaque jour depuis le commencement du mois.

*_**

Alphonse XIII a seize ans. Roi de nom depuis sa naissance, il le sera de fait dans quelques jours.

Il est né après la mort de son père, au milieu du deuil de la Cour; il atteint sa majorité après la mort de son grand-père, au milieu d'un nouveau deuil. Étrange coïncidence !

Sa proclamation, sa prestation de serment devant les Cortès du royaume, en présence des représentants et ambassadeurs extraordinaires de toutes les puissances, vont donner lieu à de grandes fêtes officielles et populaires qui mettent en liesse toute la Péninsule.

Il a été longtemps l'*enfant-roi*, le chérubin aux cheveux bouclés, pour lequel battaient tous les cœurs des mères. Il a grandi sous les regards attentifs de son auguste mère, tendrement couvé par son amour, sauvé des maladies par ses soins incessants.

Adolescent encore frêle, mais déjà plein de sève, poussant vigoureusement comme l'arbrisseau fragile qui trouve dans la bonne terre nourricière les éléments de vie et de force et qui, faisant craquer chaque année son écorce, se dresse et s'allonge, et devient un arbre, tel nous l'avons vu croître et se transformer, se muer d'enfant en jeune homme, joli garçon mince et svelte, aux traits fins, vivant portrait de son père, dont il a le regard assuré et l'air enjoué.

Que d'inquiétudes son enfance n'a-t-elle point données à son auguste mère? Que de veilles, que d'anxiétés ses maladies n'ont-elles point causées?

Il a été l'enfant du miracle, l'enfant tant attendu, tant désiré, le bébé rêvé, la personnification de tous les espoirs, de toutes les affections d'une mère, de tout un peuple qui voyait, qui voit en lui le gage de la paix publique, l'héritier de la grande famille des Bourbons d'Espagne, le soutien des libertés publiques et des lois constitutionnelles !

Après tant de guerres civiles, tant de sang versé, son père fut considéré comme le pacificateur, comme le bienfaiteur du pays; l'Espagne épuisée, lasse de batailles stériles, désireuse de travailler en paix, de refaire ses forces, ses richesses, d'exploiter ses ressources, s'était donnée tout entière à Alphonse XII, comme une amante à son amant, avec transport et avec ivresse, dans un baiser voluptueux.

Alphonse XII mort si brusquement, ce fut un moment sinistre; le cœur de toute l'Espagne fut serré par une angoisse inexprimable. Allait-on revoir les compétitions au trône, les guerres, les *pronunciamientos*, toutes ces douloureuses complications politiques que la nation venait de traverser et qui lui avaient coûté des flots de sang et des monceaux d'or?

Si Alphonse XII avait laissé un héritier?... Ce fut un cri unanime au milieu des larmes. Un héritier!... c'est-à-dire la succession au trône assurée par un mâle, sans contestation possible, la succession pacifique, au sein de la tranquillité publique, la jouissance des garanties constitutionnelles !

Les mois qui suivirent la mort d'Alphonse XII et la naissance d'Alphonse XIII furent des mois d'attente fiévreuse et de sombre tristesse. On savait la Reine-régente enceinte : elle avait déjà mis au monde deux filles. Donnerait-elle un roi à l'Espagne?

— « Ces cinq mois m'ont fait vieillir de dix ans, me disait un jour le grand Canovas del Castillo. Je n'osais espérer, je ne voulais pas désespérer; j'éprouvais le serrement de cœur du joueur qui tente un coup d'importance capitale et qui est à la merci du sort aveugle. Une déception m'aurait tué... Mais la Providence veillait sur l'Espagne : Alphonse XIII nous est né! »

Ce ne fut pourtant pas Canovas del Castillo qui reçut les premiers vagissements du Roi, officiellement tout au moins; ce fut Don Praxédès Matéo Sagasta. Le Président du Conseil des ministres actuel, qui va assister au Serment du Roi majeur, était président du Conseil, lorsque le Roi vint au monde.

Il ne sera pas sans intérêt de rappeler en quelques mots la scène touchante de la naissance du Roi, telle qu'elle m'a été contée par un des plus hauts personnages qui en furent les témoins.

— « Le 17 mai 1886, dès dix heures du matin, on vint me prévenir que S. M. la Reine-régente se sentait prise de douleurs; elle avait absolument voulu aller, le 14 mai, visiter et secourir les familles des victimes du cyclone qui avait désolé une partie de Madrid, et le Dr Riedel, son médecin et secrétaire particulier, déclarait que les émotions ressenties par la Reine durant cette visite avaient dû précipiter ses couches.

« On comprendra aisément l'anxiété où se trouvaient tous les membres du gouvernement, alors présidé par M. Sagasta; nous aurions tous dans l'entourage royal déconseillé à Sa Majesté cet acte de charité personnel qui, admirable en toute autre circonstance, était dangereux dans l'état où se trouvait la Reine.

« Toutes les personnalités de Madrid furent avisées : dès la veille, la Reine avait ressenti des malaises précurseurs de la délivrance, et toutes les dispositions étaient prises par le Capitaine-Général de Madrid. Les « Monteros de Espinosa » et les Gardes-hallebardiers étaient à leurs postes traditionnels au Palais. Autour de la Reine se trouvait sa mère, l'archiduchesse Élisabeth, et les docteurs Riedel, Ocana, Ledesna et Candelas.

« Le chef supérieur du Palais, marquis de Santa-Cruz, et l'introducteur des Ambassadeurs, M. Zarco del Valle, recevaient et plaçaient, selon l'ordre des préséances, les personnages qui devaient, d'après les règles de l'étiquette castillane, assister à la naissance.

« Le privilège de la vie privée en effet, n'existe ni

pour les rois, ni pour les reines, et l'accouchement d'une reine d'Espagne doit être public. Voici le cérémonial qui fut suivi :

« Dans la chambre royale ne se trouvaient que les médecins et les dames d'honneur de service; mais la porte était ouverte à deux battants. Dans l'*ante-camara* (grand salon ainsi désigné) se tenaient tous les membres du gouvernement, M. Sagasta, président, Alonzo Martinez, Gamazo, Venancio, Gonzalez, Béranger, Jovellar et Sigismond Moret; les chefs du Palais, le cardinal Paya, tout le corps diplomatique. Dans le salon rouge, étaient rangées les délégations du Sénat et de la Chambre des députés, présidées par le marquis de La Habana et Cristino Martos; puis dans la salle du Trône plusieurs commissions officielles : celle des Asturies, présidée par le comte de Toreno, celle des Grands d'Espagne, par M. de Rubiano, celles des Capitaines-Généraux, des Grand'Croix de Charles III, des chevaliers de la Toison d'Or, et d'autres que j'oublie.

« Le plus grand silence régnait dans cette assemblée où tous les cœurs battaient à l'unisson, où la même émotion faisait haleter toutes les poitrines et mettait des larmes dans les yeux.

« A midi et demi juste, S. M. la Reine fut délivrée. Le Dr Riedel, qui reçut l'enfant, s'écria : *C'est un garçon !* La Reine fondit en larmes.

« La duchesse de Médina de Las Torres, première dame d'honneur, communiqua la nouvelle au président du Conseil, et M. Zarco del Valle au corps diplomatique.

« Ce fut parmi nous une explosion d'allégresse, qui augmenta encore en entendant les coups de canon qui annonçaient à Madrid et au monde que l'Espagne avait un roi.

« L'enfant fut passé par les médecins à l'archidu-chesse Élisabeth, qui l'embrassa; puis le nouveau-né, couvert de dentelles, fut placé sur un plateau d'argent et remis entre les mains de M. Sagasta, qui fit le tour des salons pour montrer le Roi à tous les personnages officiels, « Vive le Roi ! » cria M. Sagasta. « Vive le Roi ! » répondirent avec enthousiasme les assistants.

« Et ce fut tout. Le bébé tout rose et tout frisonnant encore fut vite rapporté au lit de son auguste mère qui le couvrit de baisers et de larmes.

« Nous sortîmes tous dans le plus profond silence : l'émotion de chacun était aussi grande que si cet enfant qui venait de naître avait été son propre enfant. Beau-coup pleuraient... mais, dès le seuil du palais franchi, nous ne pûmes résister aux manifestations bruyantes de joie qui éclataient dans les masses populaires, et ce furent des acclamations générales.

« Ces scènes-là, on ne les oublie jamais ! »

*
* *

Les années ont passé : le bébé est devenu homme. Il prend le sceptre en mains dans des moments difficiles : le tact, le grand sens politique de la Reine-régente ont su aplanir bien des difficultés de tous genres, mais la situation reste compliquée et grave. Entre le Carlisme d'un côté et le socialisme de l'autre, il faut diriger les actes du pouvoir sans louvoyer entre ces écueils, d'une main experte, avec souplesse, mais avec fermeté.

Nous sommes convaincus que les sages conseils pré-vaudront et que les libéraux-conservateurs sauront faire passer l'intérêt du pays avant leurs propres inté-rêts.

Alphonse XIII n'est plus le roi enfant, il n'est plus le jeune roi; il est maintenant : le roi tout court.

Espérons que, dans quelques années, il sera permis à tous les Espagnols et à tous les amis de l'Espagne de l'appeler : le bon roi !

**

Madrid, 12 mai 1902.

Il vient d'en arriver une bien bonne à un paysan espagnol débarqué d'un train de plaisir. Le pauvre homme, affublé de son châle et de ses paquets, courait dans la gare, cherchant une sortie. Il eut le malheur de demander très fort à un employé ce qu'il y avait d'écrit sur une pancarte, ce qui prouva à tout le monde qu'il ne savait pas lire.

Vous croyez peut-être que les gamins se réunirent autour de lui pour se moquer de son ignorance. Non ! En Espagne, ne pas savoir lire est chose trop commune pour susciter l'hilarité ou l'étonnement : il y a le trente-cinq pour cent du peuple qui est complètement illettré.

On ne se moqua pas du brave paysan, mais un spirituel filou, qui se trouvait là, eut une idée géniale. Il se posta à la porte de sortie et, quand le naïf fils de la terre se présenta, il lui mit sous le nez un vieux ticket de tramways.

« Qu'est-ce là ? dit le paysan.

— C'est deux pesetas, répondit imperturbablement l'individu.

— Deux pesetas ! s'exclama notre homme ahuri. Comment et pourquoi ?

— Avez-vous payé votre droit d'entrée à Madrid ? lui expliqua le voleur. Non, puisque vous n'avez pas votre billet. Alors payez deux pesetas et prenez ce ticket qui vous donne droit de séjour dans la capitale de l'Espagne. D'ailleurs, ajouta-t-il avec le ton impatient et bourru des agents de douanes, regardez cet écriteau et vous verrez que c'est imprimé : La Municipalité de Madrid prélève un impôt de deux pesetas sur les voyageurs pendant les fêtes.

— Caramba ! dit l'autre, qui ne pouvait pas lire... et pour cause. C'est bien cher. Mais voilà les deux pesetas ! Tout de même on ne m'avait pas prévenu de cela dans mon village. »

Il prit le ticket et donna son argent. Mais, deux pesetas pour entrer à Madrid, c'est digne de mémoire, et notre paysan, furieux, ne cessa de grommeler et de vitupérer contre le *sale* gouvernement qui... et la *Municipalité sans vergogne* que... jusqu'à ce qu'il rencontra des connaissances à qui faire part de son aventure et se plaindre du nouvel impôt. On eut beaucoup de mal à le persuader de sa sottise et il est allé déposer une plainte contre son voleur, jurant mais un peu tard... d'apprendre à lire !

Ce n'est pas la police qui manque en ce moment à Madrid; nous sommes envahis par des agents *secrets* de tous les pays. Il parait que chaque Ambassade et Mission en a amené cinq ou six des plus fins avec elle, ce qui représente environ deux cents policiers qui vont se répartir la tâche de veiller sur le cortège royal. On ne peut blâmer ces précautions contre les anarchistes : on n'en saurait trop prendre, et en Espagne, on a le tort de n'en pas prendre assez. Si le grand Canovas avait été mieux gardé, on ne l'aurait pas tué ! Mais, en Espagne, on a des habitudes tellement démocratiques, tellement familières — quoique cela paraisse jurer avec la pompe et les rigueurs de l'étiquette — qu'on semble désarmé contre les tentatives des misérables assassins.

En France, en pleine République, il y a bien plus de règles, de barrières placées entre le Président de la République et le peuple, qu'en Espagne. Ici, les soldats font la haie, mais les gens du peuple causent avec eux, les tutoient, et la haie ne sert à rien, la haie ne devient infranchissable qu'au moment même du défilé.

Lors du voyage de Leurs Majestés à Cadix en 1892, le Roi était tout jeune et si joli, si gracieux avec son grand col marin et son chapeau de paille blanche, que sa vue enthousiasma la population; à la sortie de la cathédrale un vieux matelot se précipita sur le petit Roi, l'enleva dans ses bras brunis par le hâle et l'embrassa sur les deux joues, en criant : *Bendila sea tu madre!* Que bénie soit ta mère !

C'était, certes, une effusion bien inoffensive et qui n'effaroucha même pas le jeune Alphonse XIII, mais elle prouve combien intime est le contact entre le peuple et les souverains dans toutes les cérémonies publiques.

Ce n'est pas la faute des sentiments royaux envers le populaire, s'il faut prendre aujourd'hui des mesures d'ordre et de police; le Roi et la Reine voudraient bien pouvoir se promener seuls dans la foule serrer des mains amies et sentir de près les sympathies de leurs sujets; mais les anarchistes ont tout gâté, et, comme leurs menaces sont constantes et qu'ils recherchent toutes les occasions, c'est contre eux qu'il faut prendre des précautions, c'est à cause d'eux que les consignes de la troupe et de la police sont tous les jours plus sévères.

Et les bons pâtissent toujours pour quelques mauvais !

**

Alphonse XII, en mourant, léguait à l'Espagne une régente admirable en la personne de sa tendre et vertueuse épouse. Devant la reine Marie-Christine tous les fronts se découvrent et s'inclinent, car elle a été sanctifiée par le malheur, frappée par l'adversité, en proie à des difficultés politiques extraordinaires, et car elle a su, à force d'abnégation et de sacrifices, à force de courage et de sang-froid, donner le bon exemple à tous les Espagnols, conserver la paix dans la Péninsule et la couronne à son auguste fils.

Elle a défendu son enfant contre la maladie et les accidents, elle a défendu son pays contre les embûches de l'étranger, contre les pièges des Carlistes et des révolutionnaires de tous genres... et, si l'Espagne a dû céder à la violence et a été indignement dépouillée de ses colonies par une puissance colossalement riche et forte, Marie-Christine peut dire hautement qu'elle a fait tout ce que sa dignité lui commandait de faire et que l'honneur de l'Espagne est sorti, des désastres inévitables et infligés par le sort, indemne de toute souillure et pur de tout reproche. Elle a été, avant tout et surtout, un modèle de reine constitutionnelle, impartiale et sereine, bien au-dessus de toutes les agitations et de toutes les querelles des partis politiques, inaccessible aux influences de Cour ou aux insinuations des *Camarillas*, n'écoutant que les conseillers autorisés et respectés de la nation, ne cherchant qu'à se rendre compte des désirs du peuple, des aspirations de l'opinion publique, et toujours résolue à donner satisfaction aux vœux légitimes de la nation espagnole.

Puisque je viens de parler de cette époque, si douloureuse pour la Reine-régente, de la guerre avec les États-Unis, qu'on me permette de reproduire les pages que j'écrivis et publiai alors, après un entretien avec le comte de Morphy, secrétaire particulier de Sa Majesté et ancien précepteur d'Alphonse XII. Ces lignes, écrites le 4 mai 1898, ont été publiées trois jours après et je n'y change pas un mot :

Au milieu de cette période si critique et si périlleuse de l'histoire de l'Espagne, que pense et que fait la Reine-régente? C'est ce que tout le monde se demande et la curiosité générale se comprend. Cette femme si vertueuse, cette mère si accomplie, représente l'Espagne, la personnifie et l'incarne. Lorsqu'elle est venue, l'autre jour, inaugurer la session des Cortès avec son fils et ses filles, sur tout le parcours de son cortège, du Palais-Royal au Sénat, la foule s'est découverte avec respect et l'a saluée de ses vivats.

Plus que sa couronne, ses angoisses la rendent sacrée à son peuple; et j'ai trop de respect envers une reine aussi malheureuse pour avoir même songé à lui demander de me confier ses pensées et ses tristesses. Mais plusieurs personnages politiques, qui ont eu l'honneur de causer longuement avec Sa Majesté, ont bien voulu me révéler leurs entretiens et me dévoiler l'état d'âme de la Reine-régente. Tous sont unanimes à admirer son grand cœur et la noblesse de ses sentiments; mon ami Andrès Mellado, un des chefs les plus illustres du parti libéral, a parfaitement résumé l'impression de tous dans cette phrase qu'il me disait en sortant d'une longue audience avec la Reine : « C'est une mère antique comparable à la mère des Gracques; dans le gouvernement actuel, on peut dire qu'il n'y a qu'un homme, et que c'est elle ! »

Je suis allé voir, pour compléter encore mes renseignements, l'homme qui connaît le plus sûrement les secrètes pensées de la Reine; j'ai nommé le comte de Morphy, son secrétaire particulier. M. le comte de Morphy a été le précepteur du roi Alphonse XII qui, durant toute sa vie, l'a considéré comme un ami et pris pour son confident. La Reine-régente a la plus grande estime pour ce savant et modeste écrivain qui avait su inculquer à son royal élève des connaissances les plus étendues et les sentiments les plus élevés.

« C'est une femme admirable et digne d'être comparée à Blanche de Castille, la vertueuse reine de France. Jamais souveraine ne s'est trouvée, malgré elle, par suite de circonstances indépendantes de sa volonté, dans une situation aussi grave. Je ne parviens pas à comprendre la conduite des États-Unis acculant le peuple espagnol à la guerre : les Américains se sont-ils figuré qu'on pourrait impunément se jouer de l'honneur national d'un peuple tel que le nôtre? Ils ont accumulé les offenses sur les offenses, ajouté les insultes aux injures; mais, tant qu'elles provenaient de simples députés ou sénateurs, nous pouvions faire semblant de ne pas entendre. Il ne pouvait en être ainsi lorsqu'elles sont devenues l'expression des pensées de leurs Chambres.

« La Reine-régente, comme femme, comme mère, non seulement du roi Alphonse XIII, mais encore de tout son peuple, a tout fait pour éviter à l'Espagne les horreurs d'une guerre étrangère. Son cœur saigne des sacrifices de tous genres, en hommes et en argent, que s'impose l'Espagne depuis trois ans pour la guerre à Cuba. Elle n'a pu croire jusqu'au dernier moment qu'un grand peuple civilisé se livrerait contre l'Espagne à une agression aussi injustifiée. Elle a laissé faire à ses ministres tout ce qu'ils ont pu pour enlever aux États-Unis le moindre prétexte d'intervention à Cuba. L'autonomie qu'ils réclamaient avait été accordée à l'île; sous un gouvernement insulaire, Cuba pouvait se pacifier et devenir une colonie prospère comme le Canada. Réfléchissez bien à toutes les concessions faites dans ce dessein par le gouvernement espagnol et vous verrez qu'on ne peut accorder davantage. La Reine a permis au gouvernement espagnol de faire tout ce qui était compatible avec la dignité de son pays, mais rien de plus.

« Usant de son droit constitutionnel, elle a prié personnellement le Saint-Père et son oncle l'empereur d'Autriche de faire entendre raison aux États-Unis, de leur démontrer tout ce qu'il y avait d'infâme dans leur politique brutale vis-à-vis d'un peuple qui a découvert l'Amérique, qui peut s'enorgueillir d'une merveilleuse histoire et qui a toujours puisé dans la conscience de son droit la sérénité nécessaire pour rester calme et pacifique. Et ce peuple devait inspirer d'autant plus de respect qu'il n'a jamais soutenu de politique agressive contre personne, qu'il ne demandait qu'à se développer en paix, à travailler et à prospérer. La Reine, de plus, espérait qu'un grand pays comme les États-Unis saurait avoir quelques égards pour elle-même, pour une mère défendant les droits de son fils, pour un trône sur lequel se trouve un enfant protégé par une femme.

« Mais quand elle a vu que les Chambres américaines poussaient le président Mac-Kinley à la guerre, que le Président des États-Unis ne tenait aucun compte des démarches du Saint-Père et des puissances, Sa Majesté a été la première à déclarer qu'elle avait assez fait pour rendre éclatant aux yeux de l'Europe son désir de maintenir la paix. Le bon droit, la justice, la raison, tout était du côté de l'Espagne; elle n'avait plus besoin de plaider devant le monde la cause sacrée de son peuple. A une affirmation brutale du droit du plus fort, l'Espagne ne pouvait répondre que par le mépris.

« Quand M. Sagasta est venu informer la Reine-régente du vote des Chambres américaines, Sa Majesté, qui depuis plusieurs nuits n'avait cessé de pleurer et de prier, s'est écriée :

« Monsieur le Président, soyons Espagnols. Regar-
« dons l'avenir en face et que Dieu nous protège. Je ne
« veux pas que vous m'apportiez de nouvelles com-
« munications des États-Unis; puisque mon fils n'est
« pas encore à l'âge de pouvoir défendre son pays, je
« confie à la flotte et à l'armée espagnole le soin de
« venger l'offense faite à mon peuple. Je n'admettrai
« plus d'autre solution que celle que vous dicteront
« votre patriotisme et l'honneur de l'Espagne; pour
« ma part, je ne puis vous aider que de mes prières,
« mais je suis prête à tous les sacrifices pour conserver
« l'intégrité du territoire. »

« En la quittant, M. Sagasta a dit à ses amis : « Nous

« avons une reine et une reine espagnole; il ne s'agit
« plus de parler, mais d'agir. »

« Le peuple, qui a parfois l'intuition de la vérité, ne
s'est pas trompé une minute sur les sentiments et l'attitude de sa souveraine; avec elle, dans un même élan
spontané, il a crié : « Vive l'Espagne ! » Aujourd'hui,
tous les Espagnols se groupent et se serrent autour de
la Reine-régente; en face du danger commun, il n'y a
plus ni républicains ni Carlistes; il n'y a plus que des
Espagnols qui font face à l'ennemi.

« Je ne veux pas prédire l'avenir ni faire assaut de
forfanteries avec les Yankees; mais la marine et l'armée
espagnoles ont fait leurs preuves et les États-Unis ver-
ront qu'il en coûte cher de s'attaquer à nous. En outre,
ici, nous avons dans l'âme deux grandes passions :
nous avons l'amour de la patrie et le culte de Dieu.
Ce sont là de grands ressorts qui rendent les Espagnols
coutumiers des résolutions sublimes et des actes héroïques. Le dollar n'est pas tout; ce n'est pas un idéal !
Nous sommes des fanatiques de l'honneur et de la patrie : nous aurons la protection de Dieu. L'Espagne
est toujours l'Espagne : elle fait son devoir... le reste
ne nous importe ! »

*
* *

Un détail amusant et touchant : le petit roi Alphonse XIII ne cesse de poser d'interminables questions
à son précepteur militaire sur les forces des États-Unis
et de lui indiquer les plans de campagne qu'il conçoit.
Tous les matins, en allant embrasser son auguste mère,
il lui dit :

— Madame, j'ai une prière à vous adresser. Je veux
aller à Cuba combattre les Américains.

On a beau lui répondre qu'il est trop jeune, il déclare
qu'il est le roi et il pleure de dépit de ne pouvoir servir
son pays.

*
* *

En revenant de ma visite, je me suis arrêté devant le
Palais-Royal : il était l'heure de la parade.

Sur l'immense place fermée d'une grille en fer doré qui s'étend devant la façade du Palais-Royal, des détachements d'artillerie, cavalerie et infanterie procédaient à la relève de la garde du palais. C'est une cérémonie qui a lieu tous les matins et qui constitue un très beau spectacle militaire, dont les Madrilènes sont épris.

Il y avait une foule énorme, ce jour-là, pour voir évoluer lentement, gravement, aux sons de la *Marche royale*, les divers détachements de l'armée nationale. Lorsque les compagnies d'infanterie, drapeau déployé, s'avancèrent pour prendre leur garde, les clairons lancèrent dans les airs leurs notes stridentes. Vivats, bravos éclatèrent de tous côtés. Un ami qui regardait avec moi le défilé des fiers soldats me poussa le coude et me fit lever les yeux vers la véranda du premier étage du palais. On venait d'ouvrir les vitres, et je vis la Reine-régente et le Roi saluer le drapeau espagnol.

Il faut croire que toute la foule avait levé les yeux comme moi, car une clameur immense monta vers Leurs Majestés : « Vive le Roi ! Vive la Reine ! Vive l'Espagne ! » Un enthousiasme indescriptible s'empara de tout le monde, et j'assistai à la plus belle manifestation qu'on puisse voir.

Sous ce ciel d'azur, ce grand palais blanc, cette place pleine de soldats, fantassins, cavaliers, artilleurs, dont les baïonnettes et les sabres étincelaient aux rayons du soleil, cette foule bariolée et vociférante, jamais je n'oublierai cette minute de ma vie. On sentait que quelque chose de grand et de sublime planait sur nous et que dans les accents stridents des clairons, passait l'âme de tout un peuple, l'âme de l'Espagne elle-même.

Les événements, hélas ! ne devaient pas tarder à convaincre l'Espagne entière de l'inutilité des sacrifices héroïques de ses marins et de ses soldats, de l'impossibilité de soutenir plus longtemps une guerre disproportionnée, contre une nation formidable, dans une île située à 700 lieues de la mère-patrie. Le désastre de

Santiago de Cuba, la perspective de courir à une ruine irrémédiable des finances espaguoles et à l'écrasement des dernières forces de la nation, furent des arguments trop clairs et trop nets pour n'être pas entendus et écoutés : S. M. la Reine-régente eut le grand courage de dominer le bruit des passions populaires et de laisser le Cabinet de M. Sagasta négocier la paix.

Les lois de la Destinée sont inéluctables : la Reine-régente eut la poignante douleur de le comprendre et elle sut s'incliner devant elles. L'Espagne s'en est rendu compte et a eu, elle aussi, l'intuition que le grand et pénible sacrifice, consommé par le traité de Paris, était de ceux qu'un grand peuple doit savoir accomplir froidement et héroïquement, comme on se coupe un bras gangrené pour éviter la mort.

On avait perdu beaucoup, certes, mais l'honneur espagnol était sauf.

Quelques années de paix et de travail allaient permettre à ce grand et beau pays de réparer les pertes matérielles qu'il venait de faire, de reprendre de nouvelles forces et d'atteindre à un degré de prospérité financière et d'activité industrielle et commerciale, tel que l'Espagne n'en avait pas encore connu.

Ce n'est pas en vain que le bon sens a triomphé des passions belliqueuses. Savoir se résigner est le fait du sage, et l'avenir saura réserver à l'Espagne une éclatante réparation de l'injustice qu'elle a dû subir.

Blason du duché de Parme

XI

L'Enfance d'Alphonse XIII. — Une visite a la famille royale d'Espagne. — L'éducation d'un prince. — Ses études. — Charmant accueil fait a l'auteur. — Les pigeons du Palais-Royal. — Un mot d'une femme du peuple.

Madrid, 13 mai 1902.

Mais il est temps de parler encore d'Alphonse XIII et de ses jeunes années : comme les peuples heureux, il n'a pas encore d'histoire. Son enfance, à part une maladie en 1890, fut celle d'un enfant délicat et entouré de tous les soins que peut donner une mère aussi excellente que la Reine-régente, mais il faut protester contre cette légende qui le représente comme sans cesse à l'agonie et ayant eu toutes les maladies possibles et imaginables. J'ai vu le jeune Roi faire, en 1892 (1), son voyage à travers l'Andalousie avec S. M. la Reine-régente et j'ai pu juger la facilité avec laquelle on lui attribuait toutes sortes de *maux imaginaires*, dont il avait l'air de fort peu se soucier. La moindre indisposition d'un enfant de cinq ans était transformée en *méningite* ou en *attaque* : en rentrant d'Huelva à Séville, le Roi eut un peu de fièvre; on télégraphia partout, au *Temps* et

(1) Voir *Deux mois en Andalousie et à Madrid*, 1 vol. in-8, édition de luxe. H. Le Soudier, éditeur, 174, boulevard Saint-Germain, Paris.

à tous les journaux sérieux, qu'il avait eu des convulsions, un transport au cerveau, que sais-je? Moi, qui n'avais pas eu autant de fatigues à endurer que S. M. la Reine-régente, pendant ce voyage de fêtes et d'inaugurations du IVe centenaire de la découverte de l'Amérique et qui pourtant assistais à toutes les cérémonies, je me demandais comment faisaient la Reine et surtout le petit Roi pour résister à toutes ces corvées.

Après l'inauguration du monument de Huelva en plein soleil de la Rabida, j'eus une attaque de fièvre, et elle me reprit à Séville : le petit Roi de cinq ans, qu'on disait à la veille de mourir, se porta mieux que moi !

*
* *

En décembre 1899, pendant un long séjour que je fis en Espagne, en remplissant une mission du Ministre du Commerce de la République Française (1), j'eus le grand honneur d'être reçu par S. M. la Reine-régente au Palais-Royal et présenté par elle à S. M. le Roi Alphonse XIII. J'ai rendu compte dans le *Figaro* du 29 décembre 1899 de cette « visite à la famille royale d'Espagne » et je reproduis textuellement ces pages où j'ai été le premier à donner des détails circonstanciés sur la vie et les études du jeune souverain :

Samedi matin, on m'a prévenu que S. M. la Reine daignerait me recevoir au palais, de deux à trois heures de l'après-midi, avant de se rendre, comme tous les samedis, à l'église du *Buen-Suceso* pour assister au salut.

(1) Les résultats de cette Mission ont été consignés dans le livre de M. GASTON-ROUTIER : *L'Industrie et le Commerce de l'Espagne*, 1 vol. in-8 avec huit tableaux statistiques hors texte. H. LE SOUDIER, éditeur, 174, boulevard Saint-Germain, Paris.

A deux heures, j'étais habillé et prêt. Un des plus hauts fonctionnaires du gouvernement, S. Exc. don Fernando Santoyo, est venu me prendre dans une voiture à deux chevaux pour me mener au Palais. Je dois avouer que l'arrivée de ce personnage en grand uniforme, avec toutes ses plaques et sa grand'croix d'Isabelle-la-Catholique, a produit une forte sensation dans mon hôtel. Les domestiques parleront longtemps « du senor tout doré » qui est venu me chercher.

M. Santoyo est un homme du monde accompli :

« Je suis très heureux, me dit-il, d'avoir été désigné pour vous accompagner au Palais, et je vous félicite vivement de la faveur que daigne vous faire Sa Majesté en vous recevant. C'est d'ailleurs la Reine qui a tenu personnellement à vous voir. Dès qu'elle a connu votre demande d'audience, elle a cherché le moyen d'éluder les règles de l'étiquette pour pouvoir vous recevoir et vous présenter à S. M. le Roi et aux princesses. Elle a manifesté sa volonté à M. Dato, ministre de la Gobernacion, après le Conseil des ministres, et, hier soir encore, elle en a reparlé à M. Silvela, président du Conseil : « Surtout n'oubliez pas, lui a-t-elle dit, que « je veux voir demain M. Gaston-Routier. » C'est une très haute marque d'estime que vous donne Sa Majesté. »

Nous arrivons au Palais, nous y pénétrons par la porte *del Principe*, et nous montons dans la galerie vitrée qui surmonte le portique du *patio*; le soleil inonde l'immense cour toute blanche et transforme la galerie en une serre. Des hallebardiers graves et majestueux nous saluent en frappant les dalles de pierre de leur hallebarde. Nous traversons le grand escalier d'honneur, admirable de proportions, aux larges marches de marbre noir et blanc d'une seule pièce, aux énormes lions accroupis. On ôte son chapeau dès qu'on est dans cet escalier, et immédiatement on entre dans les appartements royaux.

Ici, tout est beau, tout est grand. Le Palais-Royal de Madrid est, sans contredit, un des plus richement décorés du monde. Un valet en culotte vient vous prier d'attendre Leurs Majestés.

Nous sommes dans un grand salon rouge, dont les

fenêtres donnent sur la place d'Armes, juste sur le balcon central; on jouit de là d'un spectacle inoubliable. La vaste place d'Armes, avec sa grande grille dorée dans le fond, est pleine d'une foule bariolée; une sonnerie de clairons éclate, et un escadron de hussards bleus se range en bataille à gauche, une batterie d'artillerie se place à droite, puis les compagnies d'infanterie pénètre sur la place et la musique joue la *Marche royale*.

« C'est pour saluer le drapeau, me dit M. Santoyo. Les troupes vont former la haie et on attend l'escorte royale, car vous savez que Leurs Majestés se rendront à l'église du *Buen-Suceso* pour le *Salve*. »

En ce moment arrive M. le comte de Bénalua, gentilhomme de Sa Majesté, auquel M. Santoyo me présente.

« La Reine, me dit-il, vient précisément de parler de vous et de me charger de voir si vous étiez là avec M. Santoyo. Je vais prévenir Sa Majesté et elle va venir. »

Nous n'avons pas attendu longtemps. Des laquais sont entrés et se sont rangés près des portes; puis est venu le duc de Sotomayor *mayordomo mayor*... J'entends, dans le salon voisin, un frou-frou de soie très doux, très léger, comme un bruissement d'ailes, et voici la Reine-régente...

***

Elle entre d'une allure vive et pourtant impressionnante, car S. M. Marie-Christine a le don d'être majestueuse avec simplicité, imposante comme sans le vouloir. Et, dès le seuil de la porte, elle vient vers moi, souriante de ce sourire ineffable qui la transfigure et met sur sa physionomie si noble comme un reflet de divine bonté.

« Bonjour, Monsieur. Que je suis charmée de vous revoir !... Il y avait si longtemps !... Oh ! je me souviens très bien de vous. Vous étiez délégué au Congrès de Huelva, en 1892; vous avez assisté aux fêtes d'alors, vous en avez rendu compte dans le *Figaro*. Je ne vous ai pas oublié du tout. J'ai lu vos livres et vos articles, toujours si bienveillants pour mon pays. »

Je m'incline et baise respectueusement la main de l'auguste dame, en lui exprimant toute ma gratitude et mes sentiments de profonde admiration.

« Quand j'ai su votre désir de me saluer, reprend Sa Majesté, j'ai tout de suite éprouvé l'envie de vous revoir. Vous voulez offrir vos hommages au Roi; je vais vous présenter à lui. Le voici, ainsi que mes filles. »

Je salue les charmantes et souriantes princesses, resplendissantes de jeunesse et de beauté, et le petit Roi, très crânement, sans timidité, avec une bonne grâce qu'il semble tenir de son auguste mère, vient me tendre la main, sa mignonne petite main qui, dans deux ans et demi, va porter un sceptre bien lourd ! Mais le jeune Roi n'est pas faible du tout, il y a de la vigueur dans ses doigts : je m'en aperçois à la franche poignée de mains qu'il me donne.

« Vous voyez comme il est grand, comme il se porte bien ! me dit la Reine; et tout l'orgueil de la mère, de la bonne et sainte mère, qui ne vit que pour son fils adoré, semble briller dans ses yeux. Je suis bien contente de lui, il travaille beaucoup, c'est un gentil enfant.

— Oh ! Madame, dis-je, que Votre Majesté me pardonne, c'est un beau jeune homme. »

Le Reine-régente se met à rire, et le petit Roi aussi : il a l'air content de voir que je lui rends justice.

En vérité, il n'a plus du tout l'air d'un enfant. Il est grand pour son âge, bien pris de corps, svelte, mais pas maigre, avec de jolies couleurs sur ses joues fraîches. Ses yeux sont vifs et pleins d'intelligence, il me regarde bien en face, comme un roi doit le faire, sans fierté, mais sans trouble. J'ai trouvé S. M. Alphonse XIII beaucoup mieux que sur ses portraits; il portait l'uniforme de cadet d'infanterie, avec une petite Toison d'Or au cou, et il tournait de temps en temps son képi entre ses doigts.

Le jeune Roi est rompu à tous les exercices du corps : il monte à cheval tous les jours, jusqu'à cinq ou six chevaux différents; il fait du gymnase, de la bicyclette — il a même ramassé quelques jolies pelles en voulant apprendre trop vite ! Il parle fort bien le français, l'anglais et l'allemand. Son professeur de français est M. Gayan et son professeur d'anglais M. Alphonse Merry del Val, diplomate très distingué et chef du cabinet du ministre des Affaires étrangères. Le Roi écrit et parle l'espagnol avec beaucoup d'élégance; il est très fort en latin et connait l'arithmétique, la géométrie élémentaire et la trigonométrie.

Il se lève tous les matins à sept heures, l'hiver comme l'été, et tout son temps est bien employé. A huit heures et demie, étude; de neuf heures et quart à dix heures, leçon; un jour de français avec M. Albert Gayan, un jour d'anglais avec M. Merry del Val. A dix heures, manège, voltige et haute école. D'onze heures à midi, leçons de physique, chimie, géographie et tactique militaire, selon les jours. A midi, il déjeune avec le professeur de service et un des généraux directeurs des études, d'une heure à deux, conversation d'allemand ou classe de dessin; ensuite, classe de rhétorique, poésie et histoire universelle. Le Roi aime beaucoup l'histoire et la géographie.

Quelquefois le Roi sort à cheval avec la Reine-régente; trois fois par semaine, il fait l'exercice militaire et apprend le métier des armes avec quelques adolescents de son âge : le neveu de la comtesse de Sastago, le fils du marquis de Monistrol, les deux fils du comte de Revillagigedo, les deux fils du comte de Villariego, le fils du duc d'Almodovar del Rio et le fils du général Aguirre de Tejada. L'armement est du modèle réglementaire, quoique un peu réduit; les exercices ont lieu les lundi, mercredi et vendredi.

Le Roi dine à sept heures, en compagnie de ses sœurs : la princesse des Asturies et l'infante Marie-Thérèse; à huit heures et demie, leçon de musique, et, à neuf heures, il se retire pour se coucher, après avoir dit la prière accoutumée.

Le dimanche, le Roi joue avec les jeunes gens qui ont été admis à faire leur instruction militaire avec lui, soit dans les jardins du *Campo del Moro*, soit dans les galeries du Palais, si le temps est mauvais. En 1901, le plan des études comprendra aussi le droit civil et international, et de nombreuses matières, sans abandonner

l'histoire, qui est considérée comme le principal objet
des études d'un prince.

Le Roi est très obéissant et très respectueux envers la
Reine, très pieusement élevé, mais nullement bigot.
Son auguste mère, qui est bien éloignée de toutes les
rigueurs et de tout le faste de l'étiquette de la Cour —
de cette étiquette, qui date de Philippe II et qu'il faudra
évidemment moderniser — désire que le Roi se mêle
de plus en plus à la vie de tout le monde.

Dans deux ans et demi, S. M. Alphonse XIII sera roi
de fait : il faut donc non seulement qu'il étudie et travaille beaucoup avant sa majorité, mais encore qu'il
apprenne à connaître les hommes et les choses; qu'il
prenne autant que possible contact avec son peuple. Il
est maintenant cadet d'infanterie, il faut qu'en deux
ans et demi il gravisse tous les échelons de la carrière
militaire, devienne tour à tour capitaine, colonel, général, et enfin *capitan-general* et chef suprême de l'armée.

S. M. la Reine-régente a daigné me demander mon
opinion sur la situation économique de son pays :

« N'est-ce pas, m'a-t-elle dit, que l'Espagne se transforme tous les jours et que tout s'y développe? »

C'est vrai, il suffirait de quelques années de paix et de
travail pour donner une grande prospérité à ce pays pri-
vilégié par la nature. On constate déjà de nombreux
progrès dans l'industrie et l'agriculture depuis les dix
dernières années.

Sa Majesté m'a parlé de ma mission et a été véritablement charmante pour moi dans sa conversation. Je
ne veux pas rapporter toutes ses paroles, mais je ne
puis omettre ce qu'elle m'a dit du *Figaro :*

« C'est mon journal favori; je le lis tous les jours de la
première à la dernière page, et avec un bien grand plaisir. J'aime beaucoup le *Figaro !*

Quand j'ai pris congé de Leurs Majestés, j'étais conquis par la grâce de la Reine, enchanté de l'accueil si
aimable du Roi et des princesses. La Reine-régente, que
j'avais souvent admirée en 1892 dans toutes les fêtes
du quatrième centenaire de Colomb, m'a paru légèrement engraissée, plus jolie et plus charmeresse qu'autrefois. Elle est l'élégance même, sachant porter avec

une exquise distinction des toilettes du meilleur goût,
de ces toilettes gris-perle, gris-fer, gris-souris, qu'elle
préfère et qui lui vont à ravir.

Mais il faut me borner, j'aurais trop de choses à dire
si je me laissais aller à la tentation. Leurs Majestés
sont montées dans leur équipage et, suivies de leur
nombreuse suite, sont sorties du Palais aux sons de la
Marche royale.

Encore tout ébloui par l'apparition de la Reine et des
princesses, je me dirigeai vers une des fenêtres du salon
pour voir le cortège royal traverser la place d'Armes,
au milieu des soldats et de la foule, qui respectueusement saluait. Le bruit des chevaux, la musique, le
soleil qui versait de l'or liquide sur les uniformes et sur
les armes, un ciel d'azur, tout cela se brouillait devant
mes yeux, dansait comme une farandole de lumière et
de gaieté.

Sur le balcon, à mes pieds, des pigeons vinrent s'abat-
tre, et je m'aperçus soudain que le balcon était pareil
au plancher d'un pigeonnier. Je ne pus réprimer un
mouvement de surprise; mais M. Santoyo se mit à rire
et m'expliqua que la Reine faisait mettre des grains de
blé tous les matins sur les balcons du Palais-Royal, et
que des centaines de pigeons venaient y chercher leur
pâture. Ce dernier trait de bonté peint bien la Reine-
régente; sa seule ambition est d'être une parfaite chrétienne, et elle n'a pas de plus grand bonheur que de
s'occuper de bonnes œuvres.

Sa charité est inépuisable; elle étend sa pitié jusqu'aux
animaux, et il est juste, ce mot d'une femme du peuple
en parlant du Palais-Royal : « C'est la maison du bon
Dieu ! »

Armes Impériales d'Autriche

XII

Le sacre des rois d'Espagne. — Cérémonies des
sacres des Rois de Castille et des Rois d'Aragon.
— Proclamation et serment d'Isabelle la Catholique. — Cérémonial contemporain. — Illuminations générales. — Encore les anarchistes !

Madrid, 15 mai 1902.

Un érudit espagnol, qui déjeune avec moi, me donne
d'intéressants détails sur la cérémonie du Couronnement
des rois d'Espagne. Cette importante coutume a eu
divers rituels.

Les rois de Castille et de Léon se faisaient couronner
solennellement, mais beaucoup d'entre eux n'obser-
vèrent pas cet usage à cause des guerres civiles ou des
troubles qui marquèrent les débuts de leurs règnes.

Les historiens espagnols Marichalar et Manrique ont
trouvé dans les archives du monastère de Silos le cérémonial suivi dans cette circonstance. Le voici :

« Le jour désigné pour le couronnement, l'archevêque
ou métropolite, accompagné de tout le clergé et des
nobles, se rendait au Palais-Royal.

« Dès son lever, le roi s'agenouillait et écoutait la
prière que récitait le Prélat, demandant au Ciel d'inspirer l'âme du monarque et de rendre son règne utile à
la prospérité de tous.

« Le roi se plaçait ensuite entre deux évêques et,
suivi du clergé, des nobles et du peuple, il se dirigeait

vers l'église, sur le seuil de laquelle il s'arrêtait, pour écouter à genoux une nouvelle prière du métropolite. Il pénétrait ensuite dans l'église et, en face de l'autel, il s'agenouillait et restait dans cette posture avec les bras en croix, ainsi que les deux évêques qui étaient à ses côtés, pendant toute la durée du chant des Litanies et des oraisons spéciales à la cérémonie.

« Dès que les chants étaient finis, le roi se redressait et l'archevêque lui faisait subir l'interrogatoire suivant :

— « Veux-tu garder la sainte Foi dont les catholiques sont les défenseurs et qui est observée par les bonnes œuvres et par l'équité? — Je le veux. — Veux-tu être le tuteur et le défeneaur de la sainte Église et de ses ministres? — Je le veux. — Jures-tu de diriger et de défendre ton royaume, que Dieu te concède, avec autant de justice que l'ont gouverné et défendu tes ancêtres? — Je le veux et je jure également, avec l'aide de Dieu et de ses saints, que je le ferai en tout et pour tout avec fidélité. »

« Ce serment prêté par le roi, l'archevêque se tournait vers le public et lui demandait :

— « Veux-tu être sujet de ce prince? Veux-tu, avec ferme fidélité, que son règne s'établisse et se consolide, et jures-tu d'exécuter ses ordres selon la doctrine de l'Apôtre? »

« Le clergé, la noblesse et le peuple répondaient par des acclamations et le cri de : Oui! oui!

« L'archevêque prononçait alors un sermon de circonstance et procédait à la cérémonie de l'onction du roi avec les saintes huiles. Il lui oignait d'abord les mains, puis le front, la poitrine, l'épaule et les bras en lui disant :

— « Je te consacre roi avec les huiles saintes, au nom du Père, du Fils et du Saint-Esprit. »

« Il lui revêtait ensuite les insignes de la royauté, en commençant par l'épée et en finissant par l'imposition de la couronne sur la tête, et il lui disait : « Recevez la couronne du Royaume. »

« Puis il conduisait le roi, orné de tous ses insignes, au trône et l'y faisait asseoir. « Asseyez-vous et prenez possession de ce siège qui vous appartient par droit héréditaire. »

**

Tel était le sacre des rois de Castille et de Léon ; celui des rois d'Aragon était plus solennel encore et les monarques aragonais furent de très scrupuleux observateurs de cette coutume.

Don Pedro IV a laissé par écrit les règles à observer pour l'accomplissement de cette cérémonie :

« La semaine précédant les fêtes, le roi devait jeûner trois jours : le mercredi, le vendredi et le samedi, et communier le dimanche matin. Ayant rempli ses devoirs religieux, il devait se vêtir d'une robe de dessous en soie blanche, sur laquelle il passait une *saie* (le *sagum* romain et gaulois) de couleur écarlate et une *gramilla* (sorte d'*étole* de velours rouge et brocart d'or que les *Jurals* de Saragosse avaient coutume de porter) sur laquelle étaient brodées les armes royales. Un manteau d'or et de velours rouge, doublé de peau d'hermine blanche, complétait le costume royal. Les chevaliers le revêtaient solennellement et le roi montait ensuite sur un beau coursier blanc pour se rendre à l'église. Un écuyer le précédait en portant l'épée, et à ses côtés deux jeunes nobles portaient l'étendard royal et l'écu (bouclier royal).

« Le roi descendait de cheval à la porte de *La Séo* (1) et, en arrivant au maître-autel, il récitait à genoux une

_____

(1) *La plus vieille cathédrale de Saragosse.*

prière. Puis les écuyers plaçaient debout sur l'autel l'épée du souverain, l'étendard, l'écu et le heaume (casque). Le roi s'asseyait sur un trône de drap d'or, près de l'Évangile, et faisait offrir aux nobles des rafraîchissements, des vins généreux et des gâteaux.

« Le roi restait toute la nuit dans l'église pour « veiller ses armes » et, à l'aube, il écoutait une messe privée dans une des chapelles de *La Séo* et il s'habillait comme les *Diacres* avec une Dalmatique de velours rouge aux armes royales. L'archevêque-métropolite, le clergé et les nobles l'accompagnaient au maître-autel, sur lequel les seigneurs déposaient la couronne royale, le sceptre et le pommeau de l'épée du roi, qu'ils portaient sur des plateaux d'argent.

« Les assistants faisaient le cercle et le roi s'agenouillait au milieu et répétait à haute voix la prière d'usage. Le clergé entonnait les Litanies; on bénissait les armes.

« Le roi, pour terminer la cérémonie, prenait lui-même la couronne sur l'autel et la plaçait, sans l'aide de personne, sur son front : il saisissait le sceptre, récitait d'autres prières, puis sortait de l'église, montait à cheval, et se dirigeait en grande pompe, à la tête d'un brillant cortège, vers le Palais-Royal, où un grand banquet était le prélude de nombreuses fêtes et des réjouissances populaires. »

*
* *

Ce fut la reine Isabelle la Catholique qui, en héritant du trône de Castille par la mort de son frère Henri IV, supprima la cérémonie du sacre. Depuis lors, l'avènement des rois d'Espagne donne lieu à une proclamation solennelle et au Serment du roi : il n'y a plus de consécration religieuse, seulement un *Te Deum* chanté à la cathédrale.

« Quand Henri IV de Castille mourut, Isabelle et Ferdinand se trouvaient à Ségovie; le clergé, la grandesse et les conseillers du royaume se rendirent en procession solennelle à l'Alcazar pour y chercher la princesse et la conduire ensuite en grande pompe à la Plaza Mayor. Isabelle, dans tous ses atours royaux, montait un beau palefroi dont deux échevins tenaient les rênes, précédée du grand porte-étendard à cheval et l'épée nue. Ferdinand la suivait, somptueusement vêtu, et faisait fort bonne figure.

« Arrivée à la Plaza Mayor, la reine Isabelle monta sur une estrade pavoisée et décorée d'oriflammes, et elle prit place sur un trône. Aussitôt le héraut d'armes proclama à grands cris : *Castille, Castille par le roi Don Ferdinand et la reine Dona Isabelle, reine propriétaire de ses royaumes!* On fit flotter au vent l'étendard de Castille et la reine reçut les hommages et le serment de fidélité de ses sujets : elle jura, elle-même, sur les saints Évangiles de respecter et conserver les *fueros* (droits politiques et codes) ainsi que les libertés du royaume. La prestation de serment terminée, les monarques se rendirent à la cathédrale, où on chanta un solennel *Te Deum.* »

A quelques petits détails près, la cérémonie d'après demain sera semblable à celle de la proclamation de la reine Isabelle la Catholique. Tous les rois d'Espagne, depuis cette époque, ont d'ailleurs observé scrupuleusement cette cérémonie du serment : les *fueros* sont devenus de nos jours la Constitution, voilà tout !

*
* *

Ce soir, illuminations générales. Les soirs précédents, nous avions assisté à des essais, à des répétitions, des illuminations privées et officielles. Mais cette nuit, il n'est pas un lampion, pas une rampe de gaz, pas une rangée de lampes électriques qui ne soient allumées : c'est un flamboiement d'incendie sur le ciel de Madrid ; tous les quartiers rivalisent de clartés et de lueurs.

Décrire des illuminations ! C'est bien inutile, n'est-ce pas ! Vous qui en avez vu à Paris, à Londres ou dans n'importe quelle capitale, vous avez vu celles de Madrid. Ce sont toujours des motifs lumineux, des torches de gaz, des guirlandes de fleurs électriques, des rubans de petits globes électriques aux couleurs variées : j'ajouterai qu'à Madrid nombre d'illuminations publiques et privées ont été installées avec beaucoup de goût et qu'il y a des tentatives originales qu'il faut louer. En citer, ce serait être trop long, et, en outre, il en est malheureusement des illuminations comme de tout ce qui brille, cela ne dure que peu de temps ; c'est un mirage qui s'évanouit, une féerie qui s'envole, avec la dernière lampe éteinte ! Il ne reste qu'un souvenir charmant de l'ensemble : les détails se confondent, se mêlent, disparaissent dans le noir de la nuit et de la mémoire !

Ce qui est très pittoresque ici, c'est la foule immense qui a envahi les rues éclairées *à giorno,* foule très simple, très sympathique, où deux cent mille provinciaux coudoient les Madrilènes, et où, tous, bouche bée et le nez en l'air, vont à petits pas, s'écrasant, se bousculant, en poussant des interjections d'admiration et de plaisir. Ah ! les badauds de Madrid ! Paris n'a rien à envier sous ce rapport à la capitale de l'Espagne : la badauderie n'est pas une spécialité parisienne ; je crois fort, après maintes expériences, que c'est un travers universel et commun à tous les humains !

Mais il ne faut pas trop veiller cette nuit; c'est demain le grand jour, la date mémorable et historique. Nous aurons trop à faire pour ne pas profiter de quelqus heures de sommeil avant les fatigues officielles d'un jour de couronnement royal.

La *Gazette* (le *Journal officiel* de l'Espagne) a publié ce matin le décret suivant, signé par la Reine-régente et Don Praxédés Matéo Sagasta, président du Conseil des Ministres :

ARTICLE PREMIER. — Le Sénat et le Congrès des Députés se réuniront en une seule Assemblée pour recevoir de mon auguste fils le roi Don Alphonse XIII le serment qu'indique la faculté I de l'article 45 de la Constitution de la monarchie espagnole, le 17 du mois actuel, dans le Palais du Congrès, à deux heures de l'après-midi.

ART. 2. — Pour l'acte, dont il est question ci-dessus, on observera le Cérémonial stipulé à la suite de ce décret, indépendamment de celui qui a été convenu par les bureaux des Corps législatifs, durant tout le temps que Sa Majesté et la famille royale resteront dans le Palais du Congrès.

Ce décret est suivi du cérémonial établi par le Palais, en huit articles, et de celui établi par les bureaux du Sénat et de la Chambre, en huit articles aussi. Je n'en donne pas la traduction, car ce cérémonial sera décrit par moi dans le chapitre suivant, en rendant compte de la journée du 17 mai. Il y a d'ailleurs des détails qui sembleraient oiseux dans ce livre : par exemple, qu'à l'entrée de Leurs Majestés dans le salon des Sessions du Congrès, tout le monde doit se lever et rester debout; que les sénateurs et députés peuvent s'asseoir quand la Reine-régente dira : *asseyez-vous*; mais que les assistants des tribunes et galeries doivent rester debout, *quelle que soit leur condition sociale*, pendant tout le séjour de Leurs Majestés dans le Palais du Congrès.

****

On vient de découvrir, paraît-il, un complot anarchiste. La police a trouvé, dans le fond d'un cabinet noir d'un concierge de la Carrera San Jeronino, plusieurs cartouches de dynamite. Le cortège royal devant passer justement dans cette rue et devant cette maison, on en a conclu immédiatement à une tentative criminelle. Il me semble que tout cela est bien exagéré : des cartouches de dynamite — sans détonateur — ne sont pas d'un maniement bien facile. A moins que les anarchistes n'aient eu l'intention de confectionner une bombe et de la jeter d'un balcon sur le carrosse royal, je ne vois pas la possibilité d'un attentat.

Il y a, surtout à Madrid, beaucoup d'ingénieurs des mines qui passent, de maîtres-mineurs qui transportent avec eux de petites quantités d'explosifs pour aller faire des prospections, des recherches sur les mines qu'ils sont chargés d'aller étudier. Il est bien probable que les cartouches en question doivent appartenir à quelque professionnel de l'industrie minière et non à quelques anarchistes.

Néanmoins il est conté dans les journaux que la police a arrêté sept ou huit personnes descendues dans la maison incriminée et que l'on est convaincu d'avoir découvert — et éventé — un complot des plus sérieux.

Une arrestation qui me semble plus importante et qui a été faite sans bruit, — on a évité d'en parler dans les journaux, — c'est celle de trois individus très élégants, qui avaient réussi à prix d'or (en payant 300 fr. par jour leurs chambres) à se faire loger dans un grand

Hôtel de Madrid, situé juste sur le parcours du cortège. Cet Hôtel, qui avait été presque entièrement loué par le Ministère d'Estado pour loger quelques-unes des Missions extraordinaires, était rempli de policiers et c'est sans doute à ce fait qu'on doit la découverte des desseins de ces *gentlemen* et leur arrestation. Ils étaient, paraît-il, cousus d'or, et on a eu la preuve que leurs fonds avaient été fournis par des Loges anarchistes des États-Unis pour tuer le jeune Roi.

Que c'est triste ! Et l'on ne conçoit guère l'état d'âme de ces hommes qui rêvent la mort d'un jeune prince — presque un enfant — auquel on ne peut rien reprocher encore !

*
* *

Il ne nous reste plus qu'à dormir, mais le vacarme de la rue est bien gênant. Il y a d'ailleurs des fêtes un peu partout, des dîners et des soirées dans les grandes familles et chez les riches bourgeois. Ceux qui veulent ne pas se coucher peuvent se livrer toute la nuit au sport des noctambules. Il y aura, certes, des promeneurs dans Madrid jusqu'à l'aube, et je crois que le bal populaire de la rue *Carmen* ne cessera pas de faire la joie des bons jeunes gens des deux sexes avant une heure fort avancée. Mais ce n'est pas moi qui serai un trouble-fête ; je n'aspire qu'à un repos réparateur.

Armes de la Maison royale de Sicile

XIII

Le grand jour. — La diane militaire. — Une heure sonne ! — Les carrosses des Grands d'Espagne. — Le cortège royal. — Leurs Altesses Royales. — L'Escorte royale et le carrosse de la Couronne. — Le « Te Deum » a San Francisco El Grande. — Le serment devant les Cortès. — Récit d'un témoin. — Incidents et détails. — Exploit d'un fou. — L'amoureux de l'Infante.

Madrid, 17 mai 1902.

Des cloches ! Des cloches ! Tous les carillons et tous les bourdons des églises de Madrid sonnent à la fois ! C'est un vacarme qui nous réveille.

Une foule compacte remplit les rues : la circulation est presque impossible. Des camelots et des marchands de bonbons, de pâtisseries et d'eau fraîche vont et viennent au milieu des clameurs assourdissantes. Toutes les maisons sont décorées de drapeaux et de guirlandes de feuillages ; parfois, des couronnes de fleurs ajoutent leur note charmante à cet ensemble banal. La Puerta del Sol, les rues Mayor, Carrera San Jeronimo, Alcala, que doit parcourir le cortège royal, sont littéralement tapissées de tentures rouges et jaunes qui pendent des fenêtres. Les monuments publics ont sorti toutes leurs tapisseries anciennes pour en couvrir les murs : les particuliers leur font concurrence avec de la percale à six sous le mètre. Pour ne citer qu'une décoration, je mentionnerai seulement celle du ministère de la Gobernacion, sur la Puerta del Sol. De chaque fenêtre pend une large tenture de velours cramoisi ou jaune, avec, dessus, les armes d'Espagne brodées en soie et en or : c'est d'un très bel effet, car, entre les premier et second étages, il n'y a pas moins de soixante fenêtres.

A dix heures du matin, toutes les musiques de la garnison quittent leurs quartiers respectifs, à la tête des troupes, et font une promenade dans Madrid en jouant leurs airs de marche les plus entraînants. Les troupes ne rentreront pas dans leurs casernes : elles vont s'échelonner tout le long du parcours que suivront le cortège royal et le cortège des princes et missions. Il a été décidé que le cortège royal serait, à l'allée à la Chambre des députés, indépendant du cortège des princes et missions, afin de faciliter le défilé. Le cortège royal passera par la rue Mayor, et le cortège princier par la rue Arenal : le cortège royal se composant de quarante carrosses environ et celui des princes et ambassadeurs d'environ trente-cinq carrosses, on comprendra sans peine la nécessité d'écourter ce défilé, tout au moins pour aller du Palais-Royal au Congrès des députés.

Les musiques se rangent le long du parcours, aux débouchés des rues transversales : les soldats font la haie. Troupes de ligne, chasseurs à pied, génie, artillerie à pied, garde civile à pied, troupes de marine, chasseurs à cheval, sur la Puerta del Sol; dragons, lanciers et hussards, autour du Palais du Congrès, sont alignés, en grand uniforme de gala. A tous moments, des aides de camp et des généraux en grande tenue passent au milieu des troupes, qui présentent les armes. Puis, ce sont des représentants étrangers, dont les uniformes resplendissent d'or et de plaques.

A midi, cesse toute circulation de voitures, sauf celle des carrosses officiels, dans les rues désignées pour le passage du cortège.

.

En hâte, je vous télégraphie le compte rendu des cérémonies du couronnement de S. M. Alphonse XIII, qui viennent d'avoir lieu en grande pompe.

Grâce à l'aimable invitation de mon ami, Don Andrès Mellado, l'illustre écrivain espagnol, président de la Commission des finances du Sénat, j'ai pu assister, des fenêtres de son bel appartement, à la sortie du cortège royal du Palais. M. Mellado habite en face de la place d'armes, qui s'étend devant le Palais-Royal.

L'horloge de la Gobernacion sonne une heure de l'après-midi. Toutes les trompettes de l'escorte royale et des troupes de cavalerie qui font partie du cortège lancent dans les airs des notes aiguës et stridentes qui déchirent le tympan. Le grand moment est arrivé. Le cortège va sortir de la place d'Armes. Dans la foule, pressée et haletante de curiosité, un grand silence s'établit.

Voici d'abord un escadron de la garde civile (gendarmerie) à cheval, avec sa musique et ses trompettes : culottes blanches. bottes à l'écuyère, habit bleu à la française, plastron rouge, buffleteries jaunes, tricorne noir bordé de blanc, l'uniforme évoque le souvenir des gendarmes français en tenue de gala. C'est, d'ailleurs, une troupe d'élite, de vieux soldats qui défilent impeccablement, avec de fort beaux chevaux.

Nouvelle sonnerie de clairons, nouvelle musique : c'est un escadron de dragons, avec casques à la prussienne, pantalons rouges à bande bleue, dolmans bleus avec ceintures rouges. Puis, passent des lanciers en uniforme bleu clair, avec plumets blancs qui retombent sur les casques, portant la lance ornée d'une flamme rouge et jaune : cette troupe a beaucoup d'allure. Les escadrons de chasseurs à cheval, aux chevaux fringants, ont aussi un grand succès auprès du public. Une batterie d'artillerie à cheval défile correctement. Mais le clou du défilé, c'est certainement le passage des escadrons de hussards bleus aux dolmans blancs flottant sur les épaules, les hussards de la princesse, et les hussards de Pavie aux vestes rouges et aux dolmans flottants bleus : ces troupes évoquent le souvenir de nos anciens régiments de hussards du second Empire, si pimpants et si décoratifs.

Maintenant passent, l'un après l'autre, les carrosses de gala à quatre chevaux des Grands d'Espagne, carrosses anciens ou modernes, conservés par ces grandes familles, qui ne les sortent que dans les occasions solennelles : les attelages sont magnifiques et les Grands d'Espagne ont rivalisé de luxe, comme lors du mariage de S. M. Alphonse XII. On me désigne les carrosses des duchesses de Fernan-Nunez et de Baïlen, des ducs de Aliaga, d'Albe, de Medina-Celi, de Najera, de Tamamès, de Valencia, de Sotomayor, de l'Infantado et de Santona, des marquis d'Alcanices, de Miraflorès et de Tovar.

Quand ce long défilé approche de la fin, les clairons de l'escorte royale se font entendre : le cortège royal proprement dit va enfin sortir avec les carrosses historiques.

Derrière un peloton de lanciers, un espace vide. Puis, huit palefreniers à cheval, avec leur livrée brodée d'or, perruque blanche et tricorne galonné d'or ; ensuite, vient un *caballerizo* (gentilhomme-écuyer) du Roi, en brillant uniforme, chapeau bicorne galonné d'or, dans le genre de ceux des ministres plénipotentiaires, et, derrière lui, le premier carrosse, dit de bronze, tiré par six chevaux empanachés, avec postillons et six valets de pied aux grandes tuniques littéralement couvertes de galons d'or, bas de soie rouge, escarpins à boucles, perruque blanche et tricorne qui tiennent les chevaux par la bride. Tous les carrosses sont conduits de même, avec cocher et laquais.

Le soleil fait miroiter le carrosse de bronze, qui est ouvert et occupé par les quatre hérauts d'armes (rois d'armes), portant les masses et les attributs de la royauté : ils ont sur leurs justaucorps un surplis de drap d'or avec les tours et lions de Castille.

La Maison de Leurs Majestés vient ensuite dans quatre carrosses, dits *de Paris*, tous plus précieux les uns que les autres et tirés par six chevaux aux panaches rouges.

Les ministres sont dans les carrosses suivants : carrosses d'*Amarante*, jaune d'or; carrosse des *Chiffres*, carrosse de *Concha* (coquille), ainsi nommé à cause des coquillages rares qui forment la bordure de la caisse : ce carrosse est un des plus beaux; il fut construit à Paris, pour Charles IV, en 1790. C'est dans ce carrosse que se trouvent les infantes, tantes du Roi, LL. AA. RR. l'infante Isabelle, l'infante Marie de la Paz, l'infante Eulalie.

Précédé d'un autre *Caballerizo* (grand-écuyer à cheval), voici le carrosse, dit de *Couronne ducale*, magnifiquement orné de bronzes dorés et de miniatures, surmonté de la couronne ducale. Dans ce carrosse, se trouve la sœur du Roi, la princesse des Asturies au fond, avec le prince Charles des Asturies en face.

« Enfin, nous allons voir le Roi ! » C'est le cri général. On entend, en effet, la *Marche royale*, jouée par la musique des Hallebardiers, sur la place d'Armes : c'est le signal de l'apparition du Roi. Le canon tonne (1), et un grand bruissement agite la foule, qui s'écrase et qui s'étouffe.

**

Apparaissent deux éclaireurs de l'escorte royale, régiment dont l'uniforme rappelle les Cent-Gardes de Napoléon III. Un grand écuyer.

Deux carrosses à six chevaux empanachés, avec même cérémonial que les précédents : le carrosse des *Tabliers dorés* et le carrosse de *Caoba* (d'acajou doré). Ces deux carrosses sont ce qu'on appelle les carrosses de *respect* : ils sont vides tous les deux.

Les éclaireurs de l'escorte royale flanquent quatre sergents à cheval, qui précèdent les trompettes de l'escorte et un peloton d'avant-garde avec officiers.

Le duc de La Mina, chef des grands-écuyers du Roi, s'avance sur un superbe cheval devant le carrosse royal, surmonté de la couronne royale et traîné par huit chevaux blancs, avec grands panaches blancs, postillon sur le premier cheval, cocher, deux laquais derrière le carrosse, huit valets de pieds tenant les chevaux en main.

Tout le monde se découvre : quelques cris éclatent de : « Vive le Roi ! et de : « Vive la Reine ! » Leurs Majestés passent en effet devant nous : la Reine, en grande toilette, la couronne de diamants dans les che-

---

(1) Une batterie d'artillerie montée, placée sur l'esplanade de la caserne de la Montaña a fait les trois salves de rigueur, de vingt et un coups de canon chaque : la première à la sortie du carrosse royal du Palais-Royal; la seconde au moment où le Roi a prêté serment dans le Congrès; la troisième à la rentrée du Roi au Palais-Royal.

veux, le manteau royal aux épaules, la poitrine ruisse-
lante, si on peut dire, de rivières de brillants ; le Roi, en
grand uniforme de capitaine-général, qu'il porte pour
la première fois, avec le grand-cordon de l'Ordre militaire de Saint-Ferdinand et les colliers de la Toison-
d'Or et de Charles III, son casque de capitaine-général
sur les genoux.

Le Roi sourit et salue parfois de la main : on l'acclame
à certains endroits.

A droite de la voiture royale, en grande tenue, se
tiennent le général Weyler, ministre de la Guerre, et le
colonel de l'escorte royale. A gauche, le capitaine-
général de Madrid et le capitaine-général de la Maison
militaire du Roi.

Derrière le carrosse royal vient un brillant état-major
de capitaines-généraux, la Maison militaire du Roi, les
aides de camp et les officiers d'ordonnance.

Puis, l'escorte royale défile au complet, escadrons
par escardons, et le cortège est terminé par les palefreniers et courriers royaux en livrée.

Au moment où je rédige cette dépêche, le cortège
est à peine de retour au Palais-Royal. Après avoir assisté
au défilé du cortège, j'ai voulu aller voir la cérémonie du
serment.

Mais la circulation, même par les rues de traverse, est
si difficile que je désespérais d'arriver au Congrès, lorsque
j'ai pris la résolution de rebrousser chemin et de me
rendre à l'église de San Francisco El Grande, où devait
être chanté le *Te Deum*.

En arrivant à l'église avant le cortège, j'ai pu jouir
du spectacle de son entrée olennelle dans cette superbe

église, dont la voûte, immense rotonde, est couverte de fresques admirables.

L'intérieur de l'église est divisé en sections par des cordons de velours rouge; un autel portatif a été placé devant le maître-autel, et c'est là que se chante le *Te Deum*. A côté de l'Évangile, on a dressé le trône royal, que l'on peut voir de tous les points du temple. Derrière Leurs Majestés et la famille royale sont les places du corps diplomatique résidant à Madrid. A côté, les sénateurs ont leurs sièges réservés. En face du trône royal, du côté de l'Épître, se placent les membres du gouvernement, et, derrière eux, les princes et les ambassadeurs extraordinaires, avec leurs suites. A côté du gouvernement, les députés sont en face des sénateurs. Derrière les sénateurs est la tribune des prélats; enfin, sont rangés, selon les règles de la cour d'Espagne, dans des sections ou des tribunes, les Grands d'Espagne, les Maisons des monarques et des Altesses Royales, les Corps constitués et les autorités militaires et civiles.

Je suis en train d'examiner les plafonds avec ma lorgnette, lorsque le cortège arrive : j'entends les acclamations du public. Je cours vers le portique : sous la grande porte, trente évêques, avec deux cardinaux, le primat d'Espagne, cardinal Sancha, et l'archevêque de Santiago de Compostela, suivis d'une foule de chanoines et de prêtres, attendent Sa Majesté.

Les cardinaux et les évêques vont recevoir le Roi et la Reine au bas des escaliers, et le Roi fait son entrée dans l'église, suivi des prélats, et va s'asseoir sur le trône avec son auguste mère.

L'église, pleine d'uniformes chamarrés et couverts de dorure, éclairée par mille lampes électriques, offre un spectacle merveilleux : le *Te Deum* se chante aussitôt

à grand orchestre, avec des chœurs comme il est difficile d'en entendre même à Rome.

Il n'y a pas d'autre cérémonie à l'église : en France,
sous l'ancien régime, le couronnement du roi consistait
surtout dans le sacre à la cathédrale de Reims ou de
Notre-Dame de Paris, avec onction et bénédiction par
un des chefs de l'Église. Ici, rien de tel. L'Église n'in-
tervient en rien dans le couronnement du Roi : l'acte
important, c'est le serment prêté sur la Constitution.
Le *Te Deum* n'est qu'une formalité : le Roi est roi de
fait *dès qu'il a juré*; il va écouter les actions de grâces à
Dieu, et c'est tout.

Un des députés les plus influents, qui arrive du Palais
du Congrès, me rend compte de la cérémonie du serment à laquelle il vient d'assister :

« La salle du Congrès contient à peine quatre cent
cinquante places; or, il y a 2.000 personnages ayant le
droit d'assister au serment. Que faire?

« On avait dû tirer au sort les députés et les sénateurs
ayant le droit d'assister à la cérémonie et on nous avait
donné ainsi trois cents places. Les autres avaient été réservées exclusivement pour les Grands d'Espagne, les
membres du Gouvernement, les princes et ambassadeurs
extraordinaires et la suite royale. Vous n'auriez donc
pas pu pénétrer dans la salle du Congrès : les ordres les
plus sévères avaient été donnés, et, malgré cela, nous
étions les uns sur les autres.

« On a dressé, devant la colonnade du portique du
Congrès, une grande marquise de velours bordée
d'or.

« Sous la colonnade dans l'attente de Leurs Majestés,

les bureaux du Sénat et de la Chambre, avec leurs présidents, les princes et ambassadeurs extraordinaires. Quand le Roi et la Reine sont arrivés, ils se sont rendus dans la salle du Congrès, précédés des rois d'armes et des massiers du Sénat et de la Chambre : ils ont pris place sur le trône élevé sur l'estrade du président. Dans des tribunes édifiées à droite et à gauche du trône se sont placés les ambassadeurs extraordinaires et le corps diplomatique résidant à Madrid.

« La cérémonie proprement dite a été courte : les présidents des Cortès, M. Montero Rios, président du Sénat, et M. de La Véga y Armijo, président de la Chambre des députés, accompagnés de M. Sagasta, président du Conseil des ministres, s'avancèrent tous les trois vers le Roi, et le plus ancien des présidents des Cortès, le marquis de La Véga y Armijo, s'adressant au Roi, debout, lui a dit : « Sire (en espagnol *senor*), les Cortès « de la Monarchie sont réunies; daignerez-vous prêter « devant elles le serment que prescrit l'article 45 de la « Constitution de l'Espagne ? »

« Le Roi, très ému, mais très digne, a posé alors sa main droite sur les Saints Évangiles, que tenaient les deux présidents du Sénat et de la Chambre, et il a répondu :

« *Je jure de respecter et faire respecter la Constitution,* « *et les lois de la Monarchie, et de m'inspirer dans tous* « *mes actes du bonheur du peuple. Si j'agis ainsi, que Dieu* « *me récompense, et, si non, qu'il m'en demande compte.* »

« Le marquis de La Véga s'est alors tourné vers l'assistance et, d'une voix forte, il a dit : « Les Cortès ont « entendu le serment que Sa Majesté vient de prononcer : de respecter et de faire respecter la Constitution « de l'État et les lois de la Monarchie, en s'inspirant « dans tous ses actes du bonheur du peuple. »

« Les acclamations des assistants ont salué le nouveau monarque : la cérémonie était finie.

« Je ne vous dirai pas que cet acte a été froid ; la sévérité même des phrases prononcées, phrases qui sont sacramentelles et arrêtées en Conseil des ministres, n'a pas nui à l'effet imposant de la cérémonie.

« C'était très court, très sobre, mais tant de souvenirs assaillaient nos esprits que ce spectacle nous a tous émus à l'extrême. Quand le Roi prononçait le serment, j'ai vu la Reine porter son mouchoir à ses yeux, et elle n'était pas la seule à pleurer. »

La journée du Serment, favorisée par un temps merveilleux, aurait été sans doute incomplète, si nous n'avions pas eu quelque attentat à mentionner. En vérité, que les amateurs d'émotions se rassurent ! Nous avons eu ce qu'ils réclament, mais dans une note plutôt héroï-comique. Et, pour ma part, j'en suis ravi, car il m'eût semblé impossible que, de cette foule si sympathique, si pleine d'enthousiasme et d'admiration pour son jeune Roi, il eût pu surgir quelque misérable assassin, quelque forcené à froid, ivre de fausses théories, brandissant un poignard ou un revolver !

Non, cet attentat, dont on parle tant, n'a pas du tout l'allure de ce que les chroniqueurs aux idées subversives appellent « un beau geste ». Cet attentat n'a rien eu d'un attentat... et voici le récit exact de l'incident.

Au moment où le carrosse royal sortait de la porte central du Palais, un homme, se glissant entre la muraille et la guérite de la sentinelle pour mieux contempler les souverains, s'approcha de la portière en brandissant son chapeau, comme pour saluer le jeune Roi, le jeta dans le carrosse d'un mouvement brusque et essaya de jeter également sur les genoux du Roi un papier qu'il tenait plié dans sa main droite.

Un des laquais qui marchaeint à la gauche du carrosse lui saisit immédiatement le bras et, malgré ses efforts, l'empêcha de lancer son papier au Roi. Le malheureux manifestant fut, en outre, appréhendé par plusieurs palefreniers et hallebardiers et, en un instant, on l'entraîna, roué de coups et au milieu d'une grande confusion. Comme toujours, les domestiques du Palais et le populaire, se méprenant sur les intentions du pauvre diable, se laissèrent aller à une indignation qui se traduisit par une grêle de horions et une bagarre où plusieurs spectateurs inoffensifs furent blessés.

C'est ainsi qu'on donna à l'acte d'un pauvre fou le caractère d'un attentat anarchiste, et que le bruit se répandit que l'on avait voulu tuer le Roi.

Dès qu'on l'eût amené au corps de garde, on s'aperçut que l'on avait commis une erreur et on fit appeler un médecin pour soigner ce malheureux, première victime de son acte irréfléchi. Il déclara s'appeler José Crevillent et être amoureux de l'infante Marie-Thérèse. Il voulait transmettre au Roi une lettre pour lui demander la main de son auguste sœur, « faveur, ajouta-t-il, que le Roi ne peut me refuser le jour de son serment. »

Le juge du district du Palais, devant lequel Crevillent fut conduit ensuite, se rappela fort bien qu'au mois de novembre dernier, une après-midi, on avait déjà arrêté ce fou dans les alentours du Palais, pendant qu'il cherchait à joindre la voiture de Leurs Majestés au retour d'un concert : cette fois-là, il était armé d'un bouquet de fleurs, d'un cornet de bonbons et d'une lettre pour l'infante Marie-Thérèse. Ce n'était pas bien dangereux.

Interrogé aujourd'hui encore par le gouverneur, M. Barroso, il a insisté sur son amour pour l'Infante et trouvé très étrange qu'on blâmât son désir de l'épouser; quant à la réception que lui ont faite les laquais et palefreniers du Roi, il trouve qu'elle est imméritée et cruelle.

Et nous aussi, nous plaignons ce pauvre dément qu'on a brutalisé si impitoyablement qu'il a fallu le mettre à l'hôpital avant de songer à l'envoyer chez les fous ! Les bons paient pour les mauvais ! Crevillent, qui ne voulait pas faire de mal, a été traité comme aurait dû l'être un Caserio ou un Ravachol !

Le Roi et la Reine-régente se sont d'ailleurs émus du sort de ce pauvre fou, et « l'amoureux de l'Infante » n'aura pas à se plaindre d'avoir attiré vers lui la sollicitude royale !

Blason antique du duché de Brabant

XIV

LA BATAILLE DES FLEURS. — LA « CORRIDA REAL ». — DESCRIPTIONS ET SOUVENIRS. — RETRAITE MILITAIRE. — GARDEN-PARTY DANS LES JARDINS DU « CAMPO DEL MORO ». — ENCORE DES FÊTES. — LE BANQUET DES ALCADES. — LE RIDEAU TOMBE. — CONCLUSION.

Madrid, 21 mai 1902.

Hier matin, à onze heures, les chefs et officiers de la colonne de débarquement et de la section des aspirants de l'École navale, qui sont venus assister aux Fêtes du Couronnement, se sont rendus au Palais et ont été reçus par S. M. Alphonse XIII.

Le Roi, portant l'uniforme d'amiral, a félicité les officiers de la belle tenue des aspirants et des troupes d'infanterie de marine : il a manifesté beaucoup d'intérêt pour le canon de 75 millimètres, système Vickers, qui accompagne la colonne de débarquement, et il a déclaré qu'il assisterait à des épreuves de tir de ce canon.

* * *

S. M. la Reine-mère a présenté au Roi, quelques instants après, le cardinal-archevêque de Tolède, primat d'Espagne, Mᵍʳ Sancha, le cardinal-archevêque de Santiago, Mᵍʳ Martin de Herrera, le cardinal Casanas et trente évêques, venus à Madrid pour assister au *Te*

Deum de San-Francisco. Les prélats ont été charmés de l'accueil très flatteur que leur a fait le Roi, qui a eu un mot aimable pour chacun d'eux.

L'après-midi, nous avons eu l'inauguration de l'*Exposition des Portraits* au palais des Beaux-Arts, en face de l'Hippodrome; la cérémonie a eu lieu en grande pompe. Leurs Majestés se sont rendues dans la vaste rotonde du Palais, et ont pris place sur une estrade. De chaque côté de l'estrade, les princes et ambassadeurs étrangers, députés, sénateurs et personnages officiels, occupaient des rangées de bancs. Le discours d'usage a été lu par le ministre de l'Instruction publique, le comte de Romanonès, après audition d'un hymne en l'honneur du Roi.

Une fois l'Exposition déclarée ouverte, Alphonse XIII s'est levé, a donné le bras à son auguste mère et a parcouru les salles de l'Exposition, où plus de dix-huit cents tableaux sont réunis. Un grand nombre de ces portraits offrent un réel intérêt artistique, mais c'est surtout au point de vue historique que cette Exposition est remarquable.

Je voudrais pouvoir parler longuement de la bataille des fleurs du *Retiro*, car ce fut une des plus jolies fêtes de ce programme cependant si riche et si surchargé.

Mais décrire une bataille de fleurs, une de ces si gracieuses et si élégantes réunions de jolies femmes et de fleurs épanouies, n'est-ce point se condamner à être bien au-dessous des grâces et du charme de ce qu'on voudrait dépeindre?

Comme les fleurs dont on se bombarde, les batailles de fleurs ont un éclat sans pareil, une variété de tons et de coloris à défier la palette des peintres; il y règne une atmosphère de parfums, de beautés, de sourires et de douces œillades; mais, las! comme les plus belles choses de ce monde, elles ont le sort des fleurs épanouies que des mains menues et fines nous lancent à la tête, elles durent ce que durent les roses, l'espace... d'une après-midi!

Allez donc décrire l'insaisissable : l'œillet qui voltige d'une estrade à un char, les lys qui tombent, les roses qui s'effeuillent, les fleurs qui passent, qui passent et qui disparaissent, les voitures qui se croisent, les élégantes dames et les jeunes filles exquises qui, elles aussi, défilent sous nos yeux comme des fleurs vivantes dans des bouquets de fleurs, et qui s'éloignent et qui reviennent et qui, tout d'un coup, s'évanouissent comme des fées dans une féerie, comme des figurantes dans un truc de théâtre! C'est un spectacle qui a le brio, le merveilleux, l'éclat d'une apparition enchantée, mais qui en a aussi la rapidité et la décevante illusion!

Citer des voitures et des chars, ce serait faire un palmarès; nommer quelques-unes des ravissantes jeunes filles et jeunes femmes qui garnissaient les tribunes et les voitures, et qui se mêlaient même à la foule des piétons, ce serait risquer de se faire des ennemies redoutables et qui ne pardonnent pas. Comment ne pas en omettre, ne pas se tromper? Comment éviter de commettre des bévues? Toute l'aristocratie, toute la bourgeoisie riche de Madrid avaient fait assaut de toilettes élégantes, et le *Retiro* contenait toutes les plus jolies femmes de l'Espagne, ce pays classique de la beauté, où Pâris lui-même ne saurait à qui donner la pomme et où Don Juan trouvait toutes ses maîtresses également

belles et adorables. Chroniqueur impuissant et specta-
teur charmé, je n'ai qu'à déposer la plume et à applaudir des deux mains le délicieux tableau que j'ai contemplé.

Le jeune Roi a paru prendre un grand plaisir à cette
bataille de fleurs, et il a reçu et lancé quantité de bouquets.

.*.

Madrid, 22 mai 1902.

Ollé ! Ollé ! Nous avons eu le clou des fêtes tauroma-
chiques de ce mois de mai, qui laissera un souvenir
impérissable en l'esprit des *aficionados*.

La grande « Corrida real » a eu lieu hier avec toute
la pompe que l'on peut déployer en ces sortes de spectacles. Le cirque immense était très artistiquement
décoré de feuillages, de fleurs, de tentures aux couleurs
rouges et jaunes, des trophées de drapeaux et de longues
oriflammes claquant à la brise au haut des mâts élevés.
Les loges étaient ornées de grandes tapisseries aux
armes de la Maison de Bourbon-Espagne; la loge royale,
très vaste et très haute, qui occupe tout l'espace situé
au-dessus de la porte de Madrid, semblait comme entièrement voilée par une tapisserie de proportions gigan-
tesques où était brodé en soie et or l'écusson des armes
royales, et était surmontée d'une couronne dorée et
d'un grand mât où flottait le drapeau d'Espagne. Une
autre magnifique tapisserie pendait du bord de la loge
jusqu'au-dessus de la porte dite de Madrid, porte qui
fait face, dans le cirque, à celle par où pénètrent les
quadrilles et les toréadors.

Cette porte, selon l'antique usage, reste ouverte pendant les courses royales, et un piquet des hallebardiers
du Palais en défend le passage aux taureaux pendant

les courses en leur opposant une muraille de hallebardes. Ce n'est pas là une simple parade comme on pourrait le croire, car l'animal, exaspéré par les banderilles et les coups de lance, cherche toutes les issues et j'ai vu plusieurs taureaux se précipiter en furieux sur les hallebardiers pour sortir par cette porte qu'ils voient ouverte. Mais, si le choc des taureaux est formidable, l'accueil qu'ils reçoivent est de nature à les dégoûter de recommencer : les hallebardiers croisent les piques avec une vigueur extraordinaire et restent imperturbables sous l'attaque, sans remuer d'une semelle. J'ai vu des hallebardes se briser sous la violence de l'attaque et un taureau est mort des blessures qu'il s'était faites lui-même sur les fers très aigus des piques.

*
* *

On nous a distribué de bien jolis programmes, grands comme de petites affiches en couleur, représentant le cavalier « en plaza » qui, monté sur un beau cheval, lutte avec sa lance contre le taureau furieux. Le programme, comme texte, est très simple. En voici la traduction :

LE ROI DON ALPHONSE XIII (Q. D. G.)

a daigné désigner le jour du 21 mai 1902 pour la Représentation royale des taureaux qui, à l'occasion de l'entrée dans sa majorité, se célébrera (si le temps ne l'empêche pas) dans la Plaza de Toros de Madrid.

Au nom de la Grandesse d'Espagne, Leurs Excellences le duc de Medinaceli, le duc de Montellano et le marquis de Tovar seront les parrains respectifs des chevaliers armés des lances (rejoneadores) Don Antonio Luzimariz, Don Manuel Romero de Tejada et Don Gabriel de Benito.

Les professionnels matadores seront : Luis Mazzantini, Antonio Reverte, Emilio Torrès (*Bombita*), Antonio de Dios (*Conejito*), Ricardo Torrès (*Bombita Chico*), Rafael Molina (*Lagartijo*), Rafaël Gonzalez (*Machaquito*), avec leurs quadrilles de banderillos et picadores

TAUREAUX A LA DISPOSITION DE SA MAJESTÉ

Pour le javelot : Trois de la *ganadería* (ferme spéciale) de Son Excellence le duc de Veragua, de Madrid.

Pour les *varas* (coup de lance des picadores) : Trois de la ganaderia de Son Excellence le duc de Veragua, de Madrid, et quatre de celle de son Excellence Don Eduardo Ibarra, de Séville.

Si les taureaux qui seront travaillés par les *caballeros en plaza* ne meurent pas des suites des blessures des javelots, ils seront mis à mort par les *diestros* (1) Antonio Segura (*Segurita*), German Sanchez (*Serenito*), Dario Diez Limirara.

La représentation commencera à quatre heures de l'après-midi et se terminera quand Sa Majesté se retirera de la loge royale.

Tel est ce programme dans toute sa splendeur. Il a été exécuté de point en point, et fort correctement.

A quatre heures précises, Alphonse XIII, en tenue de capitan-général, a fait son entrée dans la loge royale et a salué le public qui, debout, à toutes les places de l'immense cirque, lui a fait une chaleureuse ovation.

Le Roi a fait un signe de la main et les clairons ont

---

(1) On appelle *diestros* les jeunes toreros qui manient déjà habilement l'épée, mais qui ne méritent pas encore le titre de *primera espada*.

sonné : la porte de l'arène, qui fait face à la loge royale, s'est ouverte et le défilé a commencé. C'est certainement la partie la plus brillante de ce spectacle. D'abord, voici des tambours et des clairons à cheval : ils appartiennent à la Maison royale et portent un uniforme qui sent la fin du XVIIIe siècle. Quatre *alguazils* à cheval et cinq à pied les suivent, sombres et sévères dans leur costume noir; derrière eux vient le carrosse du duc de Medinaceli, dans lequel sont les gentilshommes qui vont faire les « caballeros en plaza » : à côté de chaque portière marchent les toréadors Machaquito et Reverte. Des pages portent, derrière le carrosse, les javelots et d'autres conduisent les chevaux qui vont affronter les taureaux.

Encore cinq alguazils à pied; nouveau carrosse, c'est celui du duc de Montellano, avec, dedans, les *caballeros* dont le duc est le parrain; aux portières marchent Quinito et Bombita Chico; derrière suivent les pages avec les longs javelots et les beaux chevaux qui caracolent.

Quatre autres alguazils; le carrosse du marquis de Tovar avec les caballeros dont il est le parrain; aux portières, Conejito et Bombita; nombreuse suite de palefreniers, de pages menant des chevaux et portant des javelots, et, enfin, défilé des *cuadrillas* (quadrilles) de chaque toréador en grand costume; chaque quadrille se compose de banderilleros, des picadores à cheval, des aides-banderillos, des péones et monos, enfin de tout le personnel payé par chaque toréador et qui ne travaille qu'en même temps que lui. On voit d'ici le brillant défilé de tous ces costumes dorés et aux couleurs éclatantes. Les employés de la plaza ferment le cortège : ce sont les domestiques chargés de balayer et ratisser le sable de l'arène après chaque course, et des valets en costume gris avec un bonnet rouge qui donnent la *puntilla*, c'est-à-dire le coup de grâce aux taureaux mal tués, avec un long poignard ; ce sont eux aussi qui amènent les équipages de mules coquettement harnachées et aux grelots joyeux, qui viennent traîner sur le sable et emporter au galop les cadavres des chevaux et des taureaux morts.

Ce brillant cortège fait le tour de la barrière et salue le Roi et la Reine en passant devant la loge royale : il est si long qu'il rentre dans les écuries presque au moment où les derniers figurants en sortent.

Un grand silence règne. La porte s'est refermée sur la queue du cortège ; elle se rouvre deux minutes après, et deux alguazils à cheval entrent au galop et vont, chapeau bas, demander au Roi l'autorisation de commencer. Ils ont à peine fini de prononcer des paroles qu'on n'entend pas qu'un nouveau signe du Roi fait accourir deux gentilshommes à cheval, ceux qui ont pour parrain le duc de Medinaceli. Ils montent de superbes chevaux, pleins de feu et de souplesse, qui font honneur à leur propriétaire, le duc, et à leurs excellents cavaliers. Ils saluent le Roi, puis saisissent chacun un des javelots que leur présentent leurs pages. Les alguazils n'ont que le temps de prendre la fuite au grand galop, car la porte du toril s'est ouverte et, comme un boulet de canon, voici la bête qui fait irruption dans l'arène ensoleillée et dont le sable d'or est orné, au centre, d'un immense écusson des armes royales peint sur le sable même par les employés de la Plaza.

Le taureau, aveuglé par la lumière, inquiet de se sentir le point de mire des vingt-deux mille spectateurs qui sont autour de lui, s'arrête brusquement sur un des blasons royaux, baisse la tête et renâcle.

Les cavaliers lancent leurs montures au galop et exécutent des voltes savantes et gracieuses autour de l'animal, qui finit par fondre, tête basse, sur l'un d'eux. Agile, le cheval évite le taureau, pirouette sur les jambes de derrière et revient au galop sur l'animal, auprès duquel il passe à deux mètres : le cavalier, élégamment penché, en profite pour briser son javelot sur l'encolure du taureau qui, surpris, pousse un mugissement et se précipite. Trop tard ! Il ne rencontre que le vide, et le second cavalier profite de sa stupeur pour l'attaquer d'un autre côté. Mais le taureau recule et s'élance au moment où le cheval passe à son côté. Le public est haletant. Pauvre cheval !... non, le cheval n'est pas touché, car le cavalier est habile. Le taureau a manqué son coup et le premier cavalier lui pique un autre javelot par derrière. Le taureau beugle et fait voler la poussière. Cette fois, il regarde et fait preuve de malice ; le second cavalier, avec son beau cheval blanc, pirouette après une demi-volte des plus réussies, revient au grand galop derrière le taureau, passe à son côté à le frôler et étend le bras... il va piquer le javelot. Mais le taureau a reculé et bondit en avant. Ce mouvement est si soudain, si semblable à la foudre, que le cheval est attrapé malgré sa vitesse et que la corne du taureau le frappe à la naissance de la queue. Ce n'est pas une blessure importante, mais un flot de sang jaillit et la longue queue blanche du cheval devient aussitôt toute rouge et toute raidie par le sang. Chose étrange ! Le sang qui coule à flots des blessures du taureau ne nous émeut pas, et, sur ce pauvre cheval, il nous cause une impression poignante.

Le taureau, grisé par le sang, court maintenant comme un fou dans l'arène ; il bouleverse l'écusson peint sur le sable, il bondit d'un cheval à l'autre sans les atteindre.

De nouveaux javelots sont brisés sur son échine, mais sans le tuer. Les chevaux sont fatigués, les cavaliers las, le public impatient de voir mettre fin au supplice du taureau. Le Roi fait un signe. Les cavaliers saluent et se retirent au milieu des applaudissement du public. Un jeune *diestro* apparaît : il va tuer le taureau d'une estocade. Il s'approche de la bête engourdie, avec une *muleta* (petit manteau rouge) et une épée, comme le feraient les grands toreros. Mais il est inexpérimenté et maladroit; il fait des passes, des reculs et des avances de muleta sans grand succès. Enfin il croit le moment opportun, il frappe le taureau assez bien : l'épée, scintillante comme un éclair, s'enfonce dans l'encolure de l'animal, qui semble vouloir éternuer, se secoue, lance deux flots de sang par les narines et tombe comme une masse.

Les portes s'ouvrent, les mules accourent au galop et, en une minute, le taureau a disparu, les valets ont ratissé la piste et nettoyé le sable de l'arène. Les clairons lancent des notes stridentes et les cavaliers du duc de Montellano apparaissent.

Je vous fais grâce, mes chères lectrices, de nouvelles descriptions; grâce aussi du récit de la corrida ordinaire, des banderilleros agiles, aux jarrets infatigables, des picadores tout d'une pièce sur leurs malheureuses bêtes aux yeux bandés et que les taureaux viennent d'un élan furieux crever avec leurs cornes comme des outres dégonflées à demi; autant j'apprécie le talent et le courage du torero qui, avec sa muleta et son épée, lutte à pied contre la bête ivre de sa force et de sa furie, autant j'éprouve une douleur atroce à voir massacrer sans raison ces pauvres chevaux qui ne peuvent se défendre ! Rien n'excuse ce spectacle : c'est pire qu'une boucherie. Ces chevaux, qui tremblent en sentant approcher le taureau, on les force à subir cet assaut du monstre, on les maintient de l'éperon et du mors pour leur faire ouvrir le poitrail ou le ventre par des cornes formidables. Et les picadores ne les défendent même pas avec leurs lances, dont les pointes sont garnies d'un bourrelet de caoutchouc qui les empêchent de pénétrer profondément. J'ai vu des domestiques de la Plaza, de ces exécuteurs des basses œuvres qui donnent la puntilla, venir prendre par la bride des chevaux de picadores en se plaçant du côté opposé au taureau et forcer ainsi ces malheureux martyrs à recevoir une seconde attaque de la bête, la première n'ayant pas été mortelle ! C'est honteux ! C'est lâche ! C'est répugnant !

Et je comprends la grande et terrible leçon que donne parfois une de ces brutes de taureaux à toute l'humanité, quand l'animal arrive comme une trombe sur un de ces chevaux qui palpite encore, étendu sur le sable, puis se plante sur son avant-train, abaisse ses regards et son mufle vers cette défroque de chair qui agonise, la sent et la contemple... et soudain se détourne en levant, d'un mouvement lent et noble, sa puissante tête vers le ciel d'un azur si beau, vers ce soleil d'une clarté si féerique, qui semblent inviter tous les êtres à la vie et à l'amour et que les hommes dégradent en faisant de la mort un spectacle barbare.

Espagnols, mes amis, ne pourriez-vous pas supprimer ce martyre des chevaux de vos Corridas? Ne pourriez-vous pas ne faire de ces corridas qu'une lutte de bravoure entre des hommes et un animal furieux, lutte qui est intéressante et qui a sa noblesse? Ou ne pourrait-on pas remplacer ces picadores roides et tristes par des caballeros alertes et des chevaux fringants? Fatiguer le taureau avec des chevaux vifs et lestes, montés par des écuyers souples et experts, voilà ce qui serait bien plus intéressant et bien plus agréable à voir que ces boucheries infâmes, qui ne sont pas dignes d'un peuple civilisé !

.*.

L'usage de célébrer le couronnement ou le mariage des Rois d'Espagne par de grandes courses de taureaux est de date fort ancienne : les « chroniques » mentionnent des courses de taureaux aux noces d'Alphonse VII avec Bérengère, fille du comte de Barcelone, en 1124, et, dans le royaume de Léon, en 1144, pour le mariage de Doña Urraca des Asturies avec le roi de Navarre. Bien d'autres fêtes de ce genre eurent lieu durant les XIIIe et XIVe siècles; au XVe siècle, on peut citer celles de Médina del Campo, le 20 octobre 1418, à l'occasion du mariage du roi Don Juan avec Marie d'Aragon; celles qui furent données à Briviesca, par le comte de Haro, en l'honneur de la reine de Navarre, et celles que toléra Isabelle la Catholique, sur la place San Andrès de Madrid, quand son époux Ferdinand vint établir sa résidence dans cette ville, qui fut plus tard la capitale de l'Espagne.

Mais ces fêtes atteignirent leur apogée sous la domination de la Maison d'Autriche, qui profita de ces occasions de déployer son faste et fut prodigue de ces sortes de réjouissances aux XVIe et XVIIe siècles. Charles-Quint fut si *aficionado* à ce genre de distractions qu'en 1527 il se donna lui-même en spectacle à ses sujets, et daigna tuer un taureau d'un coup de lance dans la plaza de Valladolid. Philippe II lui-même, l'austère et sombre monarque, ne prit-il pas plaisir à figurer dans des courses de taureaux en qualité de *caballero en plaza*, déployant ainsi toutes ses qualités de brillant écuyer et rivalisant avec les plus fameux *rejoneadores* de sa Cour ?

La Maison de Bourbon, moins encline à ce genre de spectacles, ne crut pas devoir cependant priver les Espagnols des *corridas de toros*, et Philippe V, le premier, en donna à son entrée à Madrid, et de plus somptueuses encore, le 27 décembre 1714, pour l'arrivée de son épouse, Isabelle Farnèse, pour ne citer que celles-là.

Ferdinand VI fit édifier à ses frais, pour en faire don aux hôpitaux de Madrid, la première *plaza de toros* qui fut construite *ad hoc*. Auparavant, ces fêtes avaient lieu dans des endroits aménagés spécialement pour chaque corrida, sur des places publiques, sur des promenades : il n'y avait pas de *plaza de toros* permanente.

Charles III, malgré l'opposition de plusieurs de ses ministres à ces spectacles sanguinaires, donna de splendides corridas royales pour célébrer les grands événements de son règne, et la première eut lieu à l'occasion de son Serment et de sa Proclamation en décembre 1759. En une seule année, il donna jusqu'à quatre grandes corridas royales avec un luxe extraordinaire.

Dès ce moment, le spectacle des corridas ordinaires était depuis longtemps populaire et entré complètement dans les mœurs; comme de nos jours, on y accourait en foule pour voir les *matadores* et *toreros* célèbres.

Charles IV et Ferdinand VII continuèrent la tradition des corridas royales pour célébrer les grandes fêtes de leurs règnes, mais les plus brillantes et somptueuses dont les Espagnols aient gardé souvenance sont celles qui furent célébrées sous le règne d'Isabelle II. La ville de Madrid en donna une mémorable à l'occasion de la Proclamation de cette souveraine au berceau; elle fut précédée d'une cavalcade allégorique où les plus riches Madrilènes firent assaut de superbes costumes.

A l'occasion du double mariage de la reine Isabelle avec le roi François d'Assise et de l'Infante Louise-Fernande avec le duc de Montpensier, furent données les plus brillantes corridas, les 16, 17 et 18 octobre 1846, dans la Plaza Mayor : Alexandre Dumas, qui y assista, en a rendu compte. On y applaudit les quadrilles des plus grands *torreros* de l'Espagne, les maitres classiques de la tauromachie : Lucas Blanco, Montès, Cucharès et, le plus célèbre encore, Chiclanero.

Ce furent les dernières fêtes données à la Plaza Mayor. Les *corridas reales* du mariage d'Alphonse XII avec Doña Mercédès eurent lieu dans la nouvelle plaza de toros de Madrid, la plaza actuelle, les 25 et 26 janvier 1878 : ces courses commencèrent à midi et ne cessèrent qu'à la retraite de Leurs Majestés, au coucher du soleil. Un luxe extrême de carrosses et de costumes fut déployé pour le cortège des toreros et des *caballeros en plaza* ; on applaudit les fameux *matadores* Lagartijo, Currito, Caraancha, Frascuelo, avec douze autres chefs de quadrilles des plus estimés.

Les *corridas reales* du 1er et du 2 décembre 1879, pour célébrer le mariage d'Alphonse XII avec la reine Marie-Christine d'Autriche, furent très brillantes aussi, quoique moins somptueuses que les précédentes : il n'y eut que huit matadores avec leurs quadrilles et on tua moins de taureaux.

Il est vrai que les goûts du public se sont un peu modifiés et, aujourd'hui, la mise à mort de dix taureaux satisfait les Madrilènes. Autrefois les *corridas reales* voyaient tuer jusqu'à vingt et vingt-quatre taureaux.

**

Le soir, à neuf heures, nous avons eu une grande retraite militaire aux flambeaux : les détachements de cavalerie, infanterie et artillerie, désignés pour prendre part à ce défilé, se sont organisés sur le Prado. C'est de là qu'est parti le cortège qui a suivi les rues d'Alcala, la Puerta del Sol, la rue Mayor jusqu'à la place d'Armes du Palais-Royal.

J'ai assisté à ce spectacle du balcon de mon illustre ami, Don Andrès Mellado, qui habite en face du Palais-Royal : c'était un ravissant et féerique coup d'œil. Garde civile à cheval avec des lanternes, trompettes de tous les corps de cavalerie, escadrons de chasseurs avec lanternes de couleurs, musiques, chasseurs à pied, musiques, hussards rouges et hussards bleus portant des lanternes de mêmes couleurs, lanterne monstre formant une couronne lumineuse, installée sur une prolonge d'artillerie; une section de soldats du génie avec des lampes à acétylène, sapeurs, musiques, tambours, détachements de troupes à pied, tous les corps de l'armée espagnole ont passé ainsi sous nos regards, encadrés, escortés par des gardes civils, des hussards et lanciers à cheval portant, eux aussi, des lanternes. Ce défilé, très lent, à cause des arrêts et de l'exécution des nombreux morceaux de musique, a été très réussi, et les princes étrangers, ambassadeurs et ministres, qui assistaient à cette fête des balcons du Palais-Royal, se sont retirés absolument enchantés.

A dix heures et demie, les hôtes étrangers de Leurs Majestés ont fait officiellement leurs adieux au Roi et à la Reine-mère.

Les fêtes du couronnement sont terminées.

Madrid, 25 mai 1902.

Les princes et ambassadeurs vont maintenant quitter, les uns après les autres, la capitale de l'Espagne. Mais d'autres cérémonies et d'autres réceptions occuperont encore les derniers jours de la semaine.

Le 22 mai, à trois heures, grande réception au Palais-Royal de toutes les autorités espagnoles; la réception des dames a suivi, à trois heures et demie, celle des hauts dignitaires et fonctionnaires, qui a commencé vers trois heures : la foule des personnages a défilé devant Leurs Majestés, saluant le Roi assis sur le trône dans le salon des Ambassadeurs.

Le soir, dîner de gala offert par le Roi aux ministres et principales autorités espagnoles.

Le 23 mai, Garden-Party dans les jardins du Campo del Moro : nous garderons un excellent souvenir de cette fête, malgré l'affluence inouïe des invités. Les jardins du Campo del Moro sont fort bien entretenus et très agréables. Mais il y avait douze mille invités... c'est beaucoup !

Leurs Majestés se sont promenées jusqu'au coucher du soleil parmi la foule et, sans trop d'étiquette, comme dans une fête intime, ont causé avec toutes les personnes de connaissance qu'Elles apercevaient.

Mais, en vérité, on était trop, et les cohues sont toujours des cohues : malgré le respect dû à Leurs Majestés, les invités se pressaient pour saluer et voir le Roi, la Reine et les Infantes. C'est ainsi que, bousculé par les uns et les autres, je me suis trouvé un moment dans le cortège royal lui-même, précédant le prince des Asturies, ce qui me causa une vive contrariété : je m'inclinai devant le prince en m'excusant et il se mit à rire de mon manque à l'étiquette involontaire. Leurs Majestés et Leurs Altesses furent charmantes avec tous et avec toutes.

Il paraît qu'après le départ du Roi et de la Reine-mère, cette fête champêtre fut gâtée par les inconvenances et les disputes de quelques jeunes gens un peu gris. C'est le défaut de ces trop grandes réceptions dans tous les pays et surtout en Espagne, où les fumées du vin sont plus dangereuses qu'ailleurs.

***

Le 23 mai, à huit heures du soir, a eu lieu une représentation de gala au *Théâtre-Espagnol* en l'honneur des alcades des provinces venus à Madrid pour les fêtes. Cette représentation leur était offerte par la municipalité de Madrid; elle a été fort brillante. On y a applaudi *La Moza de cantaro.*

***

Hier, 24 mai, la journée a été surchargée de fêtes et de réceptions. Voici qui va vous en donner une idée :

A midi, banquet dans les jardins du Buen Retiro en l'honneur des alcades (maires) des provinces qui se trouvent à Madrid : c'est une faible copie du fameux banquet des maires de l'Exposition de 1900, à Paris. Total : 1.000 convives, si je ne me trompe !

A deux heures après midi, courses de chevaux à l'Hippodrome.

A quatre heures, fête en l'honneur de la Science dans la grande salle de la Bibliothèque nationale, avec le concours des Académies royales et des délégués des Universités et Instituts scientifiques d'Espagne. Le Roi et la Reine-mère y ont assisté; beaucoup de discours... et on a applaudi surtout ceux, très éloquents, de M. Sigismond Moret et du comte de Romanonès.

A cinq heures et demie, concert monstre et populaire dans la *Plaza de toros* par la Société des Concerts de Madrid, avec le concours d'un orchestre de guitaristes et de deux cents choristes. Les *maestros* Jimenez, Breton, Caballero et Chueca ont tenu à diriger eux-mêmes l'exécution de morceaux choisis de leurs plus réputés chefs-d'œuvre.

A sept heures du soir, réception de gala au Palais de la Députation provinciale de Madrid en l'honneur des membres des députations provinciales.

A huit heures, au Palais-Royal, grand diner de gala en l'honneur des membres du Corps diplomatique résidant à Madrid.

On annonce pour demain lundi une grande réception au Ministère des Travaux publics et, enfin, aujourd'hui dimanche, 25 mai, a lieu, dans les jardins d'Aranjuez, un grand banquet de trois mille couverts offert aux députés provinciaux (ce qui équivaut presque à nos conseillers généraux) qui sont venus assister au couronnement du Roi.

La semaine prochaine verra encore quelques fêtes, mais on me permettra de mettre, dès maintenant, un terme à toutes ces descriptions qui deviendraient fastidieuses : l'énumération des fêtes n'a plus qu'un attrait documentaire, et, d'ailleurs, les fêtes officielles, les fêtes du couronnement, à proprement parler, sont finies. Les princes et ambassadeurs étrangers sont partis ou partent, les trains de plaisir remmènent les voyageurs et les touristes.

Nous aussi, nous allons partir, boucler nos valises, dire un dernier : au revoir ! à tous nos amis de Madrid, et le train va nous emporter vers la France, le cœur plein de regrets de quitter ce pays du soleil où la vie est si gaie, où l'air est toujours vibrant de chansons et de musiques, où le ciel d'azur n'a pas de nuages et où les femmes semblent toujours sourire.

. . . .

Sire, les destins sont accomplis, vous êtes roi d'Espagne.

Les cloches ont sonné leurs dernières volées; l'écho des salves d'artillerie est allé, en grondant, se perdre dans les cimes neigeuses du Guadarrama; les clairons se sont tus, mais l'air est encore vibrant des ultimes accords des musiques militaires et des acclamations de tout un peuple.

Vous êtes roi ! Les rampes de gaz sont éteintes, les illuminations électriques disparues, les derniers lampions consumés depuis longtemps dans leur fumée nauséabonde : feux d'artifices évanouis, fêtes envolées !... Gaieté des foules exubérantes et rieuses, brouhaha des rues et des places, drapeaux, oriflammes claquant au vent, tentures et arcs de triomphe, pompes militaires et royales, tout s'est éclipsé d'un seul coup, comme un décor de féerie sur lequel la toile tombe !

Mais de si merveilleux spectacles se gravent dans les esprits et dans les mémoires; en fermant les yeux, on revoit les défilés, les bals, les fêtes officielles et populaires, et tout cet appareil somptueux et superbe au milieu duquel vous apparaissez à votre bon peuple comme dans une apothéose de soleil et d'or.

Vers vous sont montées les ovations et les démonstrations d'amour des Espagnols; jusqu'à vous se sont élevées les aspirations et les espérances de tout un peuple. Et l'ère des responsabilités commence pour vous, Sire, depuis que vous avez prononcé les paroles solennelles du Serment !

Dans cette tâche ardue — ce grand œuvre, oserais-je

dire ! — de régir les destinées d'une nation, que Dieu vous protège et vous guide, Sire ! Votre noble et sainte mère peut vous inspirer de ses conseils et de son expérience ; nulle n'a su mieux qu'elle remplir jusqu'au bout son rôle délicat de reine constitutionnelle.

L'Espagne traverse une période critique ; elle s'ouvre aux idées modernes de progrès et de liberté ; il ne faudrait point qu'elle le fît à l'aveuglette et sans discernement. Dans son essor, elle doit être conduite avec mesure et pondération : le progrès ne doit pas se confondre avec l'amollissement des mœurs et la corruption des âmes, la liberté ne doit pas devenir la licence !

Le peuple, relevé par l'instruction et le travail, doit avoir des éducateurs et des conseillers, afin de pouvoir confier les affaires publiques à des mandataires dignes de son choix. C'est dans son monarque même qu'il doit trouver son plus ferme appui et le véritable soutien de ses droits.

Entouré de ministres pleins de bonne volonté et qui ont fait déjà brillamment leurs preuves, Votre Majesté verra les difficultés s'aplanir et le succès couronner les efforts d'un gouvernement qui veut permettre à l'Espagne de se relever et de grandir dans la paix et le calme, par le commerce et l'industrie, par le développement de la science et des arts, avec tous les bienfaits d'une très grande liberté et sous la protection d'un pouvoir central fort et respecté.

La situation économique, plus importante peut-être que toutes les autres à notre époque, doit attirer le plus vivement l'attention : elle est satisfaisante en ce moment. L'Espagne, Sire, possède un grand financier,

Don Raymundo Villaverde (1) ; et vos ministres peuvent faire de bonne politique, car il leur fera de bonnes finances.

Sire, en terminant cette longue chronique où j'ai voulu simplement écrire la relation de Votre Proclamation, il serait ridicule de ma part d'insister davantage.

En formant des vœux sincères pour l'avenir de Votre règne, en espérant que, béni par Vos contemporains et loué par Vos propres ennemis, Vous puissiez être comparé par les historiens futurs à Votre illustre aïeul Charles III, il ne me reste qu'à rendre un dernier tribut de respectueux hommage et de véritable admiration à Votre auguste Mère, à la reine Marie-Christine, qui a su faire de Votre Majesté un bon chrétien, un bon fils et un prince véritablement digne d'être roi d'Espagne.

(1) Don Raymundo Villaverde est mort en juillet 1905, trop tôt pour son pays : ce grand économiste était aussi un homme d'État de beaucoup de talent, et il eût rendu les plus éminents services à l'Espagne.

Blason des Comtes de Flandre

XV

Le Mariage d'Alphonse XIII en 1906

La chronique des fêtes. — Arrivée des Missions
étrangères. — La signature du contrat. — Le
jour des noces. — Une bombe sur le cortège. —
La cérémonie nuptiale.

Madrid, 29 mai 1906.

Les fêtes officielles du mariage du roi Alphonse avec
la princesse Victoria de Battenberg ne commenceront
que ce soir.

Depuis le 25 mai, la future reine d'Espagne réside, en
effet, au château royal du Pardo. Mais le jeune roi,
dans un sentiment de délicatesse qui sera compris de
tout le monde, a tenu à conserver au séjour de la belle
et charmante princesse anglaise, sa fiancée, un caractère
intime et familial.

Alphonse XIII est amoureux, et ce roi, qui est jeune,
qui sent son cœur déborder de bonheur, auprès de la
princesse qui va partager avec lui les honneurs et les
périls du trône d'Espagne, voudrait surtout pouvoir
consacrer la plus grande partie de son temps à sa
fiancée. Il voudrait, comme un humble mortel, pouvoir
faire sa cour, à la souriante jeune fille que les Espagnols
ont déjà nommée la « Reine Victoria » et dont le sourire
gracieux a conquis tous ceux et toutes celles qui ont
obtenu la faveur de lui présenter leurs hommages.

Ce désir du roi aurait dû être exaucé. Il ne l'a cependant pas été. La curiosité des badauds et le zèle intempestif des officieux de toutes catégories se sont ligués contre le besoin de solitude, de recueillement et de calme des jeunes fiancés. Tramways à vapeur, automobiles, équipages, tapissières, ont porté sans relâche des milliers de curieux et d'indiscrets autour du château du Pardo. Et ce n'est pas sans quelques soupirs de regrets que les augustes fiancés ont été les victimes souriantes de l'enthousiasme et des ovations de leur bon peuple.

— Suis-je leur roi ou suis-je leur chose? disait Alphonse XIII en riant, à un de ses intimes, et pourtant leur affection me touche. J'aime mon peuple autant qu'il m'aime !

Alphonse XIII ne se plaint pas ! Plaignons-le un peu, mais pas trop, car le métier de roi, comme toute médaille, a son revers.

Ce matin, à dix heures, par la gare d'Atocha, est arrivé le prince héritier de Portugal, qui a été reçu par l'infant Don Carlos et conduit au palais de la duchesse de Bailen, dans les voitures de la cour. Une compagnie du régiment de Savoie rendait les honneurs à la gare. Une autre compagnie d'infanterie, avec musique et drapeau, se trouvait rangée dans la rue d'Alcala, devant la résidence du duc de Bragance.

A deux heures, sont arrivés à la gare du Nord, en train spécial, le prince et la princesse de Galles, et l'archiduc héritier d'Autriche-Hongrie.

Un autre train spécial amène, à trois heures, le prince héritier de Belgique, le grand-duc Vladimir de Russie, le prince Albert de Prusse, le prince Eugène de Suède, le prince André de Grèce, le prince Frédéric-Henri de Prusse et le prince héritier de Monaco.

Par le Sud-Express ordinaire, à deux heures vingt minutes, arrive encore la mission extraordinaire française; le général Dalstein et sa suite, reçus sur le quai de la gare par les autorités espagnoles et l'ambassadeur de France, vont, dans des voitures de la cour, jusqu'à la magnifique demeure du comte de Garay, qui leur a été assignée pour résidence.

Demain soir, à dix heures, aura lieu une grande réception à l'ambassade de France, en l'honneur de notre mission extraordinaire.

A quatre heures de l'après-midi, les voitures de la cour, avec des escortes de la garde royale, vont chercher les princes étrangers et leur suite et les amènent en grande pompe au palais royal. Dans la cour, les troupes de service présentent les armes et les musiques jouent les hymnes nationaux. Dans le grand escalier du palais, le service d'honneur est fait par les hallebardiers. La musique se fait entendre également pour chaque prince.

Les princes royaux sont introduits dans le grand salon et remettent au roi une lettre autographe de chaque souverain représenté. Ils vont ensuite saluer la reine-mère.

A la représentation qui aura lieu ce soir, au minuscule théâtre du Prado, ne sont conviés que les princes royaux et les chefs des missions étrangères qui résident à Madrid. La salle de théâtre est fort petite et on lui a conservé la décoration qu'elle a reçue à l'époque de Charles IV.

Détail curieux : malgré tout son désir d'être agréable, le roi n'a pu inviter que les quatre ambassadrices qui résident à Madrid. Les femmes des ministres plénipotentiaires n'ont pas été invitées. Il en est de même des chefs des missions extraordinaires qui, ne remettant leurs lettres autographes au roi que demain matin, à neuf heures, sont considérés jusqu'à ce moment comme inconnus. Le général Dalstein n'assistera donc pas à la représentation du Pardo, où la grande artiste Maria Tubau va représenter devant cet aréopage de têtes couronnées et princières, une comédie intitulée *La Sacristie*. Le plus grand attrait de cette pièce consiste dans une reconstitution fidèle d'une scène de la vie espagnole, sous le règne de Carlos IV. Les artistes espagnols, exactement costumés comme les héros du célèbre tableau de Fortuny, représentant une noce dans une sacristie, au moment où la fiancée appose sa signature sur le registre, donneront, par leurs poses et leurs attitudes, l'illusion du tableau même de Fortuny, transporté sur la scène du Pardo. On dit que le plus grand soin a été apporté à cette reconstitution du tableau de Fortuny et que tous les costumes que portent les acteurs et actrices datent du temps de Charles IV et de Goya.

**
**

La municipalité de Madrid s'est rendue hier au Pardo ainsi que l'avaient fait les autres corps constitués, pour complimenter la princesse Ena.

L'alcade s'est exprimé en ces termes :

« Madrid saura vous honorer. Non seulement quand il contemplera votre souveraine gentillesse, il rendra hommage à votre beauté; mais quand vous reviendrez du temple où Dieu aura sanctifié votre union, déjà faite dans vos cœurs, il admirera votre félicité et formera des vœux pour qu'elle soit éternelle et que la nation espagnole y participe. »

Aujourd'hui, à onze heures, la princesse Victoria a reçu les délégations des députés provinciaux.

Madrid, 30 mai 1906.

Madrid termine sa toilette des grands jours de fête. Ce ne sont partout que mâts revêtus de percales rouges, ornés de banderoles et de petits drapeaux espagnols et anglais. Les décorations officielles des rues ont, dans tous les pays, un cachet de banalité et de mauvais goût. Il semble que ce soit une règle générale. Madrid n'y fait pas exception.

Notons cependant quelques tentatives qui sont plus réussies que les autres et témoignent de bonnes intentions chez les organisateurs. La Carrera San Jeronymo a entouré les mâts d'imitations en plâtre de colonnes, formant les côtés d'un arc de triomphe dont les fleurs lumineuses figurent les voûtes. Mais les drapeaux anglais et espagnols, qui pendent sur la tête des promeneurs, nuisent un peu à l'effet décoratif.

La rue la plus artistique comme décoration est la Calle Mayor, où les mâts, recouverts de percale blanche, soutiennent des arcs de fleurs blanches et de feuillage. Mais les fleurs dominent, et, quand les ampoules électriques seront allumées, il est certain que l'ensemble de la rue illuminée sera du plus merveilleux effet.

Dans la Calle Arenal, on a élevé des arcs lumineux qui ressemblent beaucoup, en plus petit, à ceux qui décoraient la rue Royale, à Paris, lors du voyage du roi d'Espagne.

Les autres rues ne présentent rien de bien remarquable. Chaque rue qui débouche sur la Puerta del Sol a installé une sorte de porte lumineuse qui, le soir, complètera les illuminations des maisons et permettra d'encadrer ainsi toute la place dans des rubans lumineux aux couleurs espagnoles et anglaises.

Beaucoup de magasins, les grands hôtels, les Sociétés

de crédit ont installé de belles décorations qui, le soir, grâce à la fée Électricité, seront très admirées du public.

La nature semble prendre, du reste, plaisir à embellir Madrid en ce moment, Grâce au printemps pluvieux de cette année, les arbres sont plus verts que jamais, les gazons peuvent soutenir la comparaison avec ceux des parcs de Londres, et, quant aux fleurs, naturellement elles abondent.

Le soleil, depuis deux jours, nous inonde de ses rayons et répand autant de chaleur que de lumière. Il fait une température estivale; mais les foules remplissent quand même les rues, où la circulation devient presque impossible. On voit des flots pressés de badauds suivre lentement, à petits pas, toutes les rues, suant, soufflant, admirant, bouche bée, les oriflammes, les drapeaux, les tentures qui ornent les fenêtres et les édifices.

Des nuées de camelots s'abattent sur cette foule comme des sauterelles sur des champs de blé, et rien ne saurait donner une idée du vacarme et des cris de tous ces marchands ambulants. On se bouscule, on se marche sur les pieds, mais les jolies Madrilènes sourient toujours. Les promeneurs échangent des mots joyeux, des plaisanteries; tout le monde rit, et il n'est pas rare de voir des familles de huit à dix personnes, venues des environs de Madrid, marcher lentement en se donnant la main. Les enfants gênent tout le monde; mais on en voit des ribambelles marcher à la queue-leu-leu, derrière leur père et mère, et tout ce peuple rit et donne une impression de saine et bonne vitalité, de belle humeur et de prospérité.

Plus de deux cent mille provinciaux sont venus en ces derniers jours, pour assister au mariage de leur roi et acclamer leur nouvelle reine. Si le soleil continue à briller demain, jamais cortège nuptial n'aura eu public

plus heureux ni plus enthousiaste, et la joie exhubé
rante de ce bon populaire espagnol deviendra certainement du délire.

Le roi a dîné au Pardo en compagnie de la princesse
de Battenberg.

A 9 h. 15, a commencé la représentation théâtrale en
l'honneur des princes étrangers. L'aspect de la salle
était éblouissant. Tous les princes assistaient à la représentation, à l'exception du prince de Brunswick, qui
était légèrement indisposé, par suite de la fatigue du
voyage.

Dans la loge royale se trouvaient :

A droite, le roi et la princesse Ena, le prince de Galles,
la reine-mère, la princesse Béatrice et la princesse de
Saxe.

A gauche, la princesse de Galles, le prince héritier
d'Autriche, la duchesse de Gênes et le prince héritier
de Portugal.

Les membres du gouvernement se tenaient debout,
derrière les princes.

Quoique fort discrètement, les spectateurs regardaient
le couple des futurs époux. Le roi portait l'uniforme
des gardes royaux.

La princesse Ena était en toilette de soie gris clair,
avec des nœuds de brillants, en forme de diadème, dans
les cheveux.

La troupe a joué *Echar la Llave* et la *Vicaria*, qui ont
excité la gaieté de l'auditoire.

Après la représentation, qui s'est terminée à 11 h. 1/2,
un lunch a été servi aux princes; puis le roi et la famille
royale, ainsi que les princes étrangers, sont rentrés à
Madrid.

Les journalistes qui font le reportage au Pardo ont offert à la princesse Ena une plume en or avec laquelle elle signera demain l'acte de mariage civil.

*
* *

Ce matin, à dix heures, a eu lieu, au palais, avec le cérémonial habituel, la présentation des lettres de créance des ambassades extraordinaires.

Le roi Alphonse et la princesse Ena de Battenberg ont signé, l'après-midi, leur contrat de mariage et, suivant la coutume espagnole, se sont formellement promis l'un à l'autre.

La double cérémonie a eu lieu à la villa du Pardo, où la princesse Ena a résidé depuis son arrivée dans la capitale. La cérémonie a été absolument familiale. Outre le fiancé et la fiancée et leur suite, la reine-mère d'Espagne, la princesse Henry de Battenberg, mère de la fiancée, le prince et la princesse de Galles, représentant le roi Édouard, l'ambassadeur d'Angleterre, les proches parents du roi Alphonse, le cardinal Sancha, primat d'Espagne, les envoyés spéciaux des différents pays et les hauts peronnages officiels de la Cour et du gouvernement étaient présents.

La signature du contrat de mariage a eu lieu dans la grande salle de réception de la Villa Royale. Dès que les membres participant à la cérémonie furent réunis, le ministre de la justice, M. Garcia Prieto, faisant fonctions de notaire royal, lut le contrat de mariage en espagnol. Une copie en anglais avait été préparée pour le prince et la princesse de Galles. Les détails des articles ne sont pas connus.

La cérémonie a été très courte et, à la fin, le contrat a été signé, d'abord par le roi et la princesse Ena, et ensuite, par les mères des deux fiancés, le prince et la princesse de Galles, les sœur et tante du roi Alphonse.

Les témoins du roi seront MM. Moret, Maura, Azcarraga, Montero Rios, le duc de Sotomayor, le marquis de la Mina, les généraux Pacheco et Bascaran et le marquis de la Borja.

Les témoins de la princesse seront M. Bunsen, ambassadeur d'Angleterre; M. Polo de Bernabe, ambassadeur d'Espagne à Londres; lord William Cecil, le duc Santo-Mauro, le marquis de Viana et le marquis de Villalobar.

Le contrat a été signé par le roi Alphonse XIII et la princesse Ena, ainsi que par les témoins, avec une plume d'or, don des journalistes de Madrid.

Dans l'article 2 du contrat, le roi Alphonse s'engage à fournir à la future reine Victoria-Eugenia-Julia-Ena de Battemberg, pendant toute la période du mariage, une allocation annuelle de 450.000 francs. En outre, il est stipulé que si la reine d'Espagne devenait veuve, elle jouirait, à partir de la date de la mort du roi, d'un revenu annuel de 250.000 francs. Cette allocation cesserait, dans le cas où la reine contracterait un second mariage.

Le contrat est rendu officiel pour les gouvernements anglais et espagnol, par un traité signé à Londres, le 7 mai, et portant la signature de sir Edward Grey, ministre des affaires étrangères, et de S. Exc. l'ambassadeur d'Espagne à Londres.

Le document sera mis aux archives du ministère de la justice, après avoir reçu la sanction des Cortès.

Immédiatement après les signatures, l'assemblée royale se dirigea vers la chapelle privée du Pardo où, selon la coutume espagnole, eut lieu la cérémonie de la bénédiction des fiançailles.

Le roi Alphonse et la princesse Ena s'agenouillèrent à l'autel. Puis, après les prières, le cardinal primat demanda à chacun des fiancés s'ils consentaient l'un et l'autre au mariage.

Le roi Alphonse répondit le premier, posant la main sur son cœur et disant : « En pleine possession de ma volonté et jouissant de toutes mes facultés mentales, moi, Alphonse de Bourbon, je déclare spontanément sur l'Évangile, me marier à Victoria-Eugénie de Battenberg et m'engage à remplir les devoirs que mon mariage m'impose. »

La princesse Ena préta à son tour le même serment et le jeune couple, se levant aussitôt, reçut les compliments des personnages présents.

Madrid, 31 mai 1906.

Avant de commencer le récit de cette journée historique qui fut, en somme, une véritable journée de fête populaire, tout ensoleillée et remplie de vivats enthousiastes, il me faut cependant vous dire tout de suite qu'elle a été attristée par un attentat.

Une bombe a été lancée par une main criminelle sur le cortège royal, tout près de la voiture des souverains, dans la Calle Mayor, pendant que s'effectuait le retour de l'église de San-Jeronymo au Palais Royal.

Fort heureusement, ni le roi ni la jeune reine n'ont été atteints par l'explosion ; mais il y a eu d'autres victimes, des tués et des blessés.

Le roi et la reine ont fait preuve du plus grand sang-froid devant cet attentat où se réalisaient tant de menaces si souvent formulées.

Pourtant, que de précautions avaient été prises !

Combien sévères étaient les consignes aux alentours des larges voies que devaient parcourir le cortège ! J'avais eu l'occasion, la veille au soir, de causer avec le comte de Romanones, ministre de l'Intérieur, et je lui avais demandé s'il craignait quelque attentat anarchiste.

— Nous avons pris, m'a-t-il répondu, toutes les précautions possibles. Notre police connait et surveille tous les anarchistes de Barcelone et de Madrid. Il peut en venir de l'étranger, et, sous ce rapport, nous sommes toujours légèrement inquiets, car, malgré toute la vigilance humainement possible, on ne peut contrôler efficacement deux cent mille voyageurs. Les chefs des polices d'Italie, d'Angleterre, de France, de Russie, d'Allemagne, sont ici, et, je le répète, toutes les mesures préventives ont été prises. Nous avons fait tout notre devoir, et il faut espérer que le peuple espagnol n'aura pas à déplorer un attentat qui soulèverait l'indignation et la fureur de tous les patriotes, de tous les vrais Espagnols. Ce mariage de notre jeune roi, si plein de vaillance et d'énergie, si sincèrement désireux de faire le bonheur de son pays, doit être considéré comme le plus heureux événement de ce début de siècle. Il marque pour mon pays une ère nouvelle, une ère de travail, de prospérité, de paix. La future reine apporte dans notre cour les idées libérales et saines de la cour anglaise, et toute l'Espagne, qui est profondément démocratique, la respecte et la chérit déjà comme un symbole du maintien de nos institutions et du respect de nos libertés publiques ».

Et pourtant, la rage des fanatiques est parvenue à ses fins. L'engin meurtrier a pu être lancé. Voici en quelles circonstances:

Le cortège royal revenait au palais par la rue Mayor, au milieu des acclamations de la foule.

Le carrosse dans lequel se trouvaient le roi et la reine Victoria dut stationner un moment devant la maison portant le numéro 88.

Sans doute, ce moment d'arrêt était-il rendu nécessaire, et la circonstance en avait-elle été prévue par l'auteur de l'attentat, car c'est à cet instant, et du haut des étages supérieurs de cette même maison, que l'engin fut lancé.

Certaines personnes ont prétendu que la bombe était dissimulée dans un bouquet de fleurs. Il est difficile de le savoir, car, effectivement, beaucoup de bouquets étaient lancés vers le cortège de toutes parts.

La bombe vint tomber du côté droit du carrosse, entre la dernière paire de chevaux et les premières roues de la voiture, et elle éclata avec une violence extrême.

Deux chevaux s'abattirent aussitôt, tués net. Un palefrenier qui les tenait en mains s'affaisa mortellement frappé en pleine poitrine.

Le marquis de Sotomayor, écuyer, qui se trouvait à cheval du côté droit du carrosse, fut blessé légèrement.

Quatre soldats qui formaient la haie furent tués sur le coup.

Un lieutenant qui présentait les armes au moment du passage du carrosse fut mortellement blessé.

Un clairon de la police eut le cou tranché; deux femmes qui se trouvaient aussi près du carrosse ont également été tuées.

Les blessés sont très nombreux; quelques-uns l'ont été sur le balcon du second étage de la maison d'où la bombe avait été lancée.

L'attitude du roi Alphonse a été très crâne. Il a serré contre lui sa jeune reine, et, sortant ensuite la tête par la portière, il a crié : « Ce n'est rien. Rassurez-vous. »

Tout le peuple l'aurait porté en triomphe, si les soldats n'avaient empêché les Madrilènes de se précipiter au secours de leur rôi.

En ce moment, ce sont, devant le Palais, des manifestations enthousisastes.

La reine Victoria a été aussi brave que son mari, mais la détonation n'a pas été sans lui causer une secousse nerveuse bien compréhensible. Elle n'a d'ailleurs manifesté d'émotion que pour le roi et n'a pleuré que dans les bras de la reine-mère, qui, elle, a été certainement la plus affectée par les incidents de cette journée historique.

Aussitôt après l'explosion, le duc de Cornachuelos se précipita, ouvrit la portière du carrosse royal et saisissant Alphonse XIII dans ses bras, le tira hors de la voiture ainsi que la reine Victoria, dont l'émotion était profonde.

En montant l'escalier du Palais-Royal, Alphonse XIII et la nouvelle reine pleuraient.

Les princes étrangers les entourèrent aussitôt et leur prodiguèrent leurs plus chaudes félicitations, en déplorant profondément l'attentat.

La maison en face de laquelle a été commis l'attentat a été cernée par la gendarmerie.

Le ministre de l'intérieur, le gouverneur civil et le parquet sont sur les lieux.

Deux individus, un étranger et un Espagnol, ont été arrêtés.

L'Espagnol est âgé de dix-huit ans; ce serait un étudiant; il se montre très abattu.

Le carrosse royal a été très endommagé.

Il nous faut maintenant revenir un peu en arrière et reprendre au début même de la journée le récit des cérémonies solennelles au spectacle desquelles le peuple madrilène était convié par son roi.

Il est huit heures, et déjà les cloches sonnent, les musiques jouent. De tous côtés débouchent les troupes de la garnison, en grande tenue, qui vont prendre les places qui leur sont assignées pour former la haie tout le long du parcours du cortège. Le défilé de tous ces soldats n'est pas un des moindres spectacles de cette journée. Les uniformes sont beaux, les troupiers très alertes.

Voici les soldats de la marine avec leurs cols et leurs bérets blancs, leurs canons de débarquement; puis les chasseurs à pied de Madrid et de Barbastro, les régiments d'infanterie du roi, de Léon, de Savoie et de Wadrass. Ces fantassins aux pantalons rouges ressemblent, à s'y méprendre, à nos troupiers français, dont ils ont l'allure vive et la tournure bon enfant. Si l'armée française adopte le *ross* (petit shako en cuir bouilli des soldats espagnols), la ressemblance sera parfaite. Le 14º bataillon de la garde civile, avec son bel uniforme à parements rouges et tricorne qui rappelle les gardes françaises de jadis, occupe la rue Arenal.

Sur la Puerta del Sol se rangent les escadrons de cavalerie des hussards de la Princesse, aux dolmans bleus, et des hussards de Pavia, aux dolmans rouges. Viennent ensuite, dans la Carrera San Jéronymo les miliciens, corps de vétérans des guerres civiles, le 2º régiment du génie, le bataillon des sapeurs et la compagnie des soldats maures de Ceuta.

Ces Marocains enrégimentés et revêtus d'un uniforme qui ressemble à celui de nos turcos, ont été amenés spécialement pour assister au mariage du roi. Ils ont un gros succès de curiosité auprès du peuple espagnol qui commence à s'intéresser fortement aux choses d'Afrique, depuis que le succès de l'Espagne à la Conférence d'Algésiras a réveillé toutes les ambitions de nos voisins sur le pays du Moghreb.

Faut-il mentionner encore des troupes? Voici les régiments d'infanterie des Asturies et de Covadonga, les lanciers de la Reine et les lanciers du Prince, aux casques étincelants, porteurs de lances dont voltigent les flammes multicolores, les chasseurs à cheval de Lusitanie et de Marie-Christine, dont les uniformes ressemblent aux nôtres. Puis d'autres chasseurs à pied, de l'artillerie de campagne et de l'artillerie de montagne. Enfin, encore et toujours, des hussards, des lanciers, des gardes civils à cheval et à pied.

Et la foule augmente sans cesse. Les voitures ne peuvent plus circuler que sur des parcours déterminés, et à la condition de conduire des invités ou des fonctionnaires. Les agents de police à pied et à cheval vont et viennent au milieu des chaussées, entre les rangs des troupes, et font strictement leur service.

Ce qui est certain, c'est que la surveillance est étroite partout. Pour gagner l'église San Jeronymo, le cortège royal doit suivre un viaduc dont la police a complètement interdit l'accès à quiconque, si bien que les personnages officiels se rendant directement à l'église doivent faire un détour assez long pour éviter ce viaduc, qui est l'objet d'une garde sévère.

D'ailleurs, l'accès de l'église elle-même n'est pas non plus facile. Les portes, outre leur garde d'honneur, sont placées sous le contrôle d'agents de la Sûreté, chargés d'examiner soigneusement les arrivants et de vérifier les cartes permettant l'entrée de l'église.

Cette dernière, du reste est très petite, ayant été

bâtie il y a 400 ans. Bien qu'elle fût située d'une façon incommode pour le service nécessité par une semblable cérémonie, elle a été choisie en raison de son intérêt historique, les réunions des Cortès s'y étant tenues pendant 300 ans.

C'est aux environs de cette vénérable église San Jeronymo que l'affluence était la plus considérable, mais une foule nombreuse se pressait également devant le Palais Royal et aux abords du Ministère de la marine. Les cortèges du roi et de la princesse doivent, en effet, partir respectivement de ces deux points pour se rejoindre au seuil de l'église.

La princesse Ena a passé la nuit dernière à la Villa Royale du Pardo. Elle a fait son entrée dans Madrid, ce matin, à neuf heures, accompagnée par sa mère, la princesse Henry de Battenberg, et par les dames de sa suite.

C'est par la route du Paseo de la Florida que le cortège de la fiancée s'est avancé dans la ville, salué à son passage par de frénétiques ovations.

La princesse était escortée par les grands d'Espagne. Le cortège, après avoir longé le côté nord des jardins du Palais Royal, s'est arrêté devant le ministère de la marine, sur la Calle de Bailen.

Lorsqu'elle eut pénétré dans l'édifice avec sa mère et les dames de sa suite, la princesse fut reçue par la reine-mère d'Espagne. On conduisit la fiancée aux appartements qui avaient été préparés pour elle et où, pour la première fois, les dames d'honneur de la cour d'Espagne prirent leur service auprès d'elle. Ce fut la première dame d'honneur, la duchesse de Fernan Nunez, qui l'aida à revêtir sa toilette de mariée.

A onze heures moins quelques minutes, — c'est-à-dire avec un léger retard sur l'horaire officiel — le cortège de la princesse se reforme pour se rendre à l'église de San Geronimo. La fiancée a pris place dans un magnifique carrosse traîné par six chevaux où se trouvent à ses côtés sa mère la princesse Henry de Battenberg et la reine-mère d'Espagne. Le cortège se met en marche dans l'ordre suivant :

1º La duchesse de la Conquista, Miss Cochrane, lady William Cecil et le grand d'Espagne de service auprès de la reine Christine;

2º Les princes Léopold et Maurice de Battenberg et lord William Cecil.

3º La princesse Marie de Battenberg, le prince Victor son fils, et le prince Alexandre de Battenberg;

4º Les princesses Victoria et Béatrice de Battenberg et la reine Marie-Christine.

Presque au même moment, le cortège du roi quittait le Palais-Royal avec un peu plus de hâte, de façon à arriver au seuil de l'église avant la princesse. Le cortège du roi était ainsi composé :

En tête, s'avançaient les hérauts d'armes.

2º Berline de demi-gala : le comte de San Roman avec le grand d'Espagne de service.

3º Berline de demi-gala : la duchesse de San Carlos et le général Pacheco.

4º Le duc de Sotomayor et le marquis de la Mina.

5º L'infant don Alphonse d'Orléans et les princes Rénier et Philippe de Bourbon.

6º Les infantes dona Paz et dona Eulalie.

7º Les infantes dona Marie-Thérèse, dona Isabelle, l'infant don Ferdinand de Bavière et le prince Xavier de Bourbon.

8º La princesse Frédérique de Hanovre, le prince et la princesse de Teck et le prince Henri de Prusse.

9° La duchesse de Saxe-Cobourg et la princesse Béatrice de Saxe.

10° Le prince de Suède, les princes de Bavière et le prince de Monaco et cinq autres voitures pour les autres personnages princiers.

La petite église de San Geronimo a reçu une brillante décoration à l'occasion du mariage royal. A l'extérieur l'église a été nettoyée, les larges marches qui conduisent au porche ont été restaurées pour la circonstance et le porche lui-même, superbement sculpté, a été décoré de magnifiques tapisseries des Gobelins provenant des collections de la couronne. La façade est en outre décorée de drapeaux espagnols et anglais et de guirlandes entrelacées, mêlant les couleurs nationales des deux pays. L'ensemble est très riche et très gracieux.

L'intérieur de l'église a été orné de tentures de velours rouge et de damas brochés d'or avec la couronne royale d'Espagne. Des bannières rouges aux armes espagnoles étaient suspendues aux piliers. L'église étincelait à la clarté des milliers de lampes s'irradient dans les splendides lustres de cristal disposés dans la nef.

Quant à l'autel, où va officier le cardinal Sancha, primat d'Espagne, ce n'est qu'un amas de fleurs parmi lesquelles prédominent les roses et les œillets.

En face de l'autel, des fauteuils ont été placés pour les membres des familles royales anglaise et espagnole. Derrière eux, occupant la nef, se trouvent, d'un côté, les sièges assignés aux ministres d'État, aux membres du corps diplomatique, aux commandants de corps d'armée et aux amiraux; de l'autre, les places réservées aux membres des ambassades spéciales des puissances européennes, des États-Unis, du Maroc et de l'Amérique du Sud. En arrière des personnages officiels, les dames de la cour et les grands d'Espagne, et enfin les membres des Cortès.

A droite de l'autel, est érigé le dais royal, couvert de velours rouge brodé d'or, sous lequel deux fauteuils dorés, recouverts de coussins de soie blanche, ont été disposés pour le roi Alphonse et sa fiancée.

Quatre chevaliers d'armes, revêtus de longs manteaux rouges brodés d'or, occupent les quatre angles du dais, sous lequel vont prendre place les époux royaux.

En arrivant à l'église San Jeronymo, au milieu des acclamations les plus enthousiastes, le cortège royal a été reçu sur le parvis par le cardinal Sancha et les autres membres du clergé officiant.

Le cortège nuptial se forma rapidement pour traverser la nef et gagner le chœur, conduit processionnellement par les prélats assistants. Le roi était en uniforme de capitaine-général de l'armée espagnole avec l'épée au côté. Il était suivi par son beau-frère le prince des Asturies.

La princesse Ena, qui paraissait très émue, était infiniment gracieuse dans sa robe de satin blanc duchesse, le corsage garni de dentelles blanches d'Alençon et brodé de guirlandes de roses d'argent et de fleurs d'oranger avec entrelacs de fleurs de lis. Du haut des manches tombaient des garnitures brodées de fleurs d'oranger en argent venant se rattacher aux coudes. Aux épaules s'attachait un manteau de cour de satin blanc, avec les mêmes garnitures et les mêmes broderies que la robe, dont la longue traîne était brodée d'une garniture de fleurs de lis.

Disons tout de suite que, suivant la coutume espagnole, la jeune reine offrira demain sa robe nuptiale à la célèbre Vierge de la Paloma, que le peuple de Madrid tient en particulière vénération.

La reine-mère était à la tête d'un cortège de jeunes filles appartenant aux familles des grands d'Espagne et remplissant les fonctions de demoiselles d'honneur. Ces jeunes filles portaient des robes blanches et avaient épinglé à leur corsage des broches ornées de diamants et d'émeraudes reproduisant les initiales de la fiancée : V. E., surmontées par une couronne de diamants. Ces bijoux leur avaient été offerts par le roi Alphonse.

Quand le cortège eut atteint l'autel, les fiancés restèrent debout et le service religieux commença peu après, Le cardinal Sancha, debout, en face des deux fiancés, avait à ses côtés le nonce apostolique, Mᵍʳ Rinaldini, et l'envoyé du pape, Mᵍʳ Locatelli. Derrière eux, étaient groupés un grand nombre des évêques d'Espagne.

Le service religieux fut court et la cérémonie s'accomplit selon le rite, mais avec une extrême exactitude dans le détail. C'est ainsi que le roi Alphonse XIII a tenu à se conformer à une très vieille tradition d'après laquelle l'époux donne à sa fiancée treize pièces d'or appelées « Arras ».

Ces pièces d'or sont le symbole du Christ et de ses douze disciples et, en les remettant à sa fiancée, le jeune roi lui dit : « Ma femme, prenez ces « Arras », que je vous présente comme témoignage de notre union. »

Le cardinal adressa alors une courte allocution aux jeunes mariés.

Le roi et la jeune reine quittèrent ensuite le chœur et furent conduits avec leurs témoins dans un salon réservé dans le cloître où ils signèrent le registre de mariage. Revenus ensuite dans le chœur, les nouveaux époux entendirent un *Te Deum* solennel chanté par les chœurs et que l'assistance entière écouta debout.

La sortie s'effectua ensuite solennellement, aux sons d'une marche triomphale, tandis que des salves de canon annonçaient au peuple de Madrid que le roi Alphonse XIII et la jeune reine Victoria étaient mariés.

Au milieu des ovations populaires, le couple royal apparaissait sur les marches de l'église San Jeronymo.

Pour la population madrilène et les visiteurs accourus de toutes parts dans la capitale, le retour du cortège royal, à travers les rues de Madrid, était le spectacle attendu impatiemment depuis les premières heures de la matinée.

L'affluence était énorme sur tout le parcours qu'il devait suivre : la rue Alphonse XIII, en contournant le Parc du Buen Retiro, la Plaza de la Independancia, la Calle d'Alcala, la Puerta del Sol et la Plaza Oriente, pour aboutir aux Jardins du Palais-Royal.

Le cortège se déroulait sur une longueur de plus de deux kilomètres. Son arrivée était annoncée par des trompettes en costumes du moyen âge, rouges avec manteaux espagnols richement brodés d'armoiries. Ils étaient suivis par des piqueurs des écuries royales, conduisant en mains de splendides chevaux de race espagnole, portant les harnais des différents régiments européens dans lesquels le roi Alphonse a un grade honoraire.

Derrière ces piqueurs venaient les voitures des rois d'armes et des fonctionnaires du Palais, précédant immédiatement les carrosses de la cour, des grands d'Espagne et des hauts dignitaires, au nombre d'une cinquantaine, dont le défilé a constitué un véritable spectacle de féerie.

De place en place, le long de l'itinéraire suivi par le cortège, les musiques militaires de la garnison étaient échelonnées et faisaient alterner la *Marche royale* et l'hymne anglais.

Les voitures contenant les membres des deux familles royales précédaient directement le carrosse où avaient pris place les jeunes épaux. Ce carrosse, entièrement argenté, que surmontait une grande couronne royale, était traîné par huit chevaux blancs avec panaches blancs et caparaçons argentés. Des laquais menaient les chevaux en mains, tandis que d'autres formaient la haie de chaque côté du carrosse.

Le passage du roi et de la reine a provoqué sur tout le parcours des manifestations de joie enthousiaste. Tous deux étaient très visibles et saluaient continuellement la foule.

Le roi Alphonse et la reine Victoria Ena resteront à Madrid jusqu'à la fin de la semaine prochaine pour participer aux séries de fêtes organisées en leur honneur.

Le 8 juin, les deux époux partiront pour passer leur lune de miel au palais de la Granja, près de Ségovie. Ils y resteront une quinzaine de jours et reviendront alors à Saint-Sébastien pour y passer l'été.

Des dépêches officielles annoncent que toutes les villes et toutes les localités de l'Espagne célèbrent simultanément des fêtes pour solenniser le mariage royal. Partout des offices religieux sont célébrés. Les villes sont illuminées. Des aumônes sont distribuées aux pauvres.

Blason des Armes de Castille

XVI

L'Attentat de Madrid

Alphonse XIII et la reine Victoria font, sans escorte, une promenade dans Madrid. — Détails sur l'attentat de la Calle Mayor. — Héroïsme des jeunes soldats. — Des bombes dans des fleurs. — L'assassin est un anarchiste nommé Mateo Moral.

Madrid, 1er juin 1906.

Je n'ai jamais ressenti d'aussi étrange impression que celle que procure aujourd'hui le spectacle des rues de Madrid. Une ombre de tristesse s'est abattue soudain sur tous ses préparatifs de fête et ce peuple s'amuse encore, sans cesser de parler avec colère de l'abominable attentat qui est venu troubler l'allégresse générale.

La soirée d'hier a vu Madrid s'illuminer, et, jusqu'à trois heures du matin, les bals populaires firent entendre les joyeux accords de leurs musiques; mais l'entrain faisait défaut, et les Madrilènes ont préféré défiler en longues manifestations devant le Palais Royal en jetant mille fois vers ses fenêtres attristées les cris de : « Vive le roi ! Vive la reine Victoria ! »

Les ministres se sont réunis et ont, d'ailleurs, décidé de continuer les fêtes dont doivent être remplies les journées prochaines. Le deuil qui frappe tant de familles

13

avait fait hésiter sur ce point; mais comment serait-il possible de décommander tout un programme aussi complexe et préparé de si longue date?

Du moins, le roi Alphonse XIII a-t-il fermement déclaré, dès le soir même de l'attentat, qu'il voulait que les obsèques des malheureuses victimes de cette sanglante journée fussent aussi solennelles que possible, et il a déclaré qu'il entendait y assister lui-même.

La nouvelle de cette décision a obtenu auprès du peuple madrilène le plus sympathique accueil. Tous y ont vu une preuve nouvelle du courage tranquille dont fait preuve le jeune souverain. Il en a donné d'ailleurs, ainsi que la nouvelle reine, un témoignage plus formel encore.

Le roi Alphonse XIII et la reine Victoria se sont en effet promenés ce matin en automobile, et sans escorte, à travers les rues de Madrid. Une foule immense les a acclamés et félicités d'avoir échappé à l'attentat d'hier, et de prouver par leur attitude la confiance qu'ils gardent malgré tout en leur peuple.

Les victimes que l'engin mystérieux a frappées à mort ne sont pas moins de vingt-huit.

L'attentat a été commis avec une sûreté déconcertante. La bombe, qui a éclaté avec une violence inouïe, a fait des ravages tels qu'il est presque impossible de croire, comme je vous l'expliquerai dans un instant, qu'il n'y en ait eu qu'une seule. Ma conviction personnelle, étayée, d'ailleurs, sur les déclarations d'un policier fort expert, est qu'il y a eu deux bombes.

Les détails plus circonstanciés que j'ai pu me procurer sont d'un intérêt tel que je ne crois pas inutile de reprendre entièrement le récit de ce drame brutal et poignant.

Il allait être deux heures de l'après-midi. Le cortège royal était déjà presque entièrement entré dans le palais; les carrosses dits « de respect », qui précédaient à vide le carrosse royal, touchaient à la grille du palais; la reine-mère montait déjà le grand escalier, quand retentit une forte détonation. La foule l'accueillit avec des cris de satisfaction, car on crut que c'était le premier coup d'une salve d'artillerie. Ce ne fut qu'en voyant apparaître soudain les postiers à cheval du carrosse royal, les traits décomposés, montés sur trois chevaux blessés et couverts de sang, qu'on se douta d'un attentat.

Presque aussitôt, d'ailleurs, arrivait un autre carrosse dans lequel les souverains, sains et saufs, avaient pu prendre place.

Que s'était-il passé en arrière?

**

Le carrosse du roi allait entrer dans la partie large de la rue Mayor, où se trouvent l'ambassade d'Italie, la demeure de don Andrès Mellado, ancien ministre de l'Instruction publique, et le palais du capitaine-général. La dernière maison à locataires, qui fait l'angle de la rue Saint-Nicolas, allait être dépassée, et tout danger d'attentat semblait pour ce jour absolument écarté, car les souverains n'étaient plus qu'à quelque cent mètres du Palais Royal, lorsque les bombes furent lancées avec une effrayante précision.

L'auteur de l'attentat occupait un balcon situé au troisième étage au-dessus de l'entresol (ce qui équivaut à un quatrième) de la maison portant le numéro 88 de la rue Mayor. Une photographie de l'attentat a été prise, par le plus grand des hasards, par un particulier

qui ne se doutait guère que son appareil clichait un ins-
tantané historique. Or, cette photographie indique bien
le point précis où les engins sont tombés, et par consé-
quent la trajectoire qu'il leur a fallu décrire.

Voici les déclarations que m'a faites à cet égard un
policier qui fut en même temps témoin oculaire de
l'attentat :

— Remarquez, me dit ce policier, que le carrosse se
trouvait, au moment de l'explosion des bombes, juste
devant les deux premières fenêtres de l'ambassade
d'Italie. Il était donc sorti de la partie étroite de la Calle
Mayor et avait dépassé de trois mètres ou même plus
le 88 de la rue.

Donc, voyez comment la logique explique l'attentat.
Le coupable, dont nous chercherons plus loin l'identité,
a lancé du balcon du quatrième étage un bouquet de
fleurs contenant deux bombes à renversement. Il est
même certain que, dans sa précipitation, il s'est légèrement coupé les doigts avec le tube de verre de l'une
des bombes. L'existence des deux bombes est prouvée
par les nombreux morts et blessés frappés dans la
maison. La fenêtre d'où sont parties les bombes est
l'avant-dernière dans la maison, et le bouquet qui les
contenait a dû être lancé avec force, pour tomber sur
le carrosse. Telle était sûrement l'intention du criminel.
Il voulait que les bombes tombassent sur la couronne
royale qui surmonte le carrosse, et il espérait que, dans
ce choc, elles iraient exploser une sur le devant et l'autre
sur le derrière de ce véhicule énorme.

Ce dessein n'a pu être réalisé grâce aux deux poteaux
qui, du coin de la rue San-Nicolas à l'angle du 88, et du
coin de la plaza de Los Consejos à l'angle de la maison
qui fait face au 88, soutenaient une grande bande de
calicot, au-dessus de la rue Mayor. Sur cette bande de

calicot, étaient écrits, en caractères énormes : « Salut à Leurs Majestés. » Or, le carrosse avait dépassé ces deux poteaux et le bouquet de fleurs a dû heurter, dans sa chute, la bande de calicot ou une banderole, ou encore un des fils électriques des tramways qui passent au milieu de la rue, à hauteur du second étage. Sous ce choc, les bombes sont sorties du bouquet. Une a dû faire explosion immédiatement, en l'air, et cela explique que toutes les personnes qui se trouvaient aux balcons du second et du troisième étages aient été tuées et que la façade ait été criblée de morceaux de bombe.

La seconde bombe est tombée là où elle était dirigée par le bras de l'assassin, entre les deux chevaux du timon. Peut-être même est-elle allée plus loin que le voulait ce misérable, à cause du choc contre quelque obstacle. Mais qu'une bombe ait explosé en l'air, à la hauteur du second étage de la maison portant le numéro 88, c'est indéniable, car la marquise de Tolosa et sa fille, don Antonio Calvo Gonzalez et la jeune Carmen Prieto, qui se trouvaient à ces balcons, dans l'appartement du duc de Ahumada, furent tués sur le coup, tandis que des nombreux curieux qui se tenaient au-dessous, aux fenêtres du tailleur Mingotte, qui habite l'entresol, aucun n'a été tué. Il est vrai que ces curieux étaient protégés par une tente à demi tirée, mais la protection de cette toile eût été bien inefficace si la bombe avait éclaté à leur hauteur.

Pour moi, la bombe a dû éclater entre le troisième et le second étage, à dix mètres du sol.

Au moment même où se produisit l'effroyable détonation, le carrosse royal fléchit sur ses roues d'avant,

les deux chevaux de timon s'abattirent complètement,
éventrés par l'une des bombes, qui avaient éclaté sous
leurs jambes.

Le piqueur qui marchait à côté des chevaux fut mis
en bouillie; le cocher, jeté à bas du siège très large et
très élevé du carrosse, fut blessé très grièvement. Tout
l'avant-train de la voiture était criblé d'éraflures pro-
fondes, particulièrement du côté droit.

Un garde civil à cheval qui se tenait de ce côté et
un soldat de l'escorte royale furent tués tous les deux.
Plusieurs soldats du régiment de Wadrass qui formaient
la haie tombèrent comme fauchés par la mitraille.
Certains d'entre eux avaient les pieds déchiquetés.

Et tout autour de ces malheureux, les blessés étaient
nombreux.

Citons d'abord les postillons et valets de pied des
autres chevaux du carrosse. Sur huit chevaux, il n'y
a que les trois chevaux de tête qui sont légèrement blessés; les autres étaient ensanglantés et tous leurs traits
brisés. Un écuyer du roi, Alvarez de Toledo, qui trot-
tait à la hauteur des chevaux de timon, a été blessé
au pied et à la figure par des éclats. Il se porta aussitôt
devant la portière du carrosse et s'informa de Leurs
Majestés. La reine Victoria lui dit :

— Avant de vous occuper de nous, qui sommes
saufs, occupez-vous de vous, qui êtes blessé.

Et comme Alvarez continuait à demander :

— Mais Vos Majestés, que puis-je pour vos Majestés?

Le roi lui dit avec sa bonté familière :

— Assez de paroles, mon brave Alvarez, et va te faire
soigner. Tu en as besoin en ce moment.

Le capitaine-général Villar y Vellato, qui montait
un magnifique cheval à côté de la portière, se redressait
de terre où son cheval blessé au ventre l'avait projeté,

et se mettait aux ordres de Sa Majesté. Il invita le roi à ouvrir la portière et Alphonse XIII sautait à terre en criant :

— Ce n'est rien !

Le roi a reçu en pleine poitrine un éclat du cristal de la portière qui brisa plusieurs anneaux du collier de Santiago de Portugal, sans occasionner la moindre blessure au monarque.

— Ne pleure pas ! Ne pleure pas ! ne cessait de répéter le roi à la reine Victoria, dont on devine l'émotion. Ce n'est rien.

Et il lui donna la main et la fit descendre du carrosse. La reine Victoria eut les souliers et le bas de sa robe de mariée tachés du sang des chevaux et des victimes qui inondait la chaussée.

Le président du Conseil des ministres, Don Sigismond Moret, qui suivait le carrosse royal dans sa voiture particulière, avait résolument sauté à terre au bruit de l'explosion et accourait devant le roi :

— Sire, me voici, dit-il. Montez dans ce carrosse vide.

Il donna les ordres nécessaires et conduisit Leurs Majestés au carrosse.

Pendant ce temps, des écuyers à cheval partaient au grand galop prévenir la reine-mère et la rassurer. Le comte del Grove, aide de camp du roi, qui venait immédiatement derrière le carrosse, eut son cheval si gravement atteint au poitrail par un éclat de bombe qu'il dut, après s'être précipité à la portière du carrosse, descendre de cheval.

Un bel exemple de discipline et de bravoure a été donné par les petits soldats du régiment de Wadrass. Tous ceux qui faisaient la haie à droite du carrosse furent tués ou blessés. Hier soir, à l'appel, dans la caserne, on comptait 29 soldats absents. Le capitaine Rasilla, les lieutenants Reimlein et Prende étaient tués. Le capitaine Valcarcel était atteint à la tête.

Malgré ces effroyables effets de la bombe, seuls les soldats et officiers tués tombèrent. Tous les autres, même les blessés, restèrent à leur poste sans bouger.

Le populaire de Madrid, qui habite les vieux quartiers de la rue de Tolède et Plaza Mayor, a fait des ovations au régiment quand il est rentré à sa caserne.

Décrire l'arrivée du roi et de la reine au palais, au milieu d'un peuple en délire, qui aurait voulu les porter en triomphe, est impossible.

Au Palais-Royal, la reine-mère, les princes étrangers, la famille royale, la maison du roi, les attendaient et les ont littéralement transportés dans leurs bras jusqu'au premier étage.

Le roi et la reine Victoria, après avoir reçu les embrassements de tous leurs parents, demandèrent surtout des nouvelles des blessés. Le roi pria son beau-frère, l'infant Don Carlos de Bourbon, d'aller visiter les blessés en son nom ; et ce prince, si populaire, sut si bien accomplir cette mission dans les hôpitaux et maisons particulières de Madrid qu'il fut, à diverses reprises, l'objet des ovations du peuple

Le roi dit au prince de Galles, qui le félicitait d'être sauvé :

— Il y a un an, jour pour jour, les anarchistes m'ont donné le baptême du feu à Paris. Aujourd'hui, ils le donnent à la reine, et c'est pour elle surtout que je suis heureux du miracle qui nous a sauvés.

Et le roi ajouta en souriant :

— Si j'avais eu peur, j'aurais eu peur pour mon épouse.

*
* *

Quel est l'auteur de cet attentat ignoble?

On avait cru, au premier moment, que c'était un jeune Italien qui s'était suicidé, aussitôt le coup fait; mais ce bruit a été reconnu faux. Celui qui avait été pris pour un anarchiste italien était un nommé Eusebio Florès Turbado, de famille fort honorable, et excellent sujet, qui ayant eu le malheur de se trouver au balcon voisin de celui dont partirent les bombes, reçut un éclat dans la gorge et fut trouvé penché sur le rebord de la fenêtre, dans un bain de sang.

La police a arrêté, hier soir, trente-deux personnes soupçonnées, dont 28 anarchistes connus; mais le véritable assassin est encore en fuite.

Ce matin, à neuf heures, un garde civil a arrêté, à la gare du Midi, un individu répondant au signalement du criminel présumé. La population a fait une ovation à ce garde et l'a porté en triomphe au Palais Royal, où Alphonse XIII l'a félicité en lui déclarant que l'acte des anarchistes était une lâcheté, qu'il n'éprouvait, quant à lui, aucune crainte, et que son seul regret était de voir assassiner tant de malheureuses victimes.

— Les anarchistes, dit le roi, sont des êtres malfaisants dignes d'être mis au ban de la société.

Mais les ovations populaires ont été de courte durée, car le ministère de l'Intérieur a fait savoir que l'individu arrêté n'était pas encore le coupable.

La police est convaincue que l'assassin se nomme Mateo Moral et est arrivé de Barcelone le 21; à ce moment, il alla se loger à l'hôtel Iberia, dans la rue Arenal. Il était mal vêtu et de tournure vulgaire. Il prit une chambre de 15 pesetas, mais fut mécontent de ne pouvoir avoir de fenêtre sur la rue Arenal et quitta cet hôtel le lendemain, pour aller habiter le cinquième étage de la maison 88, rue Mayor, où il loua la chambre trop fameuse pour 25 pesetas par jour, sans la nourriture. Il demanda un commissionnaire et envoya le mari de la bonne de cette *casa de huespedes* (lisez : pension de famille) chercher sa valise à l'hôtel Iberia. Cette valise est assez luxueuse, en cuir jaune, et contient un superbe nécessaire de toilette qui contraste avec la tenue de cet individu. Il avait été amené au 88 de la rue Mayor par la lecture d'une annonce parue dans les journaux.

L'inconnu déclara au propriétaire de l'appartement meublé, José Cuestas, dont nous tenons ces détails, qu'il se nommait Mateo Moral et indiqua comme papier d'identité une cédule ou feuille d'acquit de contribution payée à Barcelone et portant le numéro 4,136.

Cet individu se fit donner la chambre en question, dont la porte donnait en face de l'escalier. Il avait des allures réglées, sortait le matin à dix heures, et rentrait le soir à six heures, sans recevoir aucune visite. Il déclarait aimer beaucoup les fleurs et se faisait acheter un gros bouquet tous les jours.

Hier matin, il demanda qu'on lui en portât trois et, comme la domestique s'étonnait, il répondit que c'était pour les jeter sur le roi, car il adorait la monarchie. Le logeur vint alors le trouver et lui faire observer que jeter des fleurs était défendu, ce qui lui fit dire qu'il donnerait les bouquets à des parents qu'il attendait et qui devaient venir pour voir passer le cortège. Il donna 30 pesetas, en outre, au logeur pour pavoiser sa fenêtre et la fenêtre voisine, mais il refusa de laisser venir des jeunes filles qui habitaient une chambre donnant sur la cour intérieure et qui voulaient assister, de son balcon, au passage du cortège royal. Il prétexta que ses parents étaient déjà trop nombreux.

Vers midi, il joua une autre comédie : il se dit malade et demanda du bicarbonate de soude pour soigner son estomac. Il se jeta en effet sur son lit et ne se leva qu'au moment du passage du cortège.

Deux employés de l'administration de l'*Imparcial* qui, par hasard, étaient venus assister au défiler du cortège chez un voisin de palier de cette maison, déclarent que, se trouvant au balcon, ils ont vu parfaitement un homme de vingt-huit à trente ans, avec une légère moustache et un chapeau Frégoli, apparaître au balcon voisin et lancer un énorme bouquet de fleurs sur le carrosse royal. Mateo Moral se précipita aussitôt dans l'escalier de la maison et le descendit quatre à quatre. Des voisins qui remontaient, effrayés par l'explosion, l'ayant interpellé, il cria : « Je vais voir ce qui arrive. » Il profita de la fumée et du moment d'affolement de tous pour s'élancer hors de la maison et enfiler la rue San-Nicolas, par où il prit la fuite.

Deux minutes plus tard, on barrait toutes les issues avec des cordons de troupe, et nul ne pouvait plus sortir de la maison de l'attentat, mais il était trop tard.

On trouva dans la chambre du criminel, sur la toilette, de nombreux flacons vides. Une forte odeur d'amande amère régnait dans la pièce, et deux serviettes tachées de sang prouvaient que Moral s'était coupé les doigts en cassant le tube de verre de la bombe à mélange détonant qu'il avait fabriquée. Le linge de corps de ce misérable est très fin et marqué « MM. ». Il a abandonné dans sa fuite un pardessus doublé de soie et deux chapeaux. Ce Mateo Moral est un homme de

vingt-six ans environ, de taille moyenne, et dont la
moustache est peu fournie. La façon dont il a commis
son attentat indique beaucoup d'expérience des pré-
parations chimiques et une grande habileté. Cet homme
a tout prévu, et la police n'a pas pu l'arrêter jusqu'à
cette heure. On affirme pourtant qu'on ne tardera pas
à le capturer.

Rappelons, en passant, que le ou les auteurs de l'attentat de la rue de Rohan n'ont pas été arrêtés et
courent encore. Serait-ce Mateo Moral qui a fait les
deux coups? La police espagnole semble le croire.

*
*　*

Je dois mentionner aussi la signification qui est donnée
à l'arrestation opérée à la gare du Midi et qui concer-
nerait un complice. L'homme arrêté est un Anglais, âgé
d'environ cinquante ans, et qui se nommerait Robert
Hamilton. C'est à huit heures et demie, au moment où
il allait prendre un train pour Tolède, qu'a eu lieu son
arrestation. Voici le récit qui en est fait, d'après les
renseignements les plus sûrs.

Un garde civil, Francisco Mirallès, se trouvait hier
en face de la maison où s'est produit l'attentat et a
remarqué qu'il n'y avait tout d'abord personne sur le
balcon d'où est partie la bombe, détail qui concorde bien
avec les autres témoignages.

Or, ce garde a pris du service à une certaine époque
à Barcelone et connaissait Moral, qu'il avait déjà arrêté
comme suspect.

Un moment avant le passage du cortège, le garde
certifie que le criminel est venu sur le balcon, accompagné d'un autre individu. Le garde le reconnut alors

et fixa toute son attention sur lui et sur son compagnon.

Après l'attentat, le garde a été envoyé à la gare surveiller la sortie des trains.

Quelle ne fut pas sa surprise de voir arriver un voyageur dans lequel il reconnut l'individu qui accompagnait Mateo Moral. Le personnage mystérieux s'était fait raser; il était assez élégamment vêtu et portait un chapeau haut de forme.

La foule qui assistait à son arrestation a voulu le lyncher, et il a été conduit aussitôt dans les bureaux du chef de gare et gardé à vue.

Autour de l'édifice, plus de 8.000 personnes attendaient la sortie du détenu, qui a été amené à onze heures et demie chez le juge d'instruction

On a trouvé sur Hamilton un couteau, une fourchette et une somme de 75 pesetas en argent. Il a déclaré avoir assisté la veille à la course de taureaux, mais n'a pas su donner l'emploi de son temps dans la matinée d'hier. Il a refusé de dire où il habitait.

Une personne qui lui a parlé déclare qu'on ne peut rien savoir de certain sur son compte; il dira tout devant le consul anglais. Interrogé sur le nom de la personne qui l'avait rasé, il a répondu que c'était un coiffeur dont la boutique est voisine de la gare où il a été arrêté.

Les policiers anglais et italiens qui se sont rendus au lieu de sa détention ont déclaré ne pas connaître Hamilton. Le gérant de la maison sise 88, rue Mayor, et le locataire qui a rencontré hier l'auteur de l'attentat n'ont pas reconnu en Hamilton le criminel.

Le concierge, de son côté, prétend l'avoir vu monter hier à l'étage d'où a été lancée la bombe.

Le garde civil Francisco Mirallès est également très

affirmatif au sujet de la personne qui est venue sur le balcon en compagnie de Moral, voir quand arrivait la voiture royale.

Hamilton parle l'anglais, l'italien et l'espagnol.

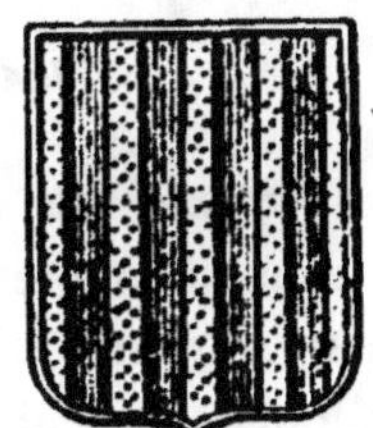

Armes royales d'Aragon

XVII

Après l'Attentat

FÊTES POPULAIRES ET CÉRÉMONIES FUNÈBRES. — MATEO
MORAL SE SUICIDE. — LES ANTÉCÉDENTS DE L'ANAR-
CHISTE. — LE COMTE DE ROMANONÈS, MINISTRE DE
L'INTÉRIEUR, JUGE CET EFFROYABLE CRIME POLI-
TIQUE AVEC TOUTE LA SÉRÉNITÉ D'UN HOMME D'ÉTAT.

Madrid, 2 juin 1906.

C'est un singulier spectacle que celui de cette ville
pavoisée où les fêtes populaires alternent avec les cérémonies funèbres. Rien, en effet, n'a pu être modifié
au programme des réjouissances, si ce n'est que le bal
de gala qui devait avoir lieu ce soir au Palais Royal
sera remplacé par une réception.

Au dehors, les esprits restent inquiets. A tout instant,
le public, dans la rue, est pris de panique. Déjà beaucoup
d'étrangers ont quitté Madrid et les trains en partance
sont encombrés. Les autorités municipales prennent
partout des précautions extraordinaires et qu'on ne
saurait, d'ailleurs, critiquer. Mais tout ce luxe de mesures d'ordre ne saurait empêcher les provinciaux venus
à Madrid de s'enfuir avant la fin des fêtes.

Malgré tout, les grandes artères de la capitale ont
présenté toute la journée la plus vive animation. C'est
surtout rue Mayor, à la Puerta del Sol et devant le
Palais Royal, que la foule s'est pressée nombreuse.

Ce matin on a procédé à l'inhumation des pauvres soldats tués par la bombe et dont la cérémonie funèbre avait eu lieu hier.

Cette cérémonie a été tout à fait imposante.

Huit corbillards, traînés chacun par six chevaux, portaient les cercueils sur lesquels on apercevait les képis du capitaine et des deux lieutenants tués. Les autres cercueils étaient ceux du caporal et des simples soldats tués à côté de leurs chefs.

Le deuil était conduit par le maire et le gouverneur militaire.

L'infant Carlos de Bourbon, en qualité de représentant du roi; le prince Alexandre de Battenberg, au nom de la reine Victoria; l'infant Fernand de Bavière, l'infant Alphonse, le prince Ferdinand de Bavière, l'évêque de Nottingham ont assisté aux obsèques.

La princesse Béatrice de Battenberg avait envoyé lord William Cecil pour la représenter aux funérailles. Le prince de Galles, le duc de Gênes, l'archiduc d'Autriche s'étaient également fait représenter.

Les membres du gouvernement au complet suivaient également le convoi ainsi que les généraux Bascaran, Pacheco et Luque. On remarquait également tous les généraux résidant à Madrid, les attachés militaires navals de toutes les puissances et des officiers de tous grades appartenant à tous les corps en garnison à Madrid.

Enfin, tous les partis politiques avaient tenu à envoyer des représentants.

En tête du cortège funèbre marchait un détachement de la garde civique et derrière chaque corbillard suivaient des troupes de la marine.

Depuis l'hôpital de la Princesse, d'où est parti le cortège, jusqu'au cimetière de l'Est, les rues étaient

envahies par une foule innombrable que les troupes
formant la haie avaient la plus grande peine à maintenir. Sur un parcours d'environ dix kilomètres, se presse
ainsi une affluence qu'il n'est pas exagéré d'évaluer
à 3 ou 400.000 personnes. Malgré les remous de curiosité qui se produisaient à chaque instant, cette foule a
su garder un silence imposant et recueilli. La cérémonie
s'est déroulée sans incident.

Plusieurs blessés sont dans un état grave. On redoute
de nouveaux décès, malgré les soins dévoués et entendus qui sont prodigués dans les hôpitaux par le corps
médical.

Un des soldats qui ont été blessés hier est atteint
d'une amnésie et d'une aphasie étranges.

Le roi et la reine Ena-Victoria se font tenir au courant
de la santé des blessés.

Ils ont fait porter des secours aux familles des néces
siteux qui se trouvent à l'hôpital. Le roi seul connait
exactement le nombre des morts; la reine croit que ce
nombre n'atteint pas la dizaine.

Le roi a fait remettre une somme de 50.000 pesetas
pour être répartie entre les divers établissements de
bienfaisance de Madrid.

Alphonse XIII a ordonné au ministère de la guerre
d'établir aussitôt des brevets de décorations pour tous
les militaires blessés lors de l'attentat du 31 mai et de
les lui présenter à signer. Le roi a de même ordonné
que tous ces officiers et soldats reçoivent, à dater du
1er juin, une pension exceptionnelle.

Les familles des morts militaires et civils et les blessés
civils recevront également une pension spéciale.

On assure que l'ambassadeur de France et l'ambassadeur d'Allemagne avaient tous deux prévenu Alphonse XIII de l'existence d'un complot.

Malgré le danger que le roi a couru et l'émotion iné-vitable dont il a été l'objet, il a conservé sa sérénité absolue.

Après l'attentat, il reconnaissait avoir échappé mira-culeusement à la mort et disait à son entourage :

— Beaucoup se marient à vingt ans, mais peu re-naissent à la vie comme moi le même jour.

Cette phrase a été relevée par divers membres des missions étrangères.

On prête aussi ce mot au roi :

— Ceci n'est qu'infamie et couardise. S'ils veulent me tuer, qu'ils m'abordent face à face et ne versent pas le sang des innocents.

*
* *

La police continue les perquisitions. Tous les environs de Madrid sont surveillés par la garde civile, car le Ministre de l'Intérieur est persuadé que le coupable se trouve encore dans la capitale, abrité chez un com-plice.

A Barcelone, une personne suspecte a été arrêtée au moment où elle descendait du train venant de Madrid.

A Sabadell, près de Barcelone, la police recherche le lieu où habitait l'auteur de l'attentat. On croit que c'est le même individu qui se signala parmi les anar-chistes et leur fournit de l'argent.

Voici ce qui donne un certain poids à ces supposi-tions.

Le gouverneur a reçu la visite d'un commerçant qui lui a déclaré qu'il avait fait le voyage en chemin de fer avec un individu dont le signalement correspond à celui de Moral ou Moralès et dont il vit sur une carte de visite échappée d'un portefeuille le nom de Martin Moral.

Cet individu lui dit être placier en tissus et se rendre à Sabadell. Le commerçant montra en même temps une photographie de son compagnon de voyage, photographie que celui-ci avait perdue en même temps que sa carte, et où l'on reconnaissait l'auteur présumé de l'attentat.

On prévint immédiatement la police de Sabadell qui fit arrêter seize anarchistes suspects de complicité, et, un instant après, trois autres anarchistes qui tentaient de prendre le train pour quitter la localité. On espère que Moral se trouve parmi les individus arrêtés.

D'autres personnes assurent que, d'après les enquêtes policières, Mateo Moral serait fils d'un fabricant de cette ville.

Son père l'envoya étudier en Allemagne. Il en revint anarchiste. Il parle plusieurs langues. Il fut voyageur pour le compte de la maison paternelle. Il se lia d'amitié avec les anarchistes et leur donna souvent de l'argent. Il était d'un caractère autoritaire qui le rendait insupportable à sa famille. En janvier dernier, il quitta la maison paternelle, emportant un héritage de 10.000 pesetas. Depuis, il avait resserré son amitié avec les anarchistes.

Sur les instances de l'ambassadeur, le sujet anglais arrêté hier a été mis en liberté et confié à M. Young, secrétaire d'ambassade, qui s'est chargé de sa sécurité.

C'est un simple touriste, journaliste occasionnel, très correct, voyageant avec un billet d'une agence de voyage. Il a été victime de l'affolement de la police espagnole.

On déplore vivement, en haut lieu, l'erreur lamentable qui a causé l'arrestation de cette personne, par suite d'une ressemblance avec l'individu qu'on avait vu en compagnie de Matéo Moral.

Des excuses vont être faites par le chef de la police madrilène et au nom du gouvernement à la victime de cette injuste arrestation.

Le roi et la reine sont partis du Palais à 3 h. 30. Ils sont allés entendre le *Salve-Regina* dans l'église du Buen-Suceso.

Les souverains se sont ensuite rendus à une course de taureaux. La reine portait la mantille nationale en dentelle blanche.

De bonne heure, la foule s'était portée en rangs pres-sés du côté des arènes où avaient lieu les courses de taureaux en présence des souverains, des princes, de toutes les missions étrangères, des ministres, sénateurs, députés et autres invités de marque.

Un service d'ordre très strictement organisé ne lais-sait pénétrer aux places réservées à l'aristocratie aucune dame ou demoiselle qui n'eût la tête recouverte de la mantille blanche ou du voile des femmes mariées.

Une ovation immense a salué l'entrée des souverains dans la loge royale. L'aspect des arènes était féerique et le spectacle fut inoubliable. Les toreros se sont surpas-sés d'adresse et ils ont reçu les cadeaux royaux au milieu des acclamations enthousiastes du public.

Les princes étrangers et les envoyés extraordinaires ont assisté, au Palais, à un dîner offert en leur hon-neur.

Ils ont tous félicité de nouveau les souverains d'avoir échappé à l'attentat.

Madrid, 3 juin 1906.

Un véritable coup de théâtre s'est produit aujourd'hui. Le gouverneur civil de Madrid a reçu la nouvelle qu'un individu, dont le signalement répondait exactement à celui de l'auteur supposé de l'attentat contre le roi, s'est suicidé dans le village de Torrejon de Ardoz, voisin de Madrid, au moment où un agent venait pour l'arrêter.

Peu de temps après, tous les détails reçus par la police confirmaient cette première information, c'est-à-dire qu'on acquérait la certitude que le suicidé était bien l'anarchiste auteur de l'attentat. Voici les renseignements complémentaires qui sont communiqués ce soir à la presse sur cette affaire.

Hier après-midi, un individu se présenta à l'auberge du village de Torrejon de Ardoz, demandant l'heure du départ du train se dirigeant vers Barcelone. Il était troublé et portait aux mains des brûlures qui donnèrent des soupçons au propriétaire de l'auberge. Celui-ci se souvint du signalement qui avait été donné de l'auteur de l'attentat et constata que ce signalement coïncidait exactement avec celui de son visiteur.

En attendant l'heure du train, l'individu suspect gagna la campagne où il rencontra un agent qui, pris lui aussi de soupçons, lui demanda ses papiers et, ayant essuyé un refus, l'arrêta.

L'agent et le voyageur se dirigèrent aussitôt vers le village, l'agent marchant à deux pas en arrière de son prisonnier ; c'est alors que Mateo Moral saisit un revolver dans sa poche, tua l'agent et se brûla la cervelle. Le malheureux agent avait en effet négligé de fouiller son prisonnier.

On raconte que Moral, après avoir fait la sieste sur

un banc de la gare de Torrejon, causait avec un homme d'équipe de l'attentat : « Si je tenais l'auteur de l'attentat, lui aurait-il dit, je crois que je le ferais mourir à coups d'épingles. »

Ce matin à 4 h. 15, le chef du parquet militaire est parti pour Torrejon de Ardoz dans l'automobile du Ministre de l'Intérieur, pour commencer aussitôt l'enquête.

Dès maintenant, on sait que le cadavre de l'inconnu a été reconnu comme étant bien celui de Mateo Moral, par le propriétaire de la maison du n° 88 de la rue Mayor.

Le Ministre de l'Intérieur a donné l'ordre de rapporter immédiatement le corps du suicidé à Madrid.

Le corps a été rapporté et exposé à la Morgue militaire.

Demain arrivera à Madrid, venant de Barcelone, le malheureux père de l'anarchiste.

En effet, comme certains doutes ont été émis relativement à l'identité de Mateo Moral, plusieurs membres de la famille vont venir à Madrid pour reconnaître le cadavre.

La somme de 25.000 pesetas, offerte par un député, ami du Ministre de l'Intérieur, à la personne qui arrêterait le criminel, sera remise à la veuve du garde Vega, assassiné par Moral.

On a trouvé, caché dans le vêtement de Moral, un récépissé du chemin de fer de Portugal, relatif à un paquet dont on ignore le contenu.

On a trouvé en outre sur Moral 150 pesetas en billets de banque, 17 pesetas en argent et quelques monnaies de cuivre, ainsi qu'une montre en acier. Le criminel était vêtu comme les ouvriers mécaniciens, d'une blouse bleue et chaussé d'espadrilles. Il portait trois cicatrices.

une sous l'œil gauche et les autres sur les doigts de la main droite.

**

La petite auberge dont le propriétaire a conçu des soupçons sur l'identité de Moral est connue sous l'enseigne de « Ventorro de los Jaraices ». Elle est uniquement fréquentée par des muletiers et se trouve près de la gare de Torrejon de Ardoz.

Moral avait mangé un plat de morue et bu une demi-bouteille de vin, mais troublé par la curiosité des personnes qui étaient dans l'auberge, il paya la dépense qu'il avait faite et sortit, lorsqu'un garde-champêtre nommé Fructuoso Vega lui demanda ses papiers d'identité. Moral répondit avec calme qu'il les avait perdus, mais qu'il pouvait facilement prouver son identité.

Il offrit d'aller au bourg afin de télégraphier à Madrid, si le garde le jugeait nécessaire. Le garde accepta et ils se dirigèrent tous les deux vers le bourg. Quelques minutes après, deux détonations retentirent et les gens de l'auberge se précipitèrent vers le chemin pris par Moral et le garde. Ils trouvèrent les deux cadavres étendus sur la chaussée. Le garde avait la tête fracassée par une balle entrée par l'œil droit. La mort avait été instantanée. Moral avait la poitrine traversée par une balle dans la région du cœur. Il tenait encore à la main un revolver à sept coups (système Browning) dont deux cartouches étaient vides.

**

Mateo Moral (et non Moralès), dit Manuel Moran, est le fils d'un riche négociant de Sabadell, ville de 24.000 habitants, à 21 kilomètres au sud de Barcelone.

Un Juan Moral possède à Sabadell une fabrique de draps.

Moral se posait volontiers en défenseur des anarchistes. Il est célibataire. Un frère et plusieurs sœurs du misérable habitent Barcelone, où la police est en train de pratiquer des perquisitions à leur domicile.

Moral a longtemps habité Barcelone, où il donnait des leçons de solfège et de piano. Il possède une excellente instruction acquise à l'étranger, en Allemagne notamment, et connaît parfaitement la chimie. Il parle plusieurs langues.

Il abandonna le domicile paternel à la suite d'une violente scène avec sa famille qui lui reprochait ses idées anarchistes.

Ce qui peut étonner, c'est que, ne cachant nullement ses intentions criminelles, il n'ait pas été plus étroitement surveillé et qu'il ait pu mettre son projet à exécution. Sa première intention avait été de consommer son attentat pendant la semaine sainte. Pour une cause ou pour une autre, il en fut empêché.

Il est exact qu'en janvier il revint à Sabadell pour entrer en possession d'un héritage de 10.000 pesetas. Il était allé ensuite se fixer à Barcelone et avait quitté cette ville le 20 mai pour se rendre à Madrid. Depuis ce moment, sa famille ne savait plus rien de lui.

Ces braves gens sont navrés de l'accusation qui pèse sur un des leurs et qui est trop vraisemblable pour qu'ils osent même espérer qu'il est innocent de l'abominable attentat qu'ils sont les premiers à réprouver énergiquement.

Malgré ce dramatique épilogue de l'attentat qui ne laisse pour ainsi dire aucun doute sur la mort du véritable criminel, les recherches de la police se poursuivent activement, afin de démontrer si Mateo Moral avait des complices.

Un des individus arrêtés comme suspects a été trouvé porteur d'un flacon de sulfate de cuivre ainsi que d'un poignard empoisonné avec lequel il comptait, croit-on, attenter à la vie du roi.

On assure que l'engin dont s'est servi l'auteur de l'attentat de jeudi était une petite boite en forme de coffre-fort qu'il s'éta't procurée dans une quincaillerie et qu'il avait payée avec un billet de 500 pesetas.

On exerce à la gare internationale de Cerbère, à la suite de l'attentat de Madrid, une active surveillance sur les voyageurs qui sont minutieusement inspectés.

Madrid, 5 juin 1906.

Maintenant que le premier moment de stupeur est passé, Madrid reprend sa vie normale et les fêtes royales continuent sans le moindre accroc, au milieu des acclamations populaires. Il nous a semblé qu'il était temps de fixer définitivement la vérité sur cet horrible attentat anarchiste et nous avons demandé une entrevue au Ministre de l'Intérieur.

Avec sa bonne grâce habituelle, le comte de Romanonès nous a reçu aussitôt (1).

— Je ne veux pas vous faire attendre, nous a-t-il dit, mais vous voyez en moi un homme surmené qui, depuis quatre jours, n'a pas dormi une heure et vous êtes le premier journaliste que je reçois

Encouragé par cet accueil, nous demandons au Ministre de nous dire toute la vérité sur cet attentat désormais historique et nous lui soumettons les dé-

(1) Cette chronique a paru en tête du Journal du 6 juin 1906.

pêches parues dans le *Journal* le lendemain de l'attentat.

— Je les ai lues, nous répond le Ministre, et je vous félicite de la sûreté de vos informations. Vous avez indiqué le premier le nom exact du criminel, Mateo Moral et non Moralès, comme le dirent quelques Agences. Je tiens toutefois à rétablir certains faits, et puisque vous voulez savoir la vérité, je vais vous la dire.

« Cet attentat inouï, qui a soulevé une unanime réprobation dans le monde civilisé et qui a rendu encore plus populaires et plus aimés dans leur pays notre jeune roi et notre gracieuse souveraine, est un de ces actes spontanés et soudains qui déroutent les policiers les plus experts. Un grand policier français a dit que nul ne pourrait jamais prévenir ni éviter le geste inopiné d'un forcéné ou d'un fou. Cela est très vrai. Nous avions pris toutes les mesures possibles et imaginables. Notre police espagnole (permettez-moi de la défendre) a des moyens très limités à cause du budget, mais elle a fait son devoir. Il y a, à Barcelone, de 4.500 à 5.000 anarchistes connus et surveillés par nous. Ce sont ceux que nous appelons des anarchistes d'action, ceux qui se font remarquer dans les meetings, dans les feuilles anarchistes, dans les Sociétés secrètes ou autres. Mateo Moral ne figurait pas et n'a jamais figuré parmi ces anarchistes.

« Voulez-vous connaître psychologiquement ce misérable? Tout jeune encore, de bonne apparence, fils d'un riche commerçant et industriel de Sabadell, près Barcelone, ce Mateo Moral était un anarchiste intellectuel, de ceux qui, par snobisme ou par perversité, affichent parfois des idées subversives, mais qui ne sortent jamais de là. Il était connu de notre police, plutôt comme un excentrique, un déséquilibré que comme un dangereux. Il avait reçu une très bonne éducation de son père qui l'avait envoyé terminer ses études en Allemagne et en France et le rappela en Espagne, lorsque le moment lui parut venu de l'associer à ses affaires.

« Mais Mateo Moral revint de ce séjour à l'étranger complètement métamorphosé. Il savait parfaitement l'allemand et un peu le français, mais était perverti physiquement et moralement, débauché, paresseux, joueur, enclin à tous les vices. Il trouvait dans les théories anarchistes allemandes la justification de ses mauvais penchants, et il ne tarda guère à mécontenter vivement son père par sa conduite.

« Ce dernier, homme très sérieux et très froid, lui donna à choisir vers la fin de l'année dernière, entre la vie honorable et de travail des affaires et la compagnie des débauchés et des mauvais esprits qu'il fréquentait. Mateo Moral, loin de s'amender, prit une attitude de rébellion ouverte contre son père qui, sans discuter plus longtemps, lui remit sa part dans la maison de commerce, environ 10.000 pesetas, et l'invita à ne plus remettre les pieds chez lui.

« Que fit depuis ce moment notre assassin? Il vint à Barcelone dans des pensions de familles honnêtes où il payait largement. Bien vêtu, avec de l'argent plein les poches, il fut bien difficile de lui soupçonner de si terribles desseins. Mateo Moral vivait, comme beaucoup de jeunes fils de famille en Espagne, qui préfèrent l'indépendance de la pension de famille à la vie chez leurs parents, sans pour cela être des misérables. En outre, Mateo Moral ne faisait pas étalage devant tout le monde de ses opinions et même affectait des idées conservatrices devant les personnes qu'il rencontrait. La police de Barcelone savait bien qu'il lisait des livres anar-

chistes et qu'il faisait des traductions de livres anarchistes allemands. Il était un assidu de l'École moderne,
sorte d'institut polyglotte tenu à Barcelone par un
ancien secrétaire de Ruiz Zorilla, nommé José Ferrer,
homme fort instruit. Or, cette École moderne, où on
vient de perquisitionner et d'arrêter le directeur même,
ne pouvait passer, avant cet attentat, pour autre chose
qu'un lieu de travail. Certes, on y professait des idées
avancées; mais, aux conférences données dans cette
École moderne, venaient un public studieux et sérieux.
Des hommes sages, comme Rodriguez, Mendez et
Junoy, que nul ne peut confondre avec des anarchistes,
en étaient des conférenciers habituels. On classait
l'École moderne comme un centre de doctrines et d'idées
socialistes, non comme un foyer d'anarchie révolutionnaire.

« Mateo Moral a-t-il trouvé des complices dans cette
École moderne? Nous le saurons, mais à Madrid, il n'a
pas eu de complice. Il agit seul et prit la fuite seul après
son abominable crime. S'il avait eu des complices à
Madrid, il serait allé se cacher chez eux et y serait
encore. Au lieu de cela, il rôda pendant deux jours
autour de Madrid, changeant de vêtements la nuit.

« Mais tout cela, vous le savez. Ce qu'il faut dire,
c'est que rien ne permettait à notre police de considérer
Mateo Moral comme un anarchiste redoutable. Un
jeune homme riche, de bonne famille, qui paie ses dépenses avec des billets de 500 pesetas, qui ne se cache
pas, car il a voyagé toujours sous son nom, qui mène une
vie régulière, ne peut attirer les soupçons. Jamais
Matéo Moral ne fut mêlé à aucun procès anarchiste,
ni comme auteur de délit, ni comme témoin. S'il avait
des relations secrètes avec les anarchistes anglais et
français, nul ne pouvait s'en douter, car jamais il ne

publia aucun article révélateur. Il était un anarchiste amateur, de ceux que la police considère comme des fantaisistes ou des intellectuels non dangereux. Réfléchissez bien : si on avait surveillé et arrêté préventivement Mateo Moral, tout le monde aurait crié à l'arbitraire de la police, à un abus d'autorité contre un citoyen inoffensif. Et voilà pourtant contre quels individus il faut défendre la société !

« Mais la grande question est de savoir comment la défendre. Certes, il y a lieu de prendre tout un ensemble de mesures répressives contre l'anarchie, mais il faut que ce soit non seulement des mesures législatives, mais encore des mesures internationales. Dès le prochain conseil des ministres, notre président du conseil chargera le ministre des affaires étrangères d'entrer en négociations avec les États européens et américains. La surveillance des anarchistes doit être *mondiale* pour être effective, car c'est un mal social universel. Mais il faut beaucoup de tact et de prudence dans les mesures préventives. Il ne faut pas, sous prétexte de lutter contre les anarchistes, mettre hors la loi toute une catégorie de suspects, sous le seul motif qu'ils sont accusés d'*intentions*. Il faut respecter la liberté de penser, d'écrire et de réunions. La meilleure des armes contre les anarchistes, c'est encore la liberté. Toute réaction violente entraînerait des atteintes graves aux libertés publiques, et les attentats seraient plus à craindre alors que jamais. Ce n'est pas un régime de terreur qu'il faut inaugurer, c'est un régime de surveillance étroite et de répression sévère; mais il ne faut pas que la masse du peuple ait à souffrir des excès des anarchistes, ni que les libertés publiques courent le moindre péril. A ces misérables qui emploient les bombes pour tuer des innocents, il faut répondre en rendant plus libérales, plus justes, plus démocratiques encore les institutions publiques, afin que le peuple soit convaincu que le monarque est son meilleur ami et le plus solide défenseur de la liberté. Nous avons l'exemple de l'Angleterre, et notre président du conseil des ministres ne choisira pas d'aurte modèle que celui de ce pays éminemment conservateur, mais éminemment libéral. Espérons que cette politique de fermeté et de sagesse prévaudra contre les excitations réactionnaires qui jetteraient notre pays dans une ère d'agitations dangereuses. »

Le Ministre confirme ensuite qu'il a décidé de donner à la famille du garde tué par Mateo Moral la somme de 25.000 pesetas qu'il avait promise de sa poche à celui qui arrêterait le misérable anarchiste.

Armes royales de Grenade

XVIII

La Naissance du Prince héritier

LE ROI D'ESPAGNE A UN FILS. — LE PRINCE DES
ASTURIES VOIT LE JOUR, A MIDI ET DEMI, LE 10 MAI
1907. — LA JOIE DES MADRILÈNES.

Madrid, le 10 mai 1907.

Ce matin, nous étions sortis, comme nous le faisons
chaque jour depuis trois semaines, pour aller prendre
au Palais des nouvelles de la reine. Il faisait un temps
splendide, déjà chaud, et la promenade, devenue
presque une habitude, était charmante. Aux abords du
Palais, et sur la grande place d'Armes, inondée de soleil,
une foule de badauds, où toutes les classes de la société
se confondaient, se pressait et contemplait avec admiration les uniformes éclatants et chamarrés des soldats.
Onze heures sonnaient, heure de la relève de la garde,
cérémonie très majestueuse et très théâtrale, qui se
nomme la parade.

Au moment où ma voiture va s'arrêter devant la
porte del Principe, un hallebardier qui sort en hâte
m'annonce que la reine Victoria est prise, depuis trois
heures du matin, des douleurs de l'enfantement, que
les médecins sont auprès de Sa Majesté, et que tous
sont unanimes à déclarer que l'enfant se présente dans
d'excellentes conditions.

Les hallebardiers, en grande tenue, sortent un par un du Palais, et vont prévenir les dignitaires, les ambassadeurs et les membres des corps élus, de se rendre au Palais, pour assister à la cérémonie de l'accouchement et à la présentation du nouveau-né, selon l'étiquette de la cour espagnole.

Le bruit de la prochaine délivrance de la reine commence à se répandre dans la foule qui se presse devant le Palais Royal, et quand je repasse près de la place d'Armes, de grandes acclamations retentissent à mes oreilles. La foule acclame le roi Alphonse XIII, qui vient de paraître à une fenêtre du Palais, pour saluer les drapeaux.

Déjà les batteries d'artillerie se massaient sur l'esplanade même du Palais royal, pour tirer les salves de 21 coups de canon qui devaient annoncer à Madrid la naissance du futur héritier de la couronne.

Quoique la consigne la plus sévère veillât aux abords du Palais, j'ai pu obtenir les détails suivants sur les incidents de cette matinée historique.

Ce matin, à dix heures, quelques ministres se sont présentés au Palais pour assister au conseil des ministres qui devait avoir lieu quelques instants plus tard, lorsqu'ils ont appris que le roi avait ajourné le conseil à raison des symptômes de l'accouchement de la reine Victoria.

Quand je pus pénétrer dans le Palais, on voyait arriver de tous côtés équipages et voitures de place, sans parler des nombreuses automobiles qui amènent au Palais les hauts dignitaires, les ministres, les ambassadeurs, les personnages de toutes sortes, qui ont le droit d'assister aux couches de la reine. Dans les escaliers et antichambres du Palais, règne une animation extraordinaire. On se presse, on se coudoie.

Les hallebardiers, en grande tenue, graves et pompeux, frappent les dalles de marbre de la hampe de leurs hallebardes au passage des dignitaires de Charles III et des personnages officiels. Un des gentilshommes de service me donne en hâte, entre deux portes, quelques détails nouveaux.

Ce matin, vers trois heures, la reine qui, la veille, avait dîné avec toute la famille royale et s'était couchée sans ressentir le moindre malaise, fut subitement réveillée par des douleurs peu vives, mais persistantes. On appela aussitôt au Palais les médecins du roi; mais, sur sa demande expresse, seul, le docteur Gutierrez intervint auprès de la reine, aidé par la sage-femme, pour faciliter l'accouchement. Les premières douleurs ne devinrent aiguës que vers neuf heures et demie, et, à dix heures, le docteur Gutierrez put annoncer à tout le monde que les couches de la reine étaient imminentes et que tous les symptômes présageaient un enfantement facile, rapide et sans aucune complication.

Tandis que ces pronostics favorables faisaient l'objet de tous les commentaires, les immenses salons du Palais se remplissaient de personnages : les ambassadeurs et ministres, en grand uniforme, ainsi que les dignitaires des ordres royaux et les grands d'Espagne et membres de la maison royale, les députés et sénateurs en habit ou en redingote, avec la cravate noire.

Le silence le plus grand est recommandé par les gentilshommes de service; mais il faut avouer que ce silence est absolument relatif.

Depuis dix heures du matin, le duc de Sotomayor se prodigue pour donner les ordres nécessaires.

Devant toutes les reliques et saintes images envoyées au Palais de tous les sanctuaires du royaume, des cierges sont allumés.

Le télégraphe du Palais fonctionne sans relâche et des dépêches sont adressées toutes les cinq minutes au roi et à la reine d'Angleterre et à la famille de Battenberg, pour les tenir au courant des moindres détails.

Il est impossible de citer les noms de tous les personnages qui affluent au Palais Royal. Le nonce apostolique, les évêques de Sion, de Madrid, d'Alcala, les ambassadeurs présents à Madrid; il faudrait des colonnes pour mentionner seulement les représentants de tous les ordres, de tous les corps de l'État.

Le duc de Sotomayor et le comte de Pié de Concha, introducteur des ambassadeurs, font les honneurs et reçoivent les invités.

Le roi Alphonse XIII, depuis onze heures du matin, ne quitte pas la reine Victoria, auprès de laquelle se tiennent aussi la princesse Béatrice sa mère, la reine Marie-Christine et l'infante Isabelle.

La pièce désormais historique, où la reine Victoria donna le jour à l'héritier de la couronne espagnole, est un grand salon tapissé de soie rose, avec des rameaux de fleurs bleues. Les meubles sont tous recouverts dans le même ton; le plafond, peint à fresque, représente un ciel où courent de légers nuages. Le grand lit royal est remplacé par deux lits jumeaux, en bronze doré, et la reine est étendue sur une grande chaise longue de soie rose

C'est sur ce meuble, large et commode, que la reine Victoria, avec l'assistance du Docteur Gutierrez, a mis au monde, sans grands efforts, et avec la plus grande facilité, un beau et gros poupon du sexe masculin, qui est désormais héritier sans conteste du trône espagnol. Ce royal enfant a vu le jour à midi vingt-cinq minutes exactement, et quelques minutes après, à midi quarante, la duchesse de San-Carlos, camarera mayor,

apparaissait sur le seuil de la porte, restée ouverte, de la
« camara regia », et annonçait la bonne nouvelle à don
Antonio Maura qui, très ému, se tournait aussitôt vers
l'introducteur des ambassadeurs, et le priait de la com-
muniquer, selon l'étiquette officielle, aux membres du
corps diplomatique.

Les drapeaux se hissaient quelques instants après,
sur tous les édifices de Madrid, et les coups de canon,
tirés aux quatre coins de la capitale, annonçaient aux
Espagnols la naissance du nouveau prince des Asturies.

A midi cinquante-cinq minutes, le duc de Sotomayor
et les majordomes de service annoncent le roi Alphonse XIII. Vêtu de l'uniforme de capitaine-général,
portant au cou la Toison d'Or, et la poitrine couverte
des plaques en brillants de tous les ordres espagnols,
le roi entre, tête haute et le visage rayonnant de bonheur, dans les salons. Il porte sur un plateau d'argent et
de vermeil, recouvert de dentelles admirables, le bébé
vagissant et à demi recouvert par des nuages de dentelles, qui est son auguste héritier.

Le président du Conseil des ministres s'avance, fait
un grand salut, et, découvrant avec douceur et respect
le royal rejeton, appelle à ses côtés le marquis de Figue-
roa, ministre de la justice, qui, comme premier notaire
du royaume, va dresser l'acte officiel de naissance du
prince.

Cette cérémonie de la présentation du nouveau-né
à la cour fut brève, et tandis que le petit enfant était
remis aux dames de la reine, le roi se dirigea vers la
chapelle du Palais, pour entendre un *Te Deum*.

Suivant la tradition, peu après la naissance de l'héritier de la couronne, le roi a conféré avec les grands
d'Espagne et le commandant de la garde du palais qui

étaient de service au moment de la naissance et leur a décerné des décorations diverses.

Le hallebardier qui montait la garde à la porte de la chambre à coucher de la reine a également été décoré et a reçu en outre une pièce d'or.

Au moment où le Président du Conseil a annoncé la naissance du prince, tous les personnages officiels, violant l'étiquette du palais, ont crié : « Vive le roi ! Vive la reine ! »

Le Saint-Sacrement est resté exposé pendant toute la durée de l'accouchement.

Le futur roi d'Espagne a les yeux bleus et grands ; il pèse près de neuf livres et est remarquablement fort et robuste.

Dès que l'accouchement fut terminé, la reine fut placée sur son lit, et le silence et l'isolement furent prescrits.

A trois heures de l'après-midi, on nous affirme qu'elle repose très tranquillement et que sa santé est si bonne que les médecins l'autorisent à être elle-même la nourrice de son enfant. La reine Victoria pourra réaliser ainsi son plus doux rêve, car elle a toujours manifesté que son bonheur le plus grand serait de se consacrer à son enfant et de l'allaiter elle-même.

On ignore encore si le baptême aura lieu demain ou dimanche. Nous pensons que cette cérémonie aura lieu dimanche matin, vers midi, dans la chapelle du Palais royal. Le nonce, Mⁱⁱ Rinaldini, sera parrain au nom de Sa Sainteté le Pape. La marraine sera la reine-mère Marie-Christine

En sortant du Palais Royal, nous trouvons Madrid en fête. Les tentures et les drapeaux se montrent aux balcons. On prépare des illuminations et le Conseil municipal va se réunir pour établir le programme des fêtes officielles. En attendant les réjouissances de ce genre, le peuple madrilène commente avec animation la naissance si impatiemment attendue du fils du roi et une joie sincère brille dans tous les regards.

Quant aux hommes politiques et aux diplomates, ils ne cachent pas leur satisfaction. « Nous pouvons envisager maintenant l'avenir sans aucune crainte, disait M. Maura, en sortant du Palais. Rien ne saurait arrêter l'essor économique et le développement de la nation espagnole sous une monarchie forte et respectée, qui saura garantir à tous les citoyens leurs libertés et la paix publique. »

Armes royales de Bourbon-Anjou

XIX

IMPRESSIONS ET CONFIDENCES

Madrid, février 1899.

Ma chère amie, que faites-vous à Paris depuis mon départ? Avez-vous encore le triste privilège du froid, de la pluie et de la boue ? Ici je prends un bain de soleil, de lumière et d'air pur, je plonge avec délices mes yeux dans l'azur d'un ciel sans le moindre nuage.

Quel enchantement que ce clair et chaud soleil ! Et comme on peut dire qu'il nous fait vivre au milieu d'une gaieté ambiante !

Je n'ai pourtant pas beaucoup de sujets de joie et, s'il faisait un temps gris, comme à Paris, je ne sais comment je supporterais l'existence. Heureusement qu'il fait depuis mon arrivée un temps printanier et que le soleil m'aide à vivre et me met un peu de bleu dans l'âme. J'ai été d'ailleurs si occupé, si affairé que mes rêveries n'ont pas été trop moroses ni trop longues. Mais je ne veux plus rêver; c'est mon grand, mon immense défaut; je rêve une grande partie du jour. La faute en est à ma solitude.

A Paris, je suis seul aussi, mais, quand je n'ai aucune occupation qui m'absorbe, je trouve quelque distraction intelligente. Et, faut-il vous l'avouer, c'est surtout ici, et loin de vous, que je sens combien grande est ma solitude et combien elle me pèse.

Ne vous fâchez pas ! Vous-même me l'écriviez un jour, si j'ai bonne mémoire, que de ne m'avoir pas vu depuis quelque temps, il vous semblait qu'il vous manquait quelque chose. Je ne sais si vous éprouvez encore cette sensation; moi, je l'éprouve extraordinairement et elle devient tellement lancinante et tellement vive que je prends la résolution de consacrer dorénavant mes heures de loisir à vous écrire longuement mes impressions, mes pensées, mes illusions et mes déboires, mes joies et mes tristesses.

Je ne veux plus rêver; le rêve tue, le rêve brise le corps et anéantit l'esprit, il me fatigue en me charmant, me fait parcourir trop de pays merveilleux, bien loin, oh ! bien loin de cette terre immonde, et quand je suis forcé de me ressaisir, de me reprendre à vivre la vie de tout le monde, je ne puis plus, je sens une lassitude inouïe, un écœurement et un découragement tels que je me demande s'il ne vaudrait pas mieux renoncer à la lutte et si nous ne devrions pas envier ces bonzes bouddhistes qui demeurent dans leurs temples les bras croisés, assis sur leurs talons, immobiles pendant des années, étrangers à tout, comme sourds et muets, mangeant à peine, n'existant pour ainsi dire plus matériellement et goûtant avant la mort les délices de leur *Nirvaná*.

⁂

Mais je ne suis pas boudhiste, ma chère amie, et je crois à la vie future, à l'âme et à Dieu, et je comprends mes devoirs en ce monde autrement qu'un bonze. Ah ! certes, je ne critique pas leur religion, ni ne veux en médire : ils ont une morale qui mérite le respect et, quand on a bien constaté l'inanité des efforts humains, on ne saurait blâmer leur engourdissement, leur torpeur, leur anéantissement complet de l'esprit et du corps, leur ambition de devenir matière insensible et inerte.

Mais Dieu nous a créés pour agir, pour vivre notre destinée, et nous ne saurions mieux le louer qu'en subissant notre sort, qu'en coopérant de toutes nos forces aux grandes œuvres inconnues dont nous ne connaîtrons peut-être jamais ni le pourquoi ni le comment.

Dieu sait ce qu'il veut et où il nous mène : il nous a créés dans un dessein qui ne peut être que sublime; nous devons agir, remuer, parler, écrire, crier, nous battre, vivre et mourir; et, alors que nous croyons suivre nos idées et nos plans, nous suivons malgré nous les voies de Dieu, nous marchons dans les sentiers qu'il nous a tracés et, bandits ou grands seigneurs, escarpes ou rois, nous remplissons tous, inconsciemment, le rôle qu'il nous a assigné dans cette comédie ou tragédie qui s'appelle la vie humaine

Mais allez-vous me pardonner? Vous, si aimable et si bonne, si digne d'être heureuse et si accablée par l'adversité, vous souvenez-vous de nos bonnes causeries amicales? Que de fois j'avais envie d'aller vous chercher pour vous emmener dîner avec moi et que de fois je ne l'ai point fait de crainte de vous déranger, de vous paraître indiscret? Et quelle comédie n'ai-je point joué vis-à-vis de vous, moi qui n'avais qu'un mot à vous dire et qui ne le disais jamais? Et pourquoi? Par bêtise? Non, par délicatesse, car j'ai voulu toujours que notre position restât seulement celle d'amis, d'amis sincères; et, qui sait? peut-être ma conduite vous a-t-elle mieux prouvé mes sentiments, mieux prouvé le secret de mon cœur que ne l'auraient pu faire des effusions ou des aveux, que ne l'auraient pu faire le torrent de paroles enflammées et les impétueux désirs de vous couvrir de baisers que j'étouffais avec rage et qui m'ont fait connaître la plus horrible des tortures, la torture du silence voulu et de l'indifférence feinte.

Qu'allez-vous penser de moi, ma chère amie? Vous ne m'en voudrez pas de toute cette franchise. N'est-ce pas, que vous ne m'en voudrez pas? Laissez-moi sur ce papier vous ouvrir mon cœur et vous parler comme à une confidente, à une confidente aimée. Vous m'avez procuré, depuis que j'ai le bonheur de vous connaître, des moments bien précieux de calme, d'épanchement, de conversation douce et captivante. Et vous m'avez témoigné tant de franchise et tant de confiance, vous m'avez si spontanément conté vos ennuis et vos tristesses, votre lutte contre un sort cruel, au milieu de la méchanceté et de la stupidité des hommes !

Ne pouvant être qu'un ami impuissant, qu'un donneur de conseils bénévole, j'ai voulu n'être aussi à vos yeux qu'un ami superficiel et mondain, qu'un homme capable peut-être d'une amitié réelle, mais absolument incapable d'un sentiment plus fort que les sympathies d'une camaraderie banale !

Voilà deux jours que je n'ai pris la plume pour vous continuer mes confidences. Blâmez-moi, je le mérite; mais la faute en est à la lassitude profonde où je suis plongé, lassitude morale, veulerie intellectuelle, dont je suis honteux moi-même.

Je suis sorti pour changer le cours de mes pensées, je suis allé traîner ma paresse et mon découragement parmi les rues et les places ensoleillées de Madrid.

Vous connaissez cette grande ville, une des plus captivantes qui soient. Quelle animation, quel vacarme
dans ces rues !...

Je vois tant de choses curieuses, je subis tant d'impressions diverses dans mes promenades à travers
Madrid, que je ne sais plus, ma chère amie, les trier
pour vous les conter. Ces mœurs d'un peuple que j'aime
me charment et je m'y habitue à tel point que je crois,
par moments, que j'ai toujours vécu dans cette Espagne
à l'âme compliquée et simple, aux mœurs étranges, primitives, pittoresques !

Hier, des amis m'ont fait faire une promenade
que j'ai déjà faite bien souvent tout seul et toujours
avec plaisir; nous avons traversé cette bizarre et
grande place au sol inégal et montueux qui s'appelle
la *Puerta del Sol,* nous avons suivi la calle Arenal dont
les maisons modernes ressembleraient à nos maisons
de Paris, n'étaient ces étroits balcons en saillie devant
chaque fenêtre, balcons primitifs dont l'armature de
fer est assez disgracieuse à voir. Puis nous nous sommes
assis quelques minutes dans le square de cette admirable
place de « Oriente » aux pelouses verdoyantes, aux
pins et cèdres toujours verts, d'un vert foncé, qui luit
sous les rayons du soleil. Et j'ai admiré la façade toute
blanche du Palais-Royal aux hautes fenêtres encastrées dans une fausse colonnade dorique, façade sévère
et un peu basse découpant de sa masse blanche l'azur
si clair du ciel; j'ai contemplé la belle statue de Philippe IV, si fièrement campée sur le monument qui lui
sert de piédestal énorme, qui offre des bancs de pierre
aux nourrices et aux pioupious et dont les deux bassins
aux fontaines très artistiques permettent aux enfants
de faire voguer sur leurs ondes transparentes des flottes
de papier.

Et Philippe IV, dans son armure, domine Madrid du haut de son formidable coursier dont la masse de bronze se détache nettement sur le ciel bleu; il semble à force de le regarder que ce cheval s'élance d'un bond dans l'azur infini, et on reste interdit devant cette merveilleuse habileté de l'artiste qui, par un miracle d'équilibre, a fait supporter tout le poids de cette énorme statue par les deux jambes de derrière du cheval.

Je n'ai jamais vu une œuvre plus audacieuse : ce coursier pesant quatre ou cinq tonnes avec son lourd cavalier, cabré en plein ciel, figé dans un galop impétueux, ayant pour seul contre-poids une lourde queue de bronze qui traîne presque jusque sur le socle. C'est une statue de rêve, une œuvre discutable au point de vue artistique, mais qui captive et qui inquiète comme la solution d'un problème inconcevable.

Quel temps admirable ! Une légère brise douce tempérant une chaleur discrète, et dans un ciel d'une transparence inouïe un soleil de feu ! J'ai poussé ma promenade jusqu'au viaduc, après avoir contemplé la façade du Palais Royal avec sa cour d'honneur où le soleil nous aveugle, ses grandes grilles dorées et ses sentinelles nombreuses.

Ce viaduc d'une hardiesse très remarquable unit deux quartiers de Madrid par-dessus un autre quartier : la rue de Bailen passe sur ce viaduc à soixante mètres au-dessus de la rue de Ségovie.

Mais en traversant ce pont, quel captivant spectacle ! Je reste en extase, la main gauche appuyée sur la rampe de fer haute de près de deux mètres qui

préserve les passants de la tentation de sauter de la rue
de Baïlen dans la rue de Ségovie et de passer ainsi de
notre monde dans l'autre.

A mes pieds, je vois les toits de briques rouges des
maisons à l'espagnole avec leurs cours intérieures, sortes
de *patios* aux colonnes de bois, aux galeries de briques
et de planches, et, de l'autre côté de la rue de Ségovie,
une sorte de square avec des gazons verdoyants
d'où surgissent des pins, des sapins au feuillage vert
sombre et un terrain, qui s'élève graduellement en de
bizarres et curieux jardins au sol comme labouré,
puis d'autres arbres géants qui dressent leurs sque-
lettes, auxquels Avril n'a pas encore mis sa parure
de feuilles, jusqu'à quelques centimètres du viaduc.

Et de la rue de Ségovie, montent jusqu'à nos oreilles
des bruits de voix d'enfants qui jouent, de femmes
qui chantent, d'hommes qui crient, de charretiers
qui jurent, et ces voix, ces chants, ces cris, ces jurons
se mêlent à ceux qui tout autour de moi retentissent.
Là-bas, sous mes pieds, des voitures roulent, des cha-
rettes lourdes avec leurs bâches couvertes, leurs attelages de cinq ou six mules aux harnais rapiécés, des
pompons rouges aux œillères et des grelots qui tintent
sur leurs caparaçons, tandis que les hommes aux ves-
tons courts avec aux pieds des sortes de chaussures
de peau retenues aux jambes par des ficelles ou des
lacets, passent le bâton à la main, le grand *sombrero*
sur la tête, l'œil vif, la démarche fière, avec un je ne
sais quoi de bohème et de grand seigneur. Et parfois
des gilets rouges, des ceintures rouges ou de couleur
voyante jettent des notes gaies dans cette foule, où les
femmes rivalisent d'étrangeté et de pittoresque avec
leurs châles multicolores, leurs madras sur les cheveux, leurs allures typiques. Puis viennent des char-

rettes grossières et lourdes traînées par des bœufs aux cornes recourbées, précédés d'un paysan sauvage et impassible avec son long bâton ferré sur l'épaule.

Et, au bout de la rue de Ségovie, entre des maisons et quelques arbres, sous ce pont aux arches grandioses, ce ruban moitié couleur d'azur comme le ciel, moitié couleur de boue, c'est le Manzanarès ! Plus loin, c'est la campagne parsemée de maisons, de constructions blanches et noires, la campagne avec des arbres dépouillés par le dernier hiver, des champs où la terre éventrée se montre à nu, des prairies où une herbe naissante met la note claire d'une verdure exquise. Puis l'œil n'aperçoit plus que des taches sombres, grises, vertes, blanches, jaunes; de nouveau, c'est le ruban du Manzanarès avec un pont moderne, des voies ferrées, puis les jardins du Campo del Moro, des arbres, des arbres sans feuilles, en masse, des bouquets de sapins, puis de droite et de gauche, partout, les collines aux bases qui revêtent tous les aspects, toutes les teintes, de l'ocre rouge au vert noir, et dont les contreforts drapés d'un semblant de brouillard élèvent leurs cîmes neigeuses dans un azur impeccable.

Rien de plus merveilleux que ce spectacle sous les rayons du soleil, et, plus je pousse vers l'extrémité du viaduc, du côté de San Francisco-el-Grande, l'église solennelle aux sept chapelles, plus la vue s'étend et plus le paysage est sublime.

Maintenant tout au fond, tout au bout, vers le Nord, les collines se relèvent, grandissent et se transforment : les masses qui bordent l'horizon sont devenues les monts de Guadarrama et, depuis les cimes altières jusqu'aux bases sombres, jusqu'à la plaine aux couleurs mêlées et confuses, c'est un manteau royal de neige éclatante et pure que le soleil fait étinceler à mes yeux. Oh ! cette masse d'une blancheur virginale et immaculée, ce ciel d'un bleu profond et transparent et ce soleil d'or aux rayons de feu et de flammes !

**

Quand je suis rentré à l'hôtel, ma chère amie, j'étais encore ébloui, j'avais aussi un violent mal de tête : le soleil de Madrid est dangereux même en février, même à quatre heures de l'après-midi. Mais ce n'a été qu'un commencement de congestion sans importance : je venais de faire un beau rêve dans un décor féerique, j'en ai fait un plus beau encore en dormant. J'ai rêvé que vous contempliez avec moi ce spectacle, que sur ce viaduc nous marchions côte à côte, lentement, appuyés l'un sur l'autre, les mains dans les mains, et que nos lèvres se soudaient en face de cette nature riante, que nos âmes s'unissaient dans un baiser et ... — voyez les cauchemars que donnent les coups de soleil — tout à coup le pont sous nos pieds disparaissait brusquement et nous tombions, nous tombions doucement de la vie matérielle et maussade en un paradis de volupté et de folie.

Oh ! cette sensation d'une chute lente et douce, comme parmi des flots de coton et de plumes, cette chute que caresse et qui engourdit, à laquelle on s'abandonne avec ivresse... et dont la secousse, hélas ! produit le réveil !

**

Il n'est dans l'air que guitares et chansons ! Au-dessus du bruit confus de la foule, des rires, des cris, des clameurs, s'élève l'étrange et charmante musique des grinçantes guitares. Et c'est une *jota* qui commence, trépidante, hardie, à la fois sentimentale et brutale : des voix chantent, la mélodie débute par des plaintes, des soupirs, puis ce sont des éclats de passion, une phrase chaude et vivante d'amour, de colère, de bonheur ou de haine; les plaintes reprennent, puis de nouveau les élans, l'envolée des notes puissantes, que rhytment et accentuent soudain les tambours de basque et les castagnettes.

Ollé ! ollé ! c'est la chanson populaire et nationale, c'est l'âme de ce peuple qui gémit et qui pleure, qui exulte et clame vers les cieux ses amours et ses victoires. Ollé ! ollé ! c'est la *jota* d'Aragon, ou la *jota* de Castille que je n'entends jamais sans un frisson de plaisir, sans une profonde émotion !

Mais les musiciens ambulants, chanteurs des rues, nomades aux guenilles multicolores vont faire entendre dans d'autres quartiers leurs airs populaires : le soleil inonde ma chambre de rayons et les murs de stuc blanc reluisent comme des murs de marbre poli. Il est près de midi, je me décide à me lever : cette grande et vaste chambre au tapis de sparterie, qui parait le soir si nue et si pauvre avec ses murs sans autre ornement qu'un filet bleu sur un fond blanc, elle est toute resplendissante de gaieté, de vie, toute métamorphosée, toute pleine de sourires, toute retentissante des mille bruits de la foule qui encombre les rues. Fantastiques richesses ! c'est une pluie d'écus d'or sur les murs, c'est une coulée d'or en fusion que le soleil verse par la grande croisée !

Oh ! les délicieux instants où, par la fenêtre ouverte, entrent dans les poumons une brise fraîche, un air vibrant et léger, et dans le cœur l'azur d'un ciel sans nuage ! Mignonne, que n'êtes-vous à mes côtés ! Quelle ivresse, quelles délices alors ! Quel bonheur de paresser

ensemble sous la caresse de ce doux soleil ! Comme on
continuerait bien mon beau rêve !

Mais aussi quelle captivante invitation à la paresse,
au far-niente, à la rêverie ! Ce ciel d'azur et de soleil
d'or m'empêche même de vous écrire, ma nùe. Grondez-
moi bien fort, je le mérite. Je rougis moi-même de mon
peu d'aptitude au travail. Et pourtant écrire, ce n'est
point travailler, c'est condenser nos rêves, solidifier
nos vagues imaginations, photographier nos mirages.
Mais combien ingrate et dure est cette tâche ! Combien
nos écrits ressemblent peu à nos rêveries, quelle distance de l'idéal à la prose ! Il est presque impossible
de bien peindre la nature elle-même; il n'est donné
qu'à l'âme du poète d'en sentir tout le charme; nous
sommes impuissants à le rendre aussi nettement,
aussi fortement, aussi clairement que nous le ressen-
tons.

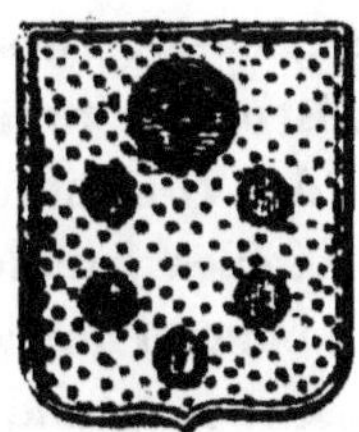

Blason des Médicis

XX

« LA ROMÉRIA DE SAN ISIDRO »

Madrid, mai 1899.

Sonnez joyeusement, brillantes sonnettes de cuivre, tintez et retintez bruyamment, petits grelots criards enfilés comme les olives d'un chapelet, bourdonnez gravement, lourds grelots pansus de bronze verdis!

Mules et mulets en portent leur charge en guise d'ornements, qui aux œillères, qui sur le poitrail, parmi les pompons, les cocardes, les fleurs, et, à chacun de leurs mouvements, c'est un étourdissant tintamarre.

A travers les rues, pavées de pierres pointues, sautant de creux en creux, avec des soubressauts, des cahots, au milieu des gémissements des ressorts épuisés, des craquements sinistres de toutes leurs membrures de bois recouvertes des couleurs les plus folles et les plus éclatantes, de vieilles guimbardes, moitié malle-postes, moitié char-à-banc et tapissières, qui datent de 1820 et de 1830, passent au grand galop de leurs attelages de quatre, six et huit mules. Et dans ces véhicules antédiluviens, entassés sur les banquettes, juchés sur les impériales, grimpés sur les marchepieds, des madrilènes endimanchés, des jeunes filles, des femmes, des enfants, se laissent secouer, heurter, trimballer en chantant , en riant, en faisant des folies.

16

Calle Mayor et Calle de Toledo, dans les deux grandes rues où passe, dès sept heures du matin, cet incessant défilé, on ne s'entend plus à cause du brouhaha, on ne peut bouger à cause de la foule. Tandis que les petits bourgeois riches, les gens aisés, les boutiquiers généralement se ruent dans les guimbardes vers la *Pradera* (la prairie) de San Isidro, d'innombrables familles de prolétaires s'acheminent à pied, d'un pas allègre, avec autant de rires, de chants et de cris, que les autres.

Il est impossible d'imaginer un tableau de gaieté plus intense que celui de cette foule bariolée roulant ses flots pressés dans toutes les rues, sur toutes les routes qui mènent à la chapelle du Saint-Protecteur de Madrid.

C'est en effet aujourd'hui la Saint-Isidore, autrement dit en Castillan : « la fiesta de San Isidro Labrador », ce saint issu d'une famille de laboureurs de Madrid, dont la mémoire est vénérée dans toute l'Espagne et dont les restes mortels reposent dans le maître-autel de l'Église de San Isidro el Real, cathédrale provisoire de Madrid.

Il n'est pas en Espagne, dans ce pays des fêtes par excellence, une fête plus populaire que celle-ci : la fête de San Isidro (vulgairement la *Roméria de San Isidro*), la foire de Séville, la fête de la Vierge del Pilar à Saragosse, voilà les trois principales occasions des réjouissances populaires de l'autre côté des Pyrénées.

****

Populaire est bien le mot, car le pèlerinage à la chapelle de San Isidro attire presque exclusivement les petites gens de Madrid. La classe riche et l'aristocratie se rendent à la chapelle du Saint la veille de la fête ou les jours suivants, et se gardent bien de venir de ce côté le jour traditionnel.

Mais les habitants des bas quartiers, les petits commerçants, les soldats, les domestiques, les fermiers des environs de Madrid n'ont pas de plus grand bonheur que d'assister à la « Romeria de San Isidro »; c'est leur fête de prédilection et, pour rien au monde, on ne saurait les y faire renoncer.

A ces « afficionados » de la *Pradéra*, il faut joindre les *Isidro* et les *Isidra* de toute l'Espagne qui se souhaitent mutuellement leur fête ce jour-là; il est rare qu'un paysan riche ou un agriculteur aisé ne vienne pas à cette date passer quelques jours à Madrid pour y faire des achats et prendre quelques distractions dans la capitale. Pendant la semaine qui précède et la semaine qui suit la San Isidro, on voit arriver et partir dans les gares de Madrid les trains bondés de ruraux des environs.

Ce sont les Isidro et les Isidra; il en vient de cinquante lieues à la ronde, reconnaissables à leur gaucherie, à leurs costumes pittoresques; il en vient même par milliers dans des trains complets et spéciaux de Saragosse et de plus loin encore.

Les madrilènes se montrent du doigt dans les rues les touristes provinciaux et les exploitent tant qu'ils peuvent; les riches trouvent difficilement des places dans les hôtels, les autres, ceux qui sont moins raffinés et moins cossus, encombrent les *fondas* et les *casas de huespedes*. Ceux qui ont des parents ne manquent point d'aller leur imposer l'hospitalité obligatoire et de faire leurs lits dans les salles à manger de leurs cousins, oncles ou beaux-frères.

Mais tous les Isidro et toutes les Isidra n'emportent

pas toujours un charmant souvenir de leur séjour à Madrid, les vauriens de la capitale leur jouent des tours pendables, les *Golfos* ou voyous les dévalisent, les *Chulos* ou souteneurs leur donnent quelquefois des coups de couteaux, et les batteries entre les provinciaux et les chenapans de Madrid sont fréquentes pendant la fête de San Isidro.

Aux approches de cette fête, toutes les boutiques de Madrid sont sens dessus dessous; on refait les étalages, on prépare des expositions de marchandises bon marché que les Isidro des campagnes vont acheter, on fabrique les gâteaux spéciaux appelés *Rosquillos* que tout Isidro qui se respecte doit manger.

Les gargotiers accumulent des provisions de tous genres et tout le monde dans Madrid se prépare à un rude coup de feu des affaires.

Dès la veille de la fête, les préparatifs commencent de toutes parts : non point qu'on pavoise ou illumine la ville ! Rien ne dénote la fête, si ce n'est l'animation extraordinaire des rues. Mais chaque famille fait ses provisions et toutes les ménagères cuisinent les innombrables mets et comestibles que l'on va manger le lendemain sur l'herbe desséchée de la prairie de San Isidro.

Il faut voir le matin de la fête les madrilènes de tous les sexes partir pour le pèlerinage de San Isidro. Quand la famille a les moyens de se payer un domestique avec un bourricot, c'est le malheureux animal qui est obligé de porter les paniers, les sacs, les outres de vin de la bande. Quand on est moins avisé, on a recours aux bons offices d'un *mozo de cordel* (portefaix) qui sue et ahène sous le poids des provisions renfermées dans

ces immenses paniers qu'on accroche aux flancs des
mulets ou des ânes. Quand on ne peut se payer un
mozo — (et c'est le cas de la majorité) — on porte
soi-même ses victuailles, et le fait est que presque
tous les pèlerins de San Isidro sont chargés d'un far-
deau quelconque.

Ce n'est point cependant que l'on risque de mourir
de faim ou de soif sur le terrain même du pèlerinage.
Sur le pré, sur les côtés de la route de la chapelle, une
vraie foire s'est installée.

.

Pour bien me rendre compte de l'aspect curieux
de cette fête, j'ai fait deux visites à la chapelle de San
Isidro; d'abord la veille du grand jour, afin de pouvoir
bien voir et tout voir, sans être écrasé par la foule,
aveuglé par la poussière; ensuite l'anniversaire même
de San Isidro, en pleine *Romeria*.

Ma première visite fut tout à fait inopinée et n'en
eut pour ce motif que plus de charmes pour moi. Je
venais de rendre visite à un ami et, au moment de le
quitter, il me dit : Venez avec moi, je vais vous faire
faire une excursion intéressante. — Ah! bah! Où
cela! — A la chapelle de San Isidro, dont c'est demain
la fête. — Bien, j'accepte avec plaisir. Mais comment
allons-nous y aller? — A pied, sans nous fatiguer en
nous promenant lentement et en philosophant.

Pour une promenade, c'était en effet une longue promenade, et le soir mes jambes s'en ressentirent; mais,
n'étant pas prévenu par l'expérience, je me laissai
faire et nous partîmes allègrement.

Il était quatre heures de l'après-midi; le ciel, qui
menaçait vers midi, s'était éclairci après une ondée

de cinq minutes; le soleil était radieux, l'air rafraîchi, et il soufflait même une brise légère qui invitait à la marche.

Nous suivîmes la rue Arenal, traversâmes la belle place de Oriente, aux statues perdues dans la verdure des squares, sous les ombrages des grands arbres, respirant de délicieuses odeurs de fleurs.

Nous longeâmes l'esplanade du Palais-Royal, nous arrachant avec peine à la contemplation de l'admirable panorama du *Campo del Moro*, de la *Casa de Campo*, des forêts du Pardo, des massifs bleuis et vert-noirâtres de la *Sierra de Guadarrama*. Nous jetâmes un regard en passant sur la nouvelle cathédrale de Nuestra Senora de la Almudena, magnifique et colossale construction, dont la crypte seule est achevée, et qui sort lentement, très lentement du sol. Pour l'instant, il y a six ouvriers seulement qui y travaillent, alors qu'il en faudrait mille. *Falta el dinero!* me dit mon ami en soupirant, l'argent manque. C'est toujours et partout la même chose en Espagne !

Sur le derrière de la Cathédrale, du côté de la Cuesta de Segovia, on a démoli une ou deux maisons, et on projette sans doute de faire une voie large, en harmonie avec les rampes.

La côte en question, poudreuse et mal empierrée, est sillonnée par des plans inclinés transversaux aussi durs à gravir que difficiles à descendre; ils sont soutenus par des murs de pierres couronnés de rampes en fer, et dans les espaces laissés libres par les croisements de la route de beaux arbres se dressent et forment des sortes de squares.

Cette côte, que l'on peut gravir en voiture, grâce aux rampes que je viens d'essayer de décrire, pourrait offrir un aspect majestueux, si les voies en plans inclinés qui la sillonnent étaient complètement refaites avec des courbes au lieu d'angles aigus et des murs de soutènement couronnés de balustrades de pierres ornées de vases de fleurs ou de statues. On devrait même établir à chaque étage des loggias de fleurs.

Mais à quoi bon chercher à indiquer ce qui devrait être; ne voyons que ce qui est. Du bas de la côte au Manzanarès, s'étend une sorte de parc qui est certainement un ancien morceau des jardins royaux du « Campo del Moro », dont un mur de briques et de mortier nous sépare.

C'est avec un véritable plaisir qu'on parcourt les grandes allées ombreuses de ce coin tranquille et verdoyant : les arbres sont magnifiques, les arbustes poussent de toutes parts au milieu d'une incurie et d'un désordre qui ne sont pas un effet de l'art, mais qui ont un charme étrange. De tous côtés des ruisselets courent aux pieds des grands arbres et c'est un bien doux plaisir, à Madrid surtout, que d'entendre le murmure de l'eau.

Nous ne pouvons résister à la tentation de nous asseoir une minute sur un banc de pierres pour jouir de la fraîcheur de ce lieu et nous délasser en écoutant chanter les oiseaux.

*_**

Mais reprenons vite notre promenade; nous arrivons au pont de Ségovie.

Cette œuvre solide et lourde de Juan de Herrera nous montre de loin les grosses boules de pierres sablonneuses qui décorent ses parapets; ce pont, qui n'est ni aussi large, ni aussi décoratif, ni aussi monumental que le grand pont de Tolède, est cependant digne d'un grand fleuve et ne serait pas déplacé sur la Seine ou sur le Rhône.

Rien n'est plus piteux que le spectacle de ce pauvre Manzanarès du haut du pont. Partout, où l'on jette les regards, on voit du sable, de la verdure, et surtout des piquets soutenant des cordes couvertes de linge blanc qui sèche. Ce n'est pas un fleuve que l'on aperçoit, c'est un immense lavoir. Les piles du pont sont envahies par le sable et s'y cachent de plus en plus.

Je demande même à mon ami comment font les lavandières pour trouver de l'eau pour laver leur linge. — Je vois bien, lui dis-je, les blanchisseuses, mais où est le Manzanarès? — Ne soyez pas méchant envers notre fleuve, me répondit-il. Regardez de ce côté. S'il n'y a au milieu du lit de sable qu'un filet d'eau où vous auriez peine à vous mouiller les pieds, par contre de chaque côté vous pouvez discerner qu'on a creusé des canaux qui servent de lavoirs.

Je regarde et je vois en effet deux rigoles d'un mètre de large où il y a peut-être un mètre d'une eau que le savon et la crasse du linge lavé ont teintée d'une indicible couleur gris-souris. Si c'est là-dedans qu'on lave le linge des Madrilènes!... Cette vue donne envie de ne pas donner ses chemises à blanchir : ce n'est pas une lessive qu'on leur donne ici, c'est un bain de microbes.

Mon ami me déclare ingénûment que les Madrilènes ont la bonne habitude de faire laver leur linge chez eux; on lessive à domicile. Les lavoirs du Manzanarès ne sont destinés qu'aux étrangers, aux voyageurs. Doux privilège, dirait Forain !

D'ailleurs, je marche d'étonnement en étonnement; mon ami me déclare solennellement que, si le Manzanarès parait plutôt un fleuve de sable qu'un fleuve d'eau, l'élément liquide abonde néanmoins.

— « Seulement, ajoute-t-il, seulement il est absorbé de tous côtés par le sable, par le terrain sablonneux des environs. Voyez-vous, il suffit à deux ou trois kilomètres du Manzanarès de creuser le sable à deux mètres de profondeur et même moins pour trouver de l'eau ! En réalité, le Manzanarès n'a pas d'eau dans son lit, parce que ce lit s'étend sous terre et à plusieurs kilomètres de large ! »

Voilà bien de quoi être fier de ce beau fleuve : ne le blaguons plus à l'avenir et laissons pour compte à Alexandre Dumas son méprisant verre d'eau !

Le pont traversé, nous nous trouvons sur une place poudreuse, plantée d'arbres plutôt malingres, entourée de maisons à un ou deux étages. Il y a là quelques débits de vin, quelques boutiques sales. C'est la place du pont de Ségovie : on se croirait dans certains villages du midi de la France.

Au lieu de prendre la route du bord de l'eau, la carretera de San Isidro, mon ami me fait remonter la grande route d'Extremadura qui fait face au pont, et, après quelques cents mètres, nous tournons à gauche et, à travers champs, nous nous dirigeons vers la fameuse *Pradera*.

Nous coupons par des prés desséchés, des ondulations de terrains qui forment de petites collines et de petites plaines, les collines parfois couronnées d'une brebis ou d'une chèvre, les plaines toujours sillonnées de débris de verres, de papiers... et de « sentinelles ». Et c'est ainsi descendant, remontant, redescendant et remontant, que nous atteignons une petite voie ferrée : à notre gauche s'élève une sorte de gare, c'est la station de Villa del Prado.

Mon ami, qui ne sait plus très bien reconnaître son chemin, s'informe auprès de quelques paysans.

Moi, je reste en extase devant le panorama que j'ai sous les yeux.

A nos pieds, des champs, des jardins, des arbres, de la verdure, jusqu'au Manzanarès piteux, ruban d'argent très mince, caché le plus souvent par les linges blancs des lavoirs, puis de la verdure encore, des arbres... et le décor commence.

Tout à notre gauche, derrière la toiture de vitres et de fer de la gare du Nord, qui étincelle sous les rayons du soleil, voici que s'élève la colline jaune et pelée dominée par la caserne de la Montana; en ramenant les regards vers la droite, ce sont les rouges constructions de briques des écuries royales, puis la masse merveilleusement belle et imposante dans sa blancheur de pierre du Palais Royal, dont la façade de plus de 50 mètres de haut se dessine sur le vert des jardins du Campo del Moro et sur l'azur immaculé du ciel avec une netteté inouïe. J'aperçois aussi la place d'armes avec sa belle grille dorée, puis le viaduc de la rue de Baïlen; et, enfin, juste en face de moi, c'est tout un quartier de Madrid, qui depuis les *barrios bajos* (bas quartiers) se fait une ceinture des arbres verts du *Paséo de Melancolicos* et s'élève ensuite comme sur des vagues de toits, de murs, aux couleurs diverses, gris, rouges, jaunes, grimpant à l'assaut des hauteurs où s'étend, pour dormir son sommeil agité, la capitale des Espagnes. Parmi toutes ces toitures vulgaires, que le soleil dore, jaunit, vernit et embellit, se dresse la coupole grave et sereine de San Francisco El Grande, église royale et panthéon des grands hommes d'Espagne

Mais mes yeux, fatigués par cette orgie de lumière crue du soleil, par tout ce blanc et par tout ce bleu, redescendent plus encore vers la droite, vers la verdure des avenues qui mènent au pont de Tolède, dont parmi les arbres, qui remplissent même le lit du Manzanarès absent, j'aperçois les ornements rococos et les superstructures imposantes.

.*.

Je n'oublierai jamais ce spectacle, panorama unique d'une ville à laquelle je ne soupçonnais ni tant de grandeur ni tant de beauté, décor de théâtre où tous les plans s'illuminaient et prenaient aux rayons du soleil des aspects de féerie.

— Allons ! me dit mon ami, j'ai retrouvé ma route !

Nous passons la voie ferrée et nous rejoignons la « carreterra » (1) de San Isidro par un sentier à travers des haies couvertes de fleurs violettes qui embaument.

Nous approchons du lieu sacré; la carreterra de San Isidro, avec sa chaussée poudreuse et aveuglante de blancheur en contre-bas, son trottoir élevé et noir de mâchefer que des arbres abritent un peu des ardeurs du soleil, nous conduit tout doucement vers la Chapelle du Saint.

Dès le bas de l'allée plantée de grands arbres qui conduit de la prairie fameuse à la chapelle, nous trouvons des gardes civils à cheval et à pied, des escouades d'agents de police.

— « On prend beaucoup de précautions, me dit mon ami, et l'on n'a pas tort, car la Saint-Isidro est aussi un peu la fête de Bacchus, et les Espagnols ont le vin mauvais. Je ne vous engage guère à vous aventurer ici la nuit, car on s'y bat autant que l'on y danse et

(1) Route charretière.

vous pourriez bien vous y faire dévaliser et recevoir en échange de votre porte-monnaie un bon coup de couteau, un de ces coups de couteau dont les habitués des *barrios bajos* (bas quartiers où habite la populace) ont une triste spécialité. »

Des bruits de marteau frappent mes oreilles; de toutes parts on cloue des planches, on monte des baraques, on drape des boutiques, on élève des tentes. La prairie de San Isidro, couverte d'une herbe plus jaune que verte, où de loin en loin un arbre rabougri étale quelques feuilles déjà à demi brûlées par le soleil, s'emplit de constructions aussi éphémères que peu esthétiques.

Partout poussent comme des champignons, des fondas, des « figones » (1), des cafés, des restaurants, des tavernes, des salles de bal en bois avec des toitures de toiles grises ou blanches ou jaunes ou bariolées. Et les braves entrepreneurs de ces établissements de foire tapent, tapent à qui mieux mieux, plaçant un clou, criant, jurant, tendant la toile par ci, la fixant par là, se disputant, se contrariant, gesticulant. C'est un pittoresque tableau.

Je parcours la prairie et je vois des balançoires, des chevaux de bois rudimentaires, épaves de quelques fêtes foraines des banlieues de Paris, des théâtres de guignol, des boutiques de somnambules et des musées de cire. Ceci me gâte le reste : c'est la note par trop banale des foires européennes !

J'aime mieux ce qui est bien couleur locale, bien espagnol et bien San Isidro, c'est-à-dire la double rangée des boutiques qui ont été édifiées au pied des arbres de l'allée qui mène à la chapelle et dont, je puis le dire,

(1) Petites échoppes où l'on cuisine quasi en plein air.

les marchands font la dernière toilette. Là se vendent toutes les pâtes frites, pâtisseries et friandises de la San Isidro, les *Rosquillos* traditionnels, sortes de gâteaux secs et sucrés qui sont quelquefois passables, les noisettes ou avellanas torradas (cuites), les amandes sucrées ou non sucrées, les pinillos (pignons confits dans du sucre), les beignets frits à l'huile (quelle odeur, mon Dieu !) ; enfin les célèbres *pitos*, qui sont le grand divertissement du jour et qui ne se mangent pas. Les pitos ne sont pas des bonbons, ce sont des tubes de verre ou de bois au bout desquels se trouve une fleur en papier et un sifflet. Les fervents de San Isidro achèteront tous un *pito* demain et les jours suivants ; ils auront ainsi l'illusion d'avoir à la bouche une tige de fleur et se feront un malin plaisir de se rendre sourds les uns les autres en sifflant de toutes leurs forces.

Une autre industrie bien particulière à la fête de San Isidro, c'est celle des *Munecas* ou poupées : il y en a des boutiques remplies : ce sont des figurines en bois ou en terre, les unes communes et grossières, les autres bien finies, selon les prix. Parfois elles représentent le Saint, sous toutes les formes, même tous les saints du calendrier ; mais ce qui les rend bien différentes des figurines de la Noël ou santons, c'est que les *Munecas* de la San Isidro représentent aussi des charges des personnages politiques. L'actualité, à la San Isidro, est représentée par le général Weyler, Sagasta, Castelar, Silvela et Polavieja, tous branlant la tête : les marchands vous les offrent avec grâce : « Voulez-vous des ministres à deux réaux (50 centimes) ! » Avouez que ce n'est pas cher des ministres à ce prix-là !

Enfin il y a même des ménageries, des cochons roses et... de l'imitation de l'article de Paris, des femmes en chemise et des messieurs sur leur pot-de-chambre !

Et mon ami en souriant me pousse du coude : « La voilà bien la civilisation, la voilà bien ! Vous voyez que les madrilènes ne sont pas arriérés et qu'ils ont les *nouveautés* de Paris ! »

Quelles répugnantes choses ! Comme il faut que les peuples soient bêtes pour que tout ce qui est sale leur soit si familier et leur plaise tant !

C'est avec plaisir que je contemple, par contre, les amas énormes de gargoulettes ou *alcarazas* de tous genres et de toutes formes qui s'accumulent en piles à certains endroits. Il y a de quoi fournir de cruches de terre tout Madrid ! Mon ami me renseigne : ce sont les *botijos* traditionnels, où l'on met l'eau de la fontaine du Saint, eau miraculeuse, dit-on, comme celle de Lourdes. Tous les pèlerins achètent un *botijo* de terre vernie vide et le remportent plein à Madrid.

Je fais observer que plein il doit peser cinq ou six kilos, ce *botijo !* Mais mon ami, qui connaît ses concitoyens, estiment que plutôt que de se fatiguer à porter cette eau à Madrid, ils commencent par la boire en famille, à la régalade, l'un après l'autre. Et le *botijo* arrive à la maison, vide... quand il y arrive !

Mais nous voici devant la chapelle du Saint, toute petite, toute modeste chapelle fermée par une grande grille en guise de porte. Nous entrons et nous trouvons dans le vestibule des tapisseries anciennes fort remarquables, mais qui tombent de vétusté et laissent filtrer le jour à travers leurs dessins. Au fond de la chapelle, le maître-autel, à droite et à gauche deux petits autels; à côté, agenouillés de ci de là sont quelques femmes et trois hommes, un garde-civil qui très dévotement fait sa prière. Devant le maitre-autel, assis sur une chaise derrière la barrière de la communion, un prêtre en soutane noire, avec sa barrette sur la tête, tient un reliquaire qu'il fait baiser aux fidèles qui viennent s'agenouiller dans cette intention.

Après une courte oraison, nous sortons de la chapelle. Mais elle ne peut pas contenir plus de cent personnes, fais-je observer à mon ami ! Et encore à la condition de les serrer comme des anchois. Comment les milliers de pèlerins peuvent-ils faire leur dévotion?

— « Ils ne les font pas, voilà tout, répond bénévolement mon ami. Ils viennent tous pour écouter la messe de San Isidro, à dix heures du matin, mais ils se contentent de cette bonne intention. Une fois arrivés sur la Pradera (la prairie), ils y restent, et les attractions de tous genres leur font oublier le Saint et la messe et la prière. Au fond, les chevaux de bois, les bals, les musiques ont plus de part dans le succès de la fête que la cérémonie religieuse.

« En outre, ce peuple est essentiellement païen dans sa religion chrétienne; les espagnols vont à San Isidro, comme à une idole; ils se figurent aisément que danser, chanter, boire, se saouler, se battre, c'est célébrer la fête du Saint. La Roméria de San Isidro, c'est une saturnale antique, une fête romaine ou carthaginoise, qui persiste de nos jours.

« Ceci dit pour la masse, car il y a évidemment des gens pieux, et la chapelle et les environs en seront pleins demain matin. Même les joyeux Isidro de la Pradéra s'agenouilleront une minute vers dix heures et demie, au moment de l'élévation de la messe de la chapelle. Mais ce sera plus machinal qu'inspiré par la dévotion.

« Cependant, tous, vous m'entendez, tous ont une foi absolue dans San Isidro, dans sa puissance miraculeuse; aucun de ces hommes, du plus vaurien des *barrios bajos* jusqu'au plus grossier des paysans, ne doutera une minute de l'influence surnaturelle du Saint. Ils sont convaincus que l'eau très claire et très limpide de cette fontaine que vous voyez, adossée au mur de droite de la chapelle, est capable de guérir tous les croyants de toutes les maladies. Ils en boivent — peu souvent, mais dans les occasions graves— avec autant de recueillement que de l'eau de Lourdes. »

J'ai pu constater de mes yeux la vérité de ces paroles : deux jeunes garçons d'une quinzaine d'années se tenaient pieds nus dans le bassin de la fontaine et avaient pour mission de remplir sans cesse les *botijos* des fidèles aux tuyaux d'où jaillissait l'eau fraîche de la source. Ils avaient même des sortes de *pichets* en cuivre étamé qu'ils passaient à tous ceux qui voulaient boire.

Les gens aisés mettaient un sou ou deux sous dans un plat après avoir bu, les autres rendaient le *pichet* après l'avoir vidé et donnaient de grands remerciements.

Des deux côtés de la chapelle se dressent de grands murs avec des portails ouvrant sur des jardins pleins de beaux arbres et de verdure : ce n'est pas une propriété particulière, me dit mon ami, c'est le vieux et le nouveau cimetière de San Isidro. Le vieux cimetière est entouré de niches où les morts sont placés comme dans les cimetières d'Italie. Le nouveau cimetière est à la moderne, il contient des mausolées, des tombes monumentales et ressemble à un cimetière français.

Cette vue des cimetières glaça ma joie et transforma mon plaisir en tristesse, je ne vis plus du même œil en redescendant vers la Pradéra les boutiques, les restaurants, les tavernes en plein vent; toute la gaieté de ce spectacle me parut inconvenante et sotte auprès de ce lieu consacré au repos des morts. De toutes parts, on hissait des drapeaux jaunes et rouges, de ces petits drapeaux si décoratifs et si jolis sur les tentes et les baraques achevées; mais tout fut impuissant à me tirer de mes méditations et de mes idées noires.

Tout, sauf le panorama de Madrid, vu du haut du *Camino Alto de San Isidro* : c'est-à-dire la route du haut conduisant à la chapelle, route qui domine toute la Pradéra et qui n'en est séparée que par les huit ou dix mètres de hauteur d'un talus aux pentes rapides. Sur la crête du talus, entre les arbres de la route, des gardes-civils et des agents de police avaient dressé leurs tentes de campagne. Il y a au moins trois compagnies de gardes-civils qui vont passer les nuits ici sous les tentes pendant les quinze jours de la Roméria, me dit mon ami en souriant, et les gardes-civils et les agents de police ne se plaignent pas de cette villégiature.

Mais les tentes des gardes ne pouvaient me distraire de la vue du pont de Tolède, qui surgissait majestueux et pompeux, avec ses pylones rococos, ses statues centrales, ses arches énormes, du sein de la verdure et des arbres qu'arrosent les filets d'eau du Manzanarès. J'apercevais les fausses obélisques et les statues de la *glorieta du Pont de Tolède*, statues de souverains espagnols rangées en demi-cercle et qui semblent accueillir les voyageurs qui débouchent du pont et se dirigent par le *paseo de los ocho Hilos*, bordé de plusieurs rangées d'acacias, vers la monumentale et froide porte de Tolède, sorte d'arc de triomphe lourd et de mauvais goût qui termine la rue du même nom.

C'est par ce chemin que nous revînmes ce soir-là à Madrid, fourbus, harassés, couverts de poussière, et heureux de trouver deux places dans le « tramway » (1) tiré par de vaillantes petites mules qui monte du pont de Tolède à la Puerta del Sol.

Étrange idée, me disais-je malgré tout, que de se livrer à des foires et à des saturnales aux portes d'un cimetière !

Je n'ai pu me débarrasser de cette pensée, et le lendemain, quand nous retournâmes, vers deux heures de l'après-midi, pour contempler le spectacle de la Roméria battant son plein, j'éprouvai un profond sentiment de pitié pour ces êtres humains dansant, criant, hurlant, buvant, au pied des cadavres de leurs ancêtres.

La Pradéra nous offrait cependant un tableau peu banal. Du haut du Camino Alto, que nous avions repris, toute la prairie jusqu'aux bords du Manzanarès n'était qu'un nuage de poussière, parmi lequel apparaissaient de temps en temps des groupes de gens qui dansaient, en bras de chemise, les cheveux presque défaits, et des réunions de familles assises sur l'herbe, en mangeant, buvant et chantant.

De toutes parts montait un vacarme étourdissant, bruits divers et confus, voix humaines, musiques de mille orgues de barbarie, sifflets de vingt mille pitos, chants, disputes !

(1) Aujourd'hui ce tramway est très confortable et le *trolley* électrique a remplacé les mules.

Sur les pentes des talus dévalaient des jeunes filles congestionnées, toutes rouges de plaisir, avec des œillets piqués dans les cheveux, des corsages entr'ouverts, et des jeunes gens en bras de chemise, sans chapeau, qui les poursuivaient, les attrapaient, les pinçaient, les embrassaient. Tout le monde grimpait, courait, descendait, tombait, roulait le long des talus, mais tout ce monde riait et chantait.

— « Le soir, me disait mon ami, tous ces gens-là ne rentreront pas en ville; seuls les ménages sérieux des boutiquiers vont reprendre dans quelques heures le chemin de leurs demeures et aller se reposer chez eux de la chaleur, de la poussière et des fatigues de cette journée de plaisir. Mais les jeunes gens, les voyous, des bas quartiers, les jeunes ouvrières, les filles, les Isidro naïfs et sots de la campagne, tous ceux-là resteront ici, dîneront ici avec les restes du déjeuner, finiront les outres de vin ou les bouteilles qu'ils ont apportées et, quand la nuit sera venue, commencera la véritable fête, l'orgie extravagante et folle de ce peuple !

« Tant qu'ils auront du souffle, ils danseront des *fandangos*, des *tangos*, des *sévillanes*, des *jotas*, des *habaneras*, selon leurs goûts ou leurs provinces d'origine. Les Aragonais dansent la *jota*, les Andalous les sévillanes, les « Gallegos » ou gens de Gallice des danses qui ressemblent à la *bourrée* des Auvergnats: quant aux Madrilènes, ils dansent toutes les danses.

« Les Espagnols sont ordinairement très sobres; mais quand ils boivent, ils boivent pour quatre; ils n'ont pas, dans le peuple, de mesure pour boire et manger. Ce soir, tout le monde ici sera ivre, et, dans l'obscurité de la nuit, vous devinez ce qui va se passer : on dansera, on chantera, on se roulera par terre, les *novios* ou fiancés embrasseront leurs *novias* ; si l'on ne faisait que s'embrasser !... mais, le vin aidant, la chaleur du sang espagnol, vous comprenez que l'on va beaucoup plus loin. On fera l'amour un peu partout, sous les étoiles, on se trompera même de maîtresses, de fiancées ou de femmes. Tout cela ne sera rien, tout cela n'aura pas d'importance, si personne ne s'en aperçoit ; mais malheur au *novio* jaloux et encore assez sain d'esprit pour s'indigner de voir sa *novia* dans les bras d'un autre galant ! Alors les gros mots, les coups ! Les couteaux sortent de toutes les poches, parfois même les revolvers des gens civilisés, et la bataille commence ! Les *Chulos* ou souteneurs, les filles s'en mêlent, le sang coule, les vauriens en profitent pour assommer et dévaliser les naïfs qui se sont fourvoyés dans la Roméria ; et cela finit par émouvoir les gardes-civils et les agents de police qui tranquillement sous leurs tentes faisaient la noce comme les autres. Jaloux de faire respecter le principe d'autorité qu'ils représentent, ils s'arment et se précipitent en pleine bagarre, tapent dans le tas avec rage, comme des fous et comme des sourds, jusqu'à ce que la foule lasse de se battre et d'être battue prenne la fuite de tous côtés et que le combat cesse faute de combattants.

« Quant aux blessés ou aux morts, les services des ambulances viendront les enlever à l'aurore et on recommencera le lendemain soir. Voilà les beautés de la Roméria la nuit ; je ne vous engage pas à vous y trouver ! »

J'écoutais mon ami et, en même temps, j'entendais à mes côtés des doléances des gens qui commençaient à s'en aller. Des dames se plaignaient qu'on leur avait coupé leurs poches et pris leur porte-monnaie, les hommes réclamaient leurs montres aux gardes civils impassibles. Pourquoi venez-vous dans cette galère? disaient des agents de police aux malheureux volés.

Oh! oui, pourquoi y allez-vous, bourgeois nigauds et grotesques, badauds stupides qu'on trouve dans tous les pays? Pourquoi y allez-vous? Pous avaler de la poussière, vous donner des indigestions, vous saoûler, attraper des coups de soleil !

Conseils inutiles ! La San Isidro est la San Isidro, sera toujours la San Isidro, le prétexte des noces et festins dans la poudre de la Pradéra, la partie de plaisir obligatoire des petits bourgeois et des gros paysans, le rendez-vous de la haute et basse pègre de Madrid. On volera, on assassinera, on s'éreintera, mais on s'amusera, car le peuple appelle cela s'amuser !

— « L'an dernier, me dit mon ami, ils ont cassé un bras à San Isidro à coups de pierres ! »

Cela me fit bondir. Comment et pourquoi ce sacrilège? Ont-ils donc la folie de s'attaquer au saint dans leurs orgies nocturnes?

— « Non, rien de tout cela, me répondit-il. Ils lui ont cassé un bras, à tête reposée, après mûres réflexions, et en plein après-midi.

« Et voici pourquoi : la statue du Saint, qui est sur le maître-autel de la chapelle, fait des miracles.

« Les paysans des environs de Madrid viennent la prier et la supplier de faire pleuvoir quand ils ont besoin d'eau dans leurs champs. L'an dernier, ils ont fait une procession, ils ont prié San Isidro de leur donner de la pluie : le Saint les a exaucés, il a plu! Vous devinez leur allégresse, leur reconnaissance envers le Saint; ils lui faisaient des cadeaux, lui apportaient des poulets, des légumes. Mais voilà que la pluie dure huit jours, puis dix jours, puis une quinzaine !

« Les paysans voulaient de la pluie, ils ne voulaient pas un déluge ; ils réclament leur soleil et de la sécheresse. Ils refont une procession, des prières et des cadeaux, mais le Saint ne leur répond pas ; la pluie continue toujours, menaçant d'empêcher la récolte de mûrir.

« Ah ! c'est comme cela ! Il fallait entendre les paysans invectiver leur Saint. Ah ! San Isidro se fiche de nous, il prend nos cadeaux, il respire notre encens, mais il continue à faire pleuvoir après seize jours de pluie ! Non ! c'est une mauvaise plaisanterie ! Les paysans se fâchent et, dans leur imagination primitive, ils considèrent qu'il faut s'en prendre à la statue de la chapelle.

« Ce fut une petite révolution : malgré la garde civile, la chapelle fut assiégée et, à travers les barreaux de la forte grille qui sert de porte, à coups de pierres ils ont, ces dévots paysans, cassé un bras à la statue de San Isidro. C'est à grand'peine que le clergé a pu leur faire comprendre leur folie et les décider à se montrer plus respectueux envers leur Saint.

« Ne croyez pas d'ailleurs que la renommée de San Isidro aît souffert de cet incident : le lendemain de ce jour de colère des paysans Madrilènes, la pluie a cessé, le soleil a reparu. Tous les paysans sont allés remercier San Isidro ; sa réputation de faiseur de miracles est plus grande que jamais. Il avait besoin d'une leçon, disent les paysans, nous la lui avons donnée, et maintenant nous l'aimons plus que jamais ! Soyez sûr, ajouta mon ami, que, si demain le gouvernement voulait enlever de la chapelle la statue de San Isidro, tous ces paysans, qui lui ont lancé des pierres, viendraient se faire tuer jusqu'au dernier pour conserver leur Saint ! »

*
* *

Tandis que mon ami parlait, je regardais comme dans un rêve la *Pradéra*, qui s'étendait à mes pieds, telle une mer de poussière où nageaient de vagues formes humaines, gesticulant, grouillant, au milieu d'un effroyable vacarme. Et, de tous ces cris, de tous ces chants, de tous ces sifflets et de toutes ces musiques, de tous ces bruits confus, il me semblait qu'une voix formidable s'élevait et grondait à mes oreilles, voix de cuivre et d'airain qui dominait les rumeurs et le tumulte.

La voix me disait : « Je suis l'âme de ce peuple, âme complexe et farouche, primitive et étrange,

« Trois mille ans ont passé sur notre race, trois mille ans nous ont roulés et ballottés dans l'océan des idées, des civilisations et des âges, mais notre essence est restée immuable, et les flots des siècles ont glissé sur nous sans laisser de traces.

« Nous sommes les Celtes indomptables et les Ibères naïfs, cœurs généreux et sauvages, esprits entêtés et rétifs, intelligences vives et simples, caractères orgueilleux et taciturnes, peuples doux et féroces en même temps, indifférents aux maîtres et aux lois, pourvu que les maîtres respectent nos préjugés et les lois nos coutumes.

« On nous a envahis et vaincus, frappés et enchaînés, et on n'a pu nous transformer ou nous modifier. Les Carthaginois nous ont fait adorer leurs divinités et admirer leur luxe corrupteur et leur pompe africaine;

puis les légions romaines sont venues, précédées de
leurs aigles; et la gravité de Rome nous a imposé sa civilisation et sa conquête. Et de Rome il nous est resté
l'amour des grandes choses et le parler sonore; mais il
ne nous est resté que cela.

« Les torrents des Vandales, des Alains et des
Suèves nous ont renversés et mutilés, mais leurs flots
ont été absorbés par nos sables et l'âme de ces envahisseurs n'a pas laissé de traces. Les Visigoths et les
Goths ont été des vainqueurs qui se sont confondus avec
les vaincus et leur personnalité morale a été noyée
dans la nôtre; la religion du Christ a complété l'assimi-
lation de nos âmes, qui sont restées un peu païennes,
tout en entrevoyant les lumières de la vérité et en écoutant les admirables maximes de l'Évangile.

« Puis les Maures nous ont conquis et nous ont respectés; mais seuls, leur fanatisme et leur apathie se sont
infiltrés dans notre âme.

« A dater de ce jour, nous avons vu passer sur nous,
sans relâche, des conquérants et des libérateurs; nous
avons gémi sous les coups de leurs sabres, entendu
frémir le sol sous les sabots de leurs coursiers au galop,
nous avons été comme toujours la denrée humaine,
que l'on achète, que l'on vend, que l'on fait battre,
que l'on exploite et que l'on tue. Gaulois et Francs de
Charlemagne sont accourus se mesurer avec les guer-
riers de Damas et d'Afrique; nous avons été spectateurs impassibles de mille épopées, jusqu'au jour où,
aux accents des héros d'Aragon et des Asturies, notre
âme ibérienne et celtique a tressailli de nouveau et
s'est affirmée espagnole, jusqu'au jour où nous avons

reconquis la péninsule sur le Croissant et expulsé les derniers Arabes.

**

« Mais, après ce réveil de nos âmes, il semble que nous soyons retombés dans le sommeil et l'indifférence. Des dynasties étrangères nous ont asservis et exploités ; nous avons connu le joug de la Maison d'Autriche, et elle nous a écrasés et pressurés comme sous une meule formidable. Notre sang, notre or, le meilleur de nous-mêmes, tout a été prodigué, dépensé, éparpillé hors de nos frontières, dans des entreprises grandioses et infructueuses, pour des causes que nous ne connaissions point et qui ne nous inspiraient aucun enthousiasme. Nos libertés agonisaient et notre âme s'avilissait dans un véritable esclavage.

« Les Bourbons ont essayé de nous ranimer et leur efforts n'ont pas été vains. Des souffles vigoureux de liberté et de patriotisme ont rafraîchi notre âme, qui s'est enfin ressaisie et redressée dans une merveilleuse explosion d'indignation et de rage contre le despotisme de Napoléon. La haine de l'âme étrangère nous a valu notre indépendance : nous sommes redevenus héroïques pour conserver intacte notre essence.

**

« Malgré tout, envers et contre tous, nous sommes restés les Celtes indomptables et les Ibères naïfs, imprégnés du fanatisme et de l'indolence que nous ont légués les Arabes, nous sommes d'une race primitive que les idées modernes n'ont pas encore pénétrée, race neuve malgré les siècles, ignorante malgré la science, arriérée malgré le progrès.

« Et cette âme, qui se dégage et qui se montre sans fard dans les tourbillons de poussière de la Pradéra de San Isidro, au milieu des saturnales de la *Roméria*, c'est l'âme même de notre race, l'âme des Celtes et Ibères de jadis, l'âme des Espagnols d'aujourd'hui et de demain ! »

Blason Comtal du Tyrol

XXI

LA VIE A MADRID

Madrid, mai 1902

Que vous êtes donc curieuse, ma chère cousine? Et me croyez-vous chez des Iroquois ou des peuplades barbares de l'Afrique, pour me venir faire dans vos si charmantes lettres une aussi fréquente question?

La vie qu'on mène à Madrid? De quelle vie voulez-vous bien parler? De la mienne ou de celle de tout le monde?

La vie ordinaire, la vie de tous les jours, le train-train habituel des existences... Est-ce là ce qui vous intéresse?

Mais on vit à Madrid, ma chère cousine, un peu comme partout dans les pays civilisés, on y vit selon ses moyens et ses goûts, un peu comme on veut et beaucoup comme on peut.

Je suis un imbécile !... Je ne vous comprends pas : c'est bien possible. Mais comment voulez-vous que je vous réponde?

La vie d'un chacun n'est pas la vie du voisin. On ne peut rien généraliser sans commettre une erreur, et, bien pis ! une sottise !

Tous ceux qui, de près ou de loin, ont un rôle quelconque dans les fêtes du Couronnement, soit comme spectateurs ou comme auteurs, comme invités ou comme organisateurs, mènent en ce moment, je vous prie de le croire, la vie la plus agitée, la plus remplie et la plus fatigante qu'on puisse rêver ! Et que sera-ce dans deux ou trois jours, quand le grand moment sera arrivé, quand les trois coups auront annoncé la levée du rideau sur la représentation officielle?

Ce n'est donc pas notre vie actuelle que vous voulez connaître. C'est la vie qu'on mène ordinairement à Madrid, lorsqu'il n'y a ni fête ni illuminations, ni revues, ni exposition, ni concert, ni arrivées de princes. Eh ! bien, mais cette vie-là, laissez-moi le dire tout franchement, c'est une vie bien tranquille, bien réglée, qui a son charme; mais il est impossible de croire que tout le monde la mène. Voyez-vous, ma chère cousine, à Madrid, comme à Paris, il y a toutes sortes de gens : des ouvriers qui travaillent, des boutiquiers qui vendent des marchandises, des domestiques et des cuisinières, des cochers de fiacre et des conducteurs d'automobiles. Et tous ces gens-là sont très occupés... chacun à leur manière.

*_**

Vous riez ! Vous vous moquez de moi. La vie de ces gens-là, de ceux qui travaillent, qui courent, qui suent et qui gagnent leur pain quotidien, cette vie-là est la même, dites-vous, dans presque tous les pays du monde.

Ce que vous voulez connaître, c'est la vie des gens qui ne font rien, des désœuvrés, des oisifs et... des amateurs de farniente. De ces gens-là il y en a beaucoup à Madrid !

Vous voyez que nous arrivons à nous comprendre : le tout est de s'expliquer. Il est évident que Madrid est une ville exceptionnelle : elle a peu ou pas d'industries, beaucoup de fonctionnaires et d'employés budgétivores, la Cour, la noblesse, le gouvernement, les rentiers grands et petits, des banquiers et des... gens sans profession en assez grande quantité ! C'est donc une ville de plaisirs et de luxe bien plus qu'une cité commerçante ou qu'une ruche industrielle.

Est-ce à dire que, parmi tous ceux que je viens de vous nommer, il n'y ait que des gens qui s'amusent ? Non, votre erreur serait grande de croire cela ; il y a à Madrid des gens riches et occupant de grandes situations, qui travaillent beaucoup ; il y a aussi — par compensation — des employés qui fument des cigarettes et des huissiers de ministères qui dorment sur leurs fauteuils.

*
* *

Prétendre que tout le monde danse et chante à Madrid, parce qu'on aura vu, un matin, un *organillo* s'arrêter dans une rue pleine d'ombre et faire danser quelques fillettes et quelques gamins, ce serait aussi ridicule que de dire comme cet anglais qui avait rencontré une servante d'auberge rousse que toutes les femmes de France sont rousses !

Il n'y a rien qui me fasse autant rire que les excellents voyageurs qui prétendent connaître un pays, une race en trois semaines, et qui, avec une méthode vraiment simpliste, généralisent tous les détails qui les ont frappés par leur nouveauté ou leur étrangeté.

Moi, qui ai vécu longtemps à Madrid et qui, depuis dix ans, y passe une bonne partie de chaque année, je n'oserai, chère cousine, que vous indiquer quelques-unes des observations que j'ai recueillies sur la vie que peuvent mener les oisifs de Madrid, qu'ils soient millionnaires ou sans la moindre peseta.

La vie du clubman à Madrid est aussi banale qu'à Paris : il se lève tard, va chez son coiffeur, son tailleur ou son bottier, déjeune à son cercle, fait une petite partie, lit les journaux, baille, va faire son tour en voiture au paséo de *Recoletos* et à la *Castellana,* quelquefois au Rétiro, dîne en ville ou au cercle, passe sa soirée dans des salons amis ou le plus souvent au théâtre, doit se montrer *obligatoirement* à un ou deux entr'actes du Théâtre-Royal, quand il y a représentation, et enfin finit sa nuit au Cercle ou dans des établissements de nuit, avec des danseuses et des filles faciles.

Cela n'a rien de bien attrayant, n'est-ce pas, chère cousine? Et les Parisiens sont blasés sur cette existence-là !

Les gens sérieux, les familles honnêtes de rentiers ou de fonctionnaires vivent très simplement : peu ou pas de fêtes, pas beaucoup de dîners ni de soirées. On se couche tard et on se lève tard, mais on déjeune et dîne chez soi. Madame va toujours ou presque toujours à l'Église ou le matin ou l'après-midi : Monsieur lit ses journaux, va à ses affaires ou à son ministère; on fait un petit tour dans Madrid : à une heure, quelquefois deux heures, on déjeune chez soi.

De trois heures à quatre heures, repos pour les dames, partie de dominos au café pour Monsieur. A cinq heures, tout le monde sort et va se promener en grande toilette sur les Recoletos, la Castellana, dans la rue d'Alcala, et de six à sept heures *obligatoirement* dans la *Carrera San Jeronymo,* dans la partie qui va de la calle de *Séville* à la *Puerta del Sol.* Là on se bouscule, on avance à petits pas, on salue ses amis et connaissances, on dénigre la toilette des bonnes amies et on fait remarquer la sienne.

À huit heures on dîne, quand on ne va pas voir la première ou la deuxième *funcion* (représentation) d'un théâtre, c'est-à-dire assister à une *zarzuela* de huit heures et demie à neuf heures et demie, ou de neuf heures et demie à dix heures et demie. Ce sont les heures du bon public bourgeois. La troisième funcion de dix heures et demie à onze heures et demie est déjà plus mondaine, moins fréquentée par les familles : quant à la quatrième pièce, on la donne de minuit à une heure, devant le public des viveurs, des gens très lancés, et les cocottes et les demi-mondaines s'y montrent surtout dans les loges.

Une famille bourgeoise à Madrid est généralement couchée à onze heures ou minuit. Quand on ne va pas au théâtre, il arrive souvent que des intimes viennent faire une petite *tertulia*, réunion sans la moindre cérémonie où l'on boit une tasse de thé et où l'on joue des parties de *tresillo*, jeu de cartes qui ressemble au whist.

En somme, une famille bourgeoise vit à Madrid aussi paisiblement que nos familles de province, ce qui est tout à l'éloge des mœurs castillanes.

La vie de Madrid semble, d'ailleurs, pleine de charmes, surtout pour ce type de désœuvré spécial à Madrid, qui vit au jour le jour, d'un emploi problématique, de revenus incertains ou, pour mieux dire, de l'exploitation de ses contemporains sous le couvert de la charité ou en exerçant avec talent le métier de parasite.

On les appelle à Madrid d'un joli nom : donneur de sablazo (*sablazo* veut dire coup de sabre). En espagnol, *donner un coup de sabre* à quelqu'un, c'est lui emprunter de l'argent; on donne des coups de sabre de mille francs ou d'un douro (cent sous), selon son rang et celui des personnes auxquelles on s'adresse. Au-dessous de deux pesetas, ce n'est plus un *sablazo*, mais une *limosna*, c'est-à-dire une aumône. Celui qui cherche à vous donner un *sablazo* d'un douro, finit souvent par vous demander une *limosnita* ou petite aumône d'un réal (vingt-cinq centimes).

Ces chevaliers du *sablazo* — (il en est dans toutes les classes de la société madrilène) — sont d'aimables garçons, la plupart du temps qui, nobles ou gueux, prennent la vie du bon côté et cherchent à passer agréablement le temps... à ne rien faire. Ils connaissent mieux que personne toutes les distractions gratuites que Madrid peut offrir.

S'ils se lèvent de bonne heure, ils vont à la messe pour entendre chanter ou prêcher : ils savent les qualités de tous les organistes d'églises, apprécient les voix des chantres, le talent plus ou moins grand des prédicateurs.

En outre, à l'église, ils voient de jolies femmes : les jeunes, ceux qui sont de bonne naissance, cherchent à faire naître une bonne fortune ou à se créer une *novia* de bonne famille. L'emploi de *novio* (fiancé) est très facile à tenir en Espagne, où toutes les jeunes filles qui se respectent ont un *novio* avec lequel les parents les laissent flirter *en tout bien tout honneur* et qui, dès qu'il est admis dans la maison, en devient le commensal assidu, déjeunant et dînant chez la fiancée.

Il y a des donneurs de *sablazos* qui, à quarante ans, se disent encore *étudiants* (?) et ont eu une douzaine ou une vingtaine de novias.

Les vieux *sabladores*, à l'église, trouvent le moyen

de s'attirer les sympathies des dévots et des vieilles dévotes; on leur vient en aide et ils savent se recommander à la charité des bonnes âmes.

Après l'église, ou s'ils se sont levés trop tard, ils vont vers dix heures du matin au Palais Royal : là, sous les arcades de la place d'armes, ils assistent tranquillement au spectacle quotidien, mais toujours intéressant et plein de pompe guerrière de la *Parade*.

Cette Parade n'est autre chose que la cérémonie de la relève de la Garde. En France, nous en avons perdu l'habitude, mais dans tous les autres pays d'Europe on l'a conservée... de chez nous.

A Madrid, cette cérémonie militaire est des plus curieuses : les journaux de la veille au soir nous indiquent toujours l'ordre du jour du lendemain.

Vous les consultez et vous apprenez que, le 8 mai par exemple, la Parade sera exécutée par des détachements du régiment des Asturies, que le chef de Parade sera le Commandant du régiment de la Reine, Don Léopoldo Torres; que le chef de l'*Imaginaire* (on appelle ainsi celui qui commande des détachements qui ne figurent pas en réalité) sera le Commandant du régiment de Vad-Ras, Don Lucio Riaza; que la Garde du Palais Royal sera fournie par le régiment d'infanterie des Asturies, par la quatrième batterie du 2e d'artillerie montée et par 22 chevaux du régiment des hussards de Pavie; le Commandant du jour sera le lieutenant colonel du régiment de San Fernando, Don Ignacio Arco; l'*imaginaire* sera le lieutenant-colonel des hussards de la Princesse, Don José Zabalza.

La cérémonie, qui a lieu de dix à onze heures du matin, peut se résumer en quelques mots : les détachements qui forment la Garde qui est là depuis la veille, s'en retournent dans leurs casernes respectives; les détachements qui forment la Garde du jour viennent prendre possession de leur poste.

La Garde descendante et la Garde montante, ayant chacune leurs musiques et leurs drapeaux, se saluent et, tandis que les détachements qui vont s'en aller sont rangés en bataille et présentent les armes sur la Place d'Armes, les détachements qui arrivent font, par la grande grille, qui est en face du Palais, une entrée pompeuse aux sons de la marche royale jouée par leurs musiques.

Cette *Marche Royale*, lente et grave, compassée et d'un rythme semblable à celui de la *Marche des Rois Mages*, convient admirablement à cette cérémonie; les soldats font deux pas par minute, avec un mouvement du corps et des jambes cadencé : les chefs et les porte-drapeaux saluent le Palais-Royal, où souvent le Roi apparait au balcon, et se font ensuite des saluts solennels et réglés par une étiquette immuable.

Avant de terminer la Parade, les chefs se donnent les mots de passe, et les troupes s'arrêtent à plusieurs reprises dans leur marche si lente pour porter les armes, au Palais ou au Roi, aux drapeaux des détachements qui vont partir, aux chefs, puis à leurs camarades.

**.

Enfin une suspension ou un repos a lieu pour permettre aux musiques des régiments d'infanterie installées l'une à droite et l'autre à gauche, devant la façade du Palais, de jouer quelques-uns des plus brillants morceaux de leur répertoire.

Cette partie de concert terminée, les troupes se saluent une dernière fois aux sons de la Marche Royale, puis les détachements sortants s'en vont tambour, clairon et musique en tête, à travers les rues de Madrid, rejoindre leurs casernes, tandis que les autres se rendent aux différents postes qui leur sont assignés autour du Palais et de la Place d'Armes.

Sous l'éblouissante clarté du soleil, sous ce ciel d'un bleu d'azur où se profile toute blanche l'imposante façade du Palais-Royal, sur cette immense Place d'Armes au sable d'or, cette Parade, pompeuse et grave, qui semble évoquer tout le passé de splendeur de la monarchie espagnole, offre aux regards d'un public toujours nombreux un spectacle qu'on ne se lasse jamais d'admirer et dont on ne perçoit pas la monotonie.

*
* *

Après le déjeuner qu'il va chercher où il peut, notre brave *Sablador* peut aller se reposer sous les ombrages du *Retiro*, ou sur les bancs des *paséos de Récoletos et de la Castellana*; ou encore il peut pousser sa promenade jusqu'à *San Antonio de la Florida*, sous les arbres et les gais ombrages de la *Bombilla*, où il trouvera toujours des *organillos* pour lui déchirer le tympan, avec des *Jotas*, des *Boléros*, voire même des valses et des polkas.

Je ne parle pas des musées, bien qu'ils soient si nombreux et si beaux à Madrid, car il faut payer pour y entrer 50 centimes, et nos *sabladores* ne sont pas gens à payer un centime.

18*

Il est d'ailleurs étrange de constater que les Madrilènes ne vont jamais visiter leurs musées, imitant en
cela beaucoup de Parisiens.

Le *Musée de peinture du Prado*, qui est la plus riche
et la plus admirable *collection* du monde entier, n'est
fréquenté que par des étrangers ou des artistes; il est
rare d'y voir un Espagnol amateur. Moi, j'en raffole,
et je voudrais bien, ma chère cousine, pouvoir vous
en parler plus longuement, mais il faut remettre cela
à d'autres moments, car c'est un livre qu'il faut consacrer au *Musée du Prado*... ou bien il vaut mieux n'en
rien dire.

Le *Musée de l'Académie de San Fernando* (rue d'Alcala) renferme des toiles merveilleuses de Goya, de
Murillo, de Mengs, de Zurbaran, etc., je ne veux pas
davantage vous en parler. Les musées de peinture
moderne et archéologique sont des plus intéressants.
Mais ce n'est point le lieu de parler des musées !

Notre parasite n'est généralement pas capable d'apprécier les consolations et les joies qu'un érudit ou un
artiste trouve dans les musées et il aime mieux d'autres
distractions.

S'il rencontre un ami et s'il peut se faire payer un
café, il va passer son après-midi dans un de ces établissements si nombreux à Madrid : là on lui verse une
tasse de café, plus la moitié d'un grand verre, et il se
fait remplir le verre avec du lait; dans un autre verre
immense, on lui met trois doigts d'un liquide alcoo-
lique qu'on baptise rhum ou cognac et qui s'appelle à
Paris du *tord-boyaux*.

Si son ami est généreux, il lui paiera en outre une

média tostada, c'est-à-dire un pain de deux sous fendu en deux et beurré, puis passé sur le gril. Tout cela ne coûte que 60 centimes.

En buvant d'abord son café au lait et en mangeant son pain beurré et grillé, notre homme passe une bonne demi-heure; ensuite il boit sa tasse de café, puis il se fait un brûlot avec du sucre qu'il arrose de son *alcool* dans une soucoupe, puis enfin il met du sucre et de l'eau dans le verre où il reste du soi-disant rhum et il trouve ainsi le moyen de boire et de reboire toute l'après-midi, en causant politique, femmes, toros, théâtres, etc.

Vers les cinq heures, il consulte les journaux et choisit l'église où il va aller entendre les chants du mois de Marie.

A l'église-cathédrale, il y a la neuvaine de San Isidro; là on exécute une musique de premier ordre et les chœurs sont dignes des maîtrises de Saint-Sulpice et du Vatican.

A Santiago, neuvaine de N. S. de la Salud; il y a un prédicateur éminent, Don Miguel Barragon.

Les journaux, à la suite de la liste des théâtres et spectacles, donnent la liste des églises, avec les cérémonies, messes, chants, et les noms des prédicateurs. Je traduis l'annonce ci-dessous textuellement dans l'*Imparcial* :

« La paroisse de Santa Cruz est toutes les après-midi très courue par les fidèles; on y continue la solennelle neuvaine de la Vierge de los *Désemparados* (Abandonnés), sainte patronne des gens de Valence; les *señores*

Calpena et Caminals, le premier pour ses très éloquents sermons et le second pour les belles œuvres musicales qu'il fait exécuter tous les jours sous sa direction, sont très félicités par tout le monde.

« Le dimanche 11 mai aura lieu la *funcion* principale, où l'on chantera la grandiose messe des *Pontifices* avec le concours des artistes du Théâtre Royal et de la Société des Concerts, et samedi, à sept heures du soir, après la clôture de la neuvaine, on interprétera le solennel *Salve* du Maëstro allemand Sigismond Neukomm, la *Letania*, œuvre posthume du Maëstro Eslava. Le Maitre de Chapelle Don Julian Caminals, si renommé dans les églises de Madrid, démontrera une fois de plus ses talents d'organisateur et de directeur de concert. »

Si je tiens à signaler ce procédé peu banal pour attirer du monde dans les églises, ce n'est, certes, pas pour le blâmer : si la véritable dévotion n'a point besoin de musique et de cérémonies pompeuses pour prier Dieu, les chants et les concerts sacrés des églises espagnoles ne sont pourtant pas de vaines distractions offertes aux fidèles ou aux désœuvrés. Ce sont des façons de louer le Seigneur et de rapprocher les esprits des hommes des sublimes sujets que l'Église Catholique offre à leur méditation et à leur amour, et, quels que soient les moyens, le but est toujours admirable et sacré.

Sans doute, les désœuvrés, les *sabladores*, les gens qui ne font rien peuvent en profiter, mais qui oserait dire que les heures passées par eux dans les églises, à écouter des chants religieux, à entendre des paroles inspirées par les plus nobles sentiments, soient pour eux du temps perdu ou du temps mal employé : ils peuvent trouver un jour dans ces églises le dégoût de leur propre existence et le courage de se créer une vie de travail et d'honnêteté.

Ils pourraient faire plus mal en tous cas que d'aller entendre la musique si belle et si consolante d'Eslava !

***

La nuit venue, les gens qui n'ont rien à faire trouvent à se distraire avec les *concerts des aveugles* qui, par bandes de cinq ou six, vont par les rues et à tous les carrefours, exécutent des morceaux d'opéra ou d'opérette, et souvent avec beaucoup de goût et de talent.

Puis, par les belles nuits d'été, les promenades du Prado sont aussi fréquentées que dans le jour; il est doux d'aller à la clarté blâfarde de la lune et des lampes électriques respirer un peu d'air frais et pur sous les grands arbres agités par la brise.

On se délasse de la chaleur du jour, on trouve toujours à écouter quelques chanteurs ou quelques musiques. Et ceux qui ne font jamais rien, sont surtout ceux qui ont le plus besoin de se reposer et de reprendre des forces dans l'atmosphère tiède des nuits d'été.

Quand ils n'ont pas d'autre distraction, les désœuvrés de Madrid parlent politique, et, dans la rue d'Alcala et sur la Puerta del Sol, on peut les voir par groupes jusqu'à quatre heures du matin, faire et défaire les cabinets, donner des leçons de libéralisme à Sagasta, et des conseils à Silvela, brouiller la République de Venise avec le grand Turc et dire du mal de l'Angleterre.

Il leur reste encore une suprême ressource, s'ils ne savent où aller coucher, c'est de manifester devant le *Ministère de la Gobernacion* en criant n'importe quoi : il y a toujours là des *gardes civils* et des agents de police pour les mener passer la nuit au *violon*, et, avantage très grand qu'ils ont sur les gens de Paris, on ne les passe jamais à tabac, s'ils sont dociles, et ils ne font assaut avec les agents que de courtoisie castillane !

FIN

Blason des Comtes de Flandre

TABLE DES MATIÈRES

Pages

AVANT-PROPOS.. 5 à 7

I. — 1905-1913. France et Espagne................. 9 à 14

II. — *Les fêtes de la majorité du Roi.* — Après une nuit en
wagon. — La pluie à Madrid. — Vivent les arbres ! —
L'affluence des touristes. — Les hôtels de Madrid. —
Tramways et voitures. — L'exploitation du bon public.
— La zarzuela espagnole......................... 15 à 34

III. — Le 1er mai à Madrid. — La foi socialiste. — Les
ouvriers s'amusent............................... 35 à 42

IV. — Le Dos de Mayo et l'Alcade de Mostolès........ 43 à 51

V. — Descendant des victimes ! — Souvenir patriotique
et plus de haine. — La procession. — La mantille
espagnole .... 52 à 59

VI. — La cour en deuil. — Le roi François d'Assise. —
Un monarque sans couronne. — La vie d'un philosophe
et d'un homme de bien. — Son mariage avec la reine
Isabelle II. — Simplicité et grandeur. — La mort d'un
juste... 60 à 70

VII. — Le Palais Royal de Madrid. — L'Antique Alcazar
des Maures devient le palais de Philippe III. — Son
incendie et sa reconstruction par Philippe V. — L'œuvre
des Bourbons. — Admirable décoration des salons. 71 à 80

VIII. — La Société coopérative de la Presse madrilène. —
Un exemple à méditer par les Associations françaises. —
La « Féria » du Retiro. — Les corridas de toros du mois
de mai 1902. — Cent vingt toros et trois cent soixante

Pages

chevaux massacrés. — Les Bourbons en Espagne. — Du petit-fils de Louis XIV au père d'Alphonse XIII. — Notes historiques sommaires....................... 81 à 90

IX. — La Restauration et Martinez Campos. — L'œuvre du grand Canovas. — Le règne d'Alphonse XII. — Un roi libéral et moderne. — Son mariage avec Marie-Christine d'Autriche. — Sa mort plonge l'Espagne dans la douleur et les angoisses de l'avenir .... 91 à 101

X. — Les préparatifs des fêtes. — Les trains de plaisirs. — — Arrivée de S. A. I. l'archiduc Charles-Étienne. — La naissance d'Alphonse XIII. — Un mot de Canovas. — Le récit d'un témoin. — Le gage de la paix publique. — Un roi de seize ans. — Mésaventure d'un paysan naïf. — Police et mœurs espagnoles. — Une régence modèle. — Dangers et embuches. — La guerre avec les États-Unis. — Admirable attitude de la Reine-régente. — La force prime le droit. — Sacrifices héroïques de l'Espagne. — L'Honneur est sauf !............... 102 à 119

XI. — L'Enfance d'Alphonse XIII. — Une visite à la famille royale d'Espagne. — L'éducation d'un prince. — Ses études. — Charmant accueil fait à l'auteur. — Les pigeons du Palais-Royal. — Un mot d'une femme du peuple....................................... 120 à 127

XII. — Le sacre des rois d'Espagne. — Cérémonies des sacres des Rois de Castille et des Rois d'Aragon. — Proclamation et serment d'Isabelle la Catholique. — Cérémonial contemporain. — Illuminations générales. — Encore les anarchistes !....................... 128 à 136

XIII. — Le grand jour. — La diane militaire. — Une heure sonne ! — Les carrosses des Grands d'Espagne. — Le cortège royal. — Leurs Altesses Royales. — L'Escorte royale et le carrosse de la Couronne. — Le « Te Deum » à San Francisco El Grande. — Le serment devant les Cortès. — Récit d'un témoin. — Incidents et détails. — Exploit d'un fou. — L'amoureux de l'Infante ... 137 à 149

XIV. — La bataille des fleurs. — La « Corrida real ». — Descriptions et souvenirs. — Retraite militaire. — Garden-Party dans les Jardins du « Campo del Moro ».

Pages

— Encore des fêtes. — Le banquet des Alcades. — Le rideau tombe. — Conclusion...................... 150 à 170

XV. — *Le mariage d'Alphonse XIII.* — La chronique des fêtes. — Arrivée des Missions étrangères. — La signature du contrat. — Le jour des noces. — Une bombe sur le cortège. — La cérémonie nuptiale... 171 à 192

XVI. — *L'attentat de Madrid.* — Alphonse XIII et la reine Victoria font, sans escorte, une promenade dans Madrid. — Détails sur l'attentat de la Calle Mayor. — Héroïsme des jeunes soldats. — Des bombes dans les fleurs. — L'assassin est un anarchiste nommé Mateo Moral .... 193 à 206

XVII. — *Après l'attentat.* — Fêtes populaires et cérémonies funèbres. — Mateo Moral se suicide. — Les antécédents de l'anarchiste. — Le comte de Romanonès, ministre de l'Intérieur, juge cet effroyable crime politique avec toute la sérénité d'un homme d'État... 207 à 222

XVIII. — *La naissance du prince héritier.* — Le roi d'Espagne a un fils. — Le prince des Asturies voit le jour, à midi et demi, le 10 mai 1907. — La joie des Madrilènes .... 223 à 229

XIX. — Impressions et confidences............... 230 à 240

XX. — La Roméria de San Isidro .... 241 à 266

XXI. — La vie à Madrid .... 267 à 280

FIN DE LA TABLE

Angers, imp. G. Grassin. — 2527-13.

ACHEVÉ D'IMPRIMER
LE VINGT-DEUX SEPTEMBRE MIL NEUF CENT TREIZE
SUR LES PRESSES DE G. GRASSIN
IMPRIMEUR A ANGERS

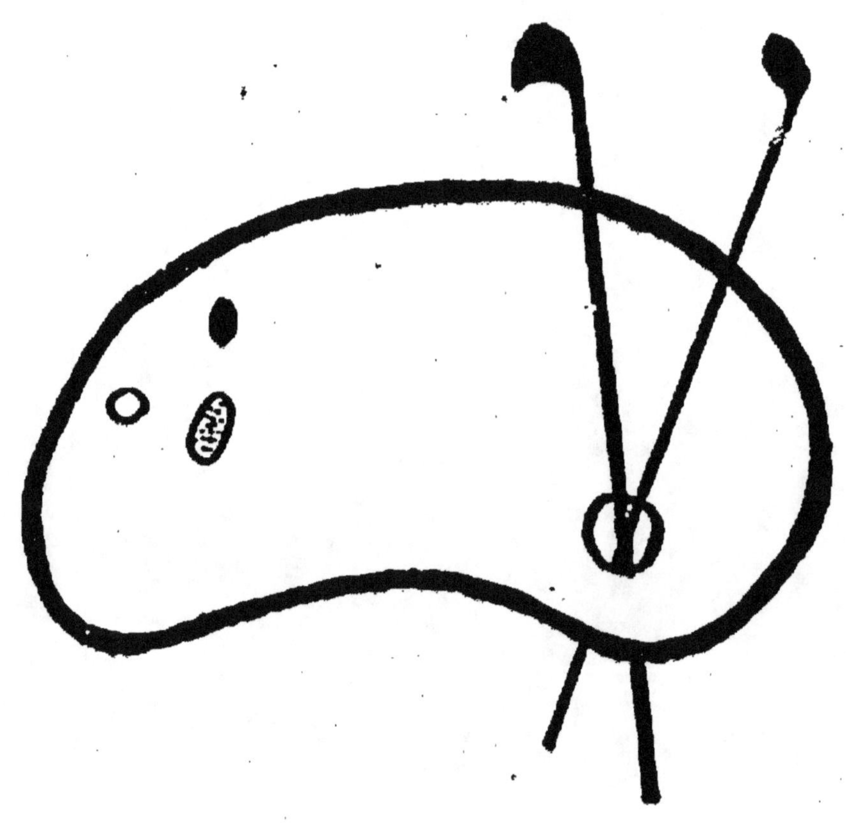

www.ingramcontent.com/pod-product-compliance
Lightning Source LLC
Chambersburg PA
CBHW061447060726
47597CB00002B/491